LETTRES

ET

ENTRETIENS

SUR LA DANSE.

IMPRIMERIE DE DONDEY-DUPRÉ.

LETTRES

ET

ENTRETIENS

SUR LA DANSE

ANCIENNE, MODERNE, RELIGIEUSE, CIVILE,
ET THÉATRALE,

ACCOMPAGNÉS D'UNE LITHOGRAPHIE CHORÉGRAPHIQUE;

Par Mᵉ A. Baron.

PARIS,

DONDEY-DUPRÉ PÈRE ET FILS, IMP.-LIB. ÉDITEURS,

Rue Saint-Louis, N° 46, au Marais,

ET RUE RICHELIEU, N° 67, VIS-A-VIS LA BIBLIOTHÈQUE DU ROI.

M DCCC XXIV.

A

M. J.-L. MILON

MAITRE DES BALLETS DE L'ACADÉMIE ROYALE DE MUSIQUE

HOMMAGE

RENDU

A LA SUPÉRIORITÉ DE SON TALENT CHORÉGRAPHIQUE

ET A LA MODESTIE DE SON CARACTÈRE

PAR

L'AUTEUR ET LES ÉDITEURS.

AU LECTEUR.

J'ÉTAIS à Londres en 1822; une jeune élève de Terpsichore, qui joint à un grand talent l'esprit et la beauté, et dont je cacherai le nom sous celui de *Sophie*, me pria de lui donner quelques notions sur l'histoire de son Art ; cette histoire fut écrite pour elle, et continuée sous la forme de Lettres, jusqu'au moment où je revins en France ; c'est alors que, rapproché d'elle, je l'achevai sous la forme d'Entretiens, ainsi que j'en instruis le lecteur dans le court avis qui précède cette seconde partie de mon ouvrage.

INTRODUCTION.

On a défini la danse une suite de pas dirigés par la musique, et accompagnés de divers mouvemens de corps. La danse, naturelle à l'homme, exista dans tous les tems et dans tous les lieux. Dans son principe, elle était, comme le geste, la manifestation des sentimens intérieurs ; muet langage, qui, par des attitudes, des bonds, des ébranlemens, exprimait le plaisir ou la douleur, la colère ou la tendresse, l'affliction ou la joie. Peu à peu, ces mouvemens simples et désordonnés devinrent plus réglés et plus sages ; l'imitation, ce principe des arts, s'en empara, les combina, les transporta sur le théâtre ; et les ébauches, d'abord rudes et grossières, mais, avec le tems, épurées, agrandies, perfectionnées, présentèrent enfin le dessin le plus correct, les couleurs les plus brillantes.

Dans ce long intervalle que nous allons parcourir, nous verrons la danse, semblable aux autres arts, éclore, prendre son vol, s'élever, redescendre, périr, puis renaître comme de ses cendres, et retrouver sa première vie. Les fêtes et les sacrifices religieux furent son berceau, et long-tems elle resta enveloppée dans les plis de la robe sacerdotale; bientôt elle se dégagea de ses graves vêtemens. Lacédémone lui prêta des armes, Athènes la couvrit de fleurs; elle sut rendre tour-à-tour l'intrépidité guerrière et la molle langueur de la volupté; transportée à Rome, elle peignit dans Pylade et Bathylle les plus énergiques passions du cœur, les plus secrets mouvemens de l'ame; il ne lui fut pas donné d'aller plus loin. Bannie avec tous les arts, qui s'enfuyaient devant la barbarie, elle fut rappelée comme eux; mais elle paraissait avoir oublié dans son exil tous ses triomphes. Noverre la replaça au rang des arts d'imitation; la France devint sa terre classique, et c'est en France seulement que de nouveaux Pilade et de nouveaux Bathylle pourront ramener les plus beaux jours de son antique gloire.

On sent tout ce qu'un pareil sujet peut offrir d'agrément et de variété, tout ce que peuvent y ajouter de piquant les souvenirs de ces bals où la contredanse française, la walse allemande et le fandango espagnol viennent tour-à-tour disputer le prix, et ces danses sauvages que nous trouvons avec tant de plaisir dans les relations des voyageurs.

Cet ouvrage n'avait pas été destiné d'abord à voir le jour; c'est une phrase banale, mais qu'il faut bien répéter quand la chose est vraie. Quelques amis de l'auteur pensèrent qu'il

n'était pas indigne de l'impression ; un auteur, en pareil cas, n'a pas grand' peine à partager l'opinion de ses amis ; et quand le public
le détrompe, il est trop tard.

LETTRES

ET

ENTRETIENS SUR LA DANSE.

LETTRE PREMIÈRE.

Londres, février 1822.

Vous voulez donc, chère Sophie, que, loin de vous, et sous un ciel étranger, j'entreprenne d'écrire l'histoire d'un art charmant, d'un art tout français, que vous aimez, et que vous rendez plus aimable en le pratiquant. Le sujet et l'héroïne demandaient tout l'esprit des Dorat et des Demoustier, et vous vous adressez à un solitaire, ignorant du monde et des belles, qui ne peut avoir d'autre mérite à vos yeux, qu'une amoureuse admiration pour vos talens, et qui n'est pas chez John Bull à l'école de la galanterie. Encore, si vous étiez ici pour m'inspirer ! si je pouvais contempler cette désespérante perfection qui ne s'avise pas même d'avoir des caprices ! cette grâce que la science n'abandonne jamais, et qui satisfait à la fois le juge le plus sévère et le plus frivole amateur! votre présence me soutiendrait dans la carrière; mais vous êtes loin, et je ne vis que de souvenirs. Enfin, vous avez commandé, j'obéis, comme fesait ce bon Lafontaine, quand certaines divinités le ramenaient sur le Parnasse;

> « Car d'aller leur dire non ,
> Sans quelque valable excuse ,
> Ce n'est point comme on en use
> Avec les divinités ;
> Surtout quand ce sont de celles
> Que la qualité de belles
> Fait Reines des volontés. »

Tous les historiens des arts remontent jusqu'à la création : j'en pourrais faire autant pour la danse, mais, plus complaisant que l'avocat *des Plaideurs*, je veux bien passer au déluge, et même descendre un peu plus bas. Vous vous figurez peut-être que la danse a toujours été le partage de jeunes filles jolies et gracieuses, ou de beaux garçons bien découplés; il n'en va pas ainsi, ma belle amie. Lisez, si vous en avez le courage, MM. Meursius, Scaliger, Ménétrier, Cahusac, et tant d'autres dont, par galanterie je vous épargne même les noms; tous ces messieurs vous apprendront que chez les Perses, les Égyptiens, les premiers Grecs, des vieillards vénérables, des prêtres étaient les seuls danseurs; que la danse, consacrée dans ces vieux siècles au culte de la divinité, était profanée par un pied séculier, eût-il été aussi petit que le vôtre ! L'un d'eux va plus loin ; il prétend que le mot *prêtre* est synonyme du mot *danseur;* que le premier même vient du second, et si vous saviez, comme lui, que *prêtre* se dit en latin *prœsul,* et *danser, prœsilire,* son idée ne vous paraîtrait peut-être pas aussi ridicule. D'ailleurs, tous les peuples du monde connu, à quelque Dieu qu'ils aient sacrifié, ayant toujours fait de la danse le point principal de leur culte, leurs prêtres pouvaient bien être appelés *danseurs.*

Cependant, il faut rendre justice à votre sexe ; la première danse sacrée dont il est question dans la bible, n'est pas dirigée par un prêtre, mais bien par une prêtresse. C'est la prophétesse Marie, sœur d'Aaron, qui, après le miraculeux passage de la mer Rouge, « prit un tambourin dans sa » main, et toutes les femmes sortirent après elle » avec des tambourins et des danses ». Ce fut bientôt après le tour d'Aaron ; mais la danse du frère n'eut pas un aussi heureux succès que celle de la sœur : trois mille personnes furent victimes de ce funeste plaisir ; il est vrai de dire que ce n'était plus le vrai Dieu, mais bien le Veau d'or, que les Juifs honoraient ainsi ; ils imitaient les danses sacrées de l'Egypte, qu'ils venaient de quitter. Ils avaient vu les Égyptiens gambader autour d'un bœuf ; ils sautaient autour d'un veau.

Au reste la plus fameuse danse dont parle l'é-
criture, est celle de David devant l'arche. « La
» danse était accompagnée, dit le texte, par
» toutes les espèces d'instrumens en bois de sa-
» pin, et aussi avec des harpes, des psaltérions,
» des tambourins, des cornets et des cymbales. »
Plusieurs commentateurs de la bible, et entr'autres le docte dom Calmet, bénédictin, ont
profondément disserté sur cette danse. « Tous
» ces messieurs, dit Voltaire, étaient des per-
» sonnes d'un tact fin et délicat, point pédantes,
» point ennuyeuses, qui écrivaient avec un goût
» exquis et le ton de la bonne société. » Vous
auriez plaisir à lire leurs notes, et surtout à examiner la taille-douce où dom Calmet nous met sous
les yeux toute la cérémonie, comme s'il y avait
été présent. Il prétend que la danse était divisée
en sept chœurs ou quadrilles; je ne vois point
tout cela dans le texte, mais il faut bien accorder
quelqu'embellissement à un commentateur ; cependant voici ce qui est dit formellement : « Le
» roi David dansait lui-même devant le Seigneur,
» de toute sa force, et David était vêtu d'une
» chemise de lin. » Vous voyez, mon amie, que
rien n'était plus révéré que la danse, puisque les
rois mêmes s'en mêlaient. Tout le monde pourtant
ne partageait pas à Jérusalem l'enthousiasme du
saint roi. Michol, la fille de Saül, le vit par une

fenêtre, et le méprisa dans son cœur : elle ne lui dissimula même point son mépris, et, quand il fut rentré chez lui, « N'est-il pas bien glorieux, lui » dit-elle, pour un roi d'Israël, de se découvrir » devant les servantes de ses servantes, avec la » même impudence qu'aurait pu le faire un mi- » sérable ! » David répond qu'il veut danser devant le Seigneur, et que si les servantes y trouvent à redire, il se fait gloire de sa honte. Mais écoutez la punition qui attend Michol pour ses mauvaises plaisanteries : « Et Michol, fille de » Saül (est-il dit plus bas), n'eut point d'enfans, » depuis cet instant jusqu'à sa mort. » Les tems sont bien changés, ma Sophie, et quand je vois une bande de papier m'annoncer une indisposition *subite* à l'opéra, je pense souvent à Michol, et suis tenté de m'écrier avec un vieux rondeau :

> « Bien dommage est que ceci soit sornettes ;
> Filles connais, *même des plus* jeunettes,
> A qui *de Dieu tel châtiment* viendrait
> Bien à propos. »

Vous ne vous douteriez pas que le roi David ait trouvé au commencement de ce siècle des imitateurs jusqu'en Amérique. En 1806, il s'est établi dans la nouvelle Angleterre, une secte des *jumpers* ou *sauteurs*, qui, s'appuyant sur l'exemple du saint roi, regardent la danse comme le culte le plus agréable à la divinité. Ils se réunissent pour danser et sauter pendant plusieurs heures, et avec une telle véhémence qu'ils tombent à la fin hors d'haleine : c'est alors que le danseur,

« Aut videt, aut vidisse putat per nubila lunam, »

ce qui veut dire, pour ceux qui n'entendent pas le latin, que le danseur s'imagine alors recevoir le St.-Esprit. Enfin, c'est par des idées de danse que se terminent les psaumes.

En mille endroits, vous verrez des preuves de la passion des Juifs pour la danse sacrée. On voit par le Psalmiste que ces danses étaient toujours accompagnées du son des instrumens, et surtout des tambourins ou d'une sorte de tambours de basque. Dieu veut-il promettre à son peuple la fin de la captivité et le retour du bonheur, il ne trouve pas d'image plus frappante que celle-ci : « O vierge » d'Israël! je te rendrai tes tambours, et tu retour- » neras danser dans tes joyeuses assemblées. » Les événemens politiques étaient aussi célébrés par des danses. Il y en avait une fameuse, insti- tuée par les Machabées pour célébrer la restau- ration du temple. Quand la belle Judith eut coupé le cou à Holopherne, général de l'armée assy- rienne, les Juifs firent une fête publique, qui consistait surtout en danses. Un certain Tuccaro, Napolitain, professeur en l'art gymnastique, qui rapporte ce fait, ajoute que les magistrats menèrent la belle Judith en pompe au bal, et que, malgré les fatigues de la nuit précédente, elle y dansa comme reine du bal.

Cette espèce d'hommage rendu à la Divinité, passa des Juifs aux premiers Chrétiens. Les pères de l'Église le témoignent en plusieurs endroits de leurs écrits. On cite, entr'autres, ce mot d'un évêque à l'empereur Julien, qui, tout philosophe et stoïcien que l'histoire nous le représente, semblerait, d'après cela, un des plus chauds partisans de la danse, et plutôt encore de la profane que de la sacrée : « Si vous vous » livrez à la danse, si votre penchant vous en- » traîne dans ces fêtes que vous paraissez aimer » avec fureur, dansez, j'y consens ; mais pour- » quoi renouveler les danses licencieuses de la » barbare Hérodiade ? que n'exécutez-vous plu- » tôt ces danses respectables du roi David devant » l'arche ? Ces exercices de piété et de paix sont » dignes d'un empereur et d'un chrétien ». Entendez-vous, Mademoiselle, dignes d'un empereur ! Vous seriez trop fière, si je transcrivais ce qui précède ce passage, si je vous parlais d'un autre père, qui, s'adressant à ce même évêque, lui dit que les anges dansent dans le ciel, et qu'il n'est rien de plus heureux que d'imiter sur la terre la danse des anges. C'est sans doute d'après ces idées que le Pomeranche, le Guide, et quelques autres maîtres de l'école italienne nous représentent les anges dansant. Aussi les historiens de la danse ne voient que des danseurs dans le Paradis. L'un d'eux ne s'avise-t-il pas d'y faire danser jusqu'aux Saints Innocens! Toutes les fois qu'ils rencontrent le mot *chœur*, qui, en latin, ne signifie bien souvent que *réunion, assemblée*, ils veulent aussitôt que ce soit un chœur de danse : les martyrs dansent, les vierges dansent; enfin, ils rappellent à chaque instant ces vers de Corneille :

« Et, si le bal s'ouvrait en ces aimables lieux,
J'y ferais, malgré vous, trépigner tous les dieux. »

Moi-même, j'avais cru long-tems que le nom de *chœur* donné à cette partie de nos églises qui sépare l'autel et le peuple, ne signifiait que réunion de chanteurs; le père Ménétrier, jésuite, me soutient, dans son *Traité des Ballets*, que ce mot veut dire *réunion de danseurs*. Je me récrie que je n'ouïs jamais parler, parmi nous, de danses sacerdotales, excepté peut-être la danse des cardinaux, qui termina le concile de Trente : il m'écrase par une foule de citations. Les premiers Chrétiens se rassemblaient, même du tems des persécutions, pour danser devant la porte des églises et dans les cimetières; les processions étaient toujours accompagnées de danseurs; en

Espagne, les moines mettaient des masques et
dansaient dans l'église, à plusieurs fêtes solennelles. Enfin, il ajoute en propres termes, qu'il a
vu lui-même, dans quelques cathédrales, des
chanoines sauter en rond avec les enfans de
chœur, surtout le jour de Pâques. Vous souvenez-
vous, Mademoiselle, de ces chanoines de Guinée
dont parle madame de Sévigné, qui, tout nus,
tout noirs, et en bonnet carré, chantaient vêpres,
comme dans nos églises? Sans doute ce devait
être un plaisant spectacle; mais avouez aussi que
les chanoines dansant en rond avec les enfans de
chœur ne laissent pas que d'avoir leur mérite. Au
reste, le père Ménétrier n'a pas joui seul d'un si
singulier coup d'œil. Il écrivait en 1683; mais le
traducteur anglais de Noverre, qui fit paraître
son livre plus d'un siècle après, nous dit qu'un
de ses amis l'avait assuré qu'étant au collége à
Huy, près de Liége, lui et ses camarades dansaient publiquement dans le chœur de l'église
collégiale, à certaines fêtes; après quoi, ajoutait-
il, on donnait à chacun, en récompense de son
talent, un petit pain tout chaud. Il a seulement
oublié de dire si les professeurs dansaient avec
eux.

Vous allez me demander bien vite s'il est encore une église dans le monde où l'on voye danser
quelques gros chanoines; hélas! non. Si cet admi-

rable usage est aboli partout et sans ressource ? hélas ! oui. Et quels sont les barbares ? ... qui sont-ils, mon amie ? rien moins que le pape Zacharie, qui, dès l'an 744, fit un décret pour abolir les danses dans toute l'étendue de l'église. Un Oddon, évêque de Paris, ne s'avisa-t-il pas de défendre les danses nocturnes dans les cimetières! Enfin, le parlement de Paris lui-même, par un arrêt du 3 septembre 1667, rendu à la requête de Me Jean Nau, conseiller en la cour, commissaire député ès provinces du Lyonnais, Forêts, Beaujolais, Mâconnais, interdit toutes les danses sacrées. L'arrêt est signé *Robert*. Voilà les coupables :

Leurs noms sont condamnés à l'immortalité.

Ils prirent pour prétextes de leur sévérité les abus qui s'étaient mêlés aux pieuses institutions, et que maintenaient d'ailleurs les seigneurs ecclésiastiques ou séculiers ; car un des droits féodaux était d'exiger d'assez fortes sommes de ceux qui voulaient obtenir la permission de danser le dimanche [1]. On associait aussi aux danses sa-

---

[1] Pendant long-tems, ce fut à qui se montrerait le plus sévère contre la danse. Les évêques infligeaient de rigoureuses pénitences, et même des punitions. Les papes et les conciles renchérirent sur les évêques; et les princes, soit catholiques, soit protestans, sur les uns et sur les autres. Les

crées les danses profanes connues sous le nom de *brandons* et baladoirs, qui, nées du paganisme, s'étaient répandues dans l'Europe entière. Les brandons, qu'on trouvait encore avant la révolution dans certaines provinces de France, dans la Franche-Comté, l'Orléanais, où on les appelaient *brandons*, se célébraient le premier dimanche de carême, autour de feux allumés avec des brandons, d'où leur nom est venu. Tout ce que le mélange des deux sexes pendant la nuit pouvait produire de plus licencieux, tout ce que la dissolution, couverte d'un voile religieux, pouvait inventer de plus grossier, se trouvait réuni dans les brandons et les baladoires.

Cependant, malgré de tels griefs, la sévérité des ennemis de la danse fut inutile pendant des siècles entiers. Un évêque, propriétaire d'un vaste terrain près de la Baltique, le céda à une troupe de braves gens dont la joyeuse piété venait bondir en ce lieu. Il leur accorda autant d'espace qu'ils en pouvaient embrasser en se tenant

ordonnances, les décrets, les anathèmes pleuvaient sur les danseurs. En Angleterre, même aujourd'hui, un entrechat battu le dimanche serait un crime. Long-tems avant que cette lettre fût écrite, Vanvres, déchirée par les convulsions civiles, vit empoigner trois vignerons dont les pirouettes intempestives avaient troublé la paix publique. Voyez cette lamentable histoire dans *les Ermites en Prison*, de MM. Jouy et Jay.

par la main, et en dansant en rond. Une ville fut bâtie, et elle s'appela *Dantzick*, qui est évidemment la même chose que *danser*. Le pape avait proscrit depuis long-tems les danses sacrées, quand le cardinal Ximenès les ramena dans la cathédrale de Tolède, en rétablissant la messe des Mussarabes, instituée par Isidore, évêque de Séville, et qui se célèbre en dansant jusque dans la nef. Il n'y a pas cinquante ans que l'on dansait encore aux grandes fêtes, en Portugal et dans le Roussillon. J'imagine que la fête des Fous, celle des Anes, de la Mère sotte, la procession d'Arles, et tant d'autres dont parlent nos historiens, n'étaient qu'une suite de ces danses. Elles furent probablement aussi l'origine de ces processions ridicules de flagellans, qui infestèrent, pendant le quinzième siècle et le commencement du seizième, tous les royaumes du midi et même la France. Les coups que se donnaient les flagellans étaient appliqués en cadence. Il y aurait à dire sur eux les choses les plus curieuses, mais qui nous éloigneraient trop de notre sujet. Vous pourrez voir des vieillards, dont les pères ont chanté le *Gloria Patri* des Limosins, dans l'église Saint-Léonard, à la fête de Saint Marceau. A la fin de chaque psaume on substituait à la formule ordinaire les deux vers suivans dans le patois du pays :

Saint Marciau, pregan per nous,
Et nous espingaren per vous.

Saint Marceau, priez pour nous, et nous sauterons pour vous.

La Cour même des Princes adopta quelquefois ces étranges amusemens. Ils étaient très-communs à Rome, surtout sous le règne de Léon X. Le voluptueux Médicis avait cherché à leur donner cette magnificence qu'il répandait partout, et dont les cardinaux de ce siècle, les Bembo, les Bibiena, à l'exemple de leur maître, environnaient les arts. La sévérité même des royaumes protestans ne fut pas à l'abri de la contagion. Brantôme rapporte que le grand Prieur de France et le Connétable de Montmorency étant venus, à leur retour d'Ecosse, saluer la reine Elisabeth, sa Majesté leur donna un souper, après lequel les dames de la Cour jouèrent un ballet sacré. Le sujet était les vierges sages et les vierges folles de l'Evangile. Les danseuses formèrent deux quadrilles ; les premières avaient des lampes allumées et pleines d'huile ; les lampes des autres étaient vides : toutes ces lampes étaient d'argent parfaitement travaillé. Les dames invitèrent les Français à danser avec elles, et la Reine ellemême, de la meilleure grâce.

Mais de toutes les danses et fêtes sacrées dont j'ai lu la description, une des plus curieuses, à mon avis, et où se trouve le plus bizarre mélange du sacré et du profane, est une espèce de ballet public, que l'on pourrait nommer *ballet ambulatoire*, et qui eut lieu à Notre-Dame de Lorette à l'occasion de la béatification d'Ignace de Loyola, fondateur des Jésuites. C'est dans l'ouvrage d'un jésuite que je prends mon récit; tout ridicule qu'il est, il doit donner à penser. Vous y verrez, en rapprochant les époques, un nouvel exemple de la fragilité des choses humaines. Quel homme c'était alors que Saint Ignace! quel empire que la société de Jésus! quelle pompe! quelle magnificence! Mais ne désespérons de rien; les arts, les modes et les folies humaines font la roue.

« Le 3 janvier 1610, après l'office solennel du
» matin et du soir, sur les quatre heures après
» midi, deux cents arquebusiers se rendirent à la
» porte de Notre-Dame de Lorette, où ils trou-
» vèrent une machine de bois d'une grandeur
» énorme, qui représentait le cheval de Troie.
» Ce cheval commença dès-lors à se mouvoir par
» des ressorts secrets, tandis qu'autour de ce che-
» val se représentaient en ballet les principaux
» événemens de la guerre de Troie. Ces repré-
» sentations durèrent deux bonnes heures, après
» quoi on arriva à la place de Saint-Roch, où est
» la maison professe des Jésuites. Une partie de
» cette place représentait la ville de Troie avec

» ses tours et ses murailles. Aux approches du che-
» val, une des murailles tomba, et les soldats grecs
» sortirent de cette machine, puis les Troyens de
» leur ville, armés et couverts de feux d'artifice
» avec lesquels ils se livrèrent un combat merveil-
» leux. Le cheval jetait des feux contre la ville, la
» ville contre le cheval, et l'un des plus beaux
» spectacles fut la décharge de dix-huit arbres
» couverts de semblables feux. Le lendemain,
» d'abord après le dîner, parurent sur mer, au
» quartier de Pampuglia, quatre brigantins ri-
» chement parés et dorés avec quantité de ban-
» derolles et de grands chœurs de musique.
» Quatre ambassadeurs, au nom des quatre par-
» ties du monde, ayant appris la béatification
» d'Ignace de Loyola, pour reconnaître les bien-
» faits que toutes les parties du monde avaient
» reçus de lui, venaient lui faire hommage, et lui
» offrir des présens avec les respects des royau-
» mes et des provinces de chacune de ces parties.
» Toutes les galères et les vaisseaux du port sa-
» luèrent ces brigantins. Etant arrivés à la place
» de la Marine, les ambassadeurs descendirent,
» et montèrent en même tems sur des chars su-
» perbement ornés ; et, accompagnés de trois
» cents cavaliers, ils s'avancèrent vers le collége,
» précédés de plusieurs trompettes. Après quoi,
» les peuples des diverses nations, vêtus à la ma-

» nière de leur pays, faisaient un ballet très-
» agréable, composant quatre troupes ou qua-
» drilles, pour les quatre parties du monde. Les
» royaumes et les provinces, représentés par au-
» tant de génies, marchaient avec les nations et
» les peuples différens devant les ambassadeurs
» de l'Europe, de l'Asie, de l'Afrique et de
» l'Amérique, dont chacune était escortée de
» soixante-dix cavaliers. La troupe de l'Améri-
» que était la première : entre ces danses, il y en
» avait une plaisante de jeunes enfans déguisés
» en singes, en guenons et en perroquets. De-
» vant le char étaient douze nains, montés sur
» des haquenées. Ce char était traîné par un dra-
» gon. La diversité et la richesse des habits ne
» faisaient pas le moindre ornement du ballet,
» quelques-uns ayant plus de deux cent mille
» écus de pierreries. »

Remarquez, chère amie, que les Jésuites faisaient vœu de pauvreté et d'humilité, ce qui
s'accorde assez mal avec les deux cent mille écus
et les quatre ambassadeurs : heureusement ils ne
faisaient pas vœu de gravité, car il aurait peut-
être fallu renoncer à cette excellente facétie des
guenons et des perroquets. On célébra à Lisbonne une fête à peu près semblable en l'honneur de Saint Charles-Borromée, où la châsse du
Saint portait pour plus d'un million de pierreries.

Enfin, malgré le cardinal Ximenès et les Limosins, malgré la reine Elisabeth et les Jésuites, le bon goût, la décence publique et les progrès des arts, plus encore que les Papes et les Parlemens, firent justice de la danse sacrée, et la reléguèrent, avec les tragédies des mystères, dans le domaine de l'érudition ; mais, comme je vous l'ai dit, cette manie était profondément enracinée dans les esprits, et avait produit quelquefois des événemens bien singuliers. Je vous en citerai un exemple remarquable.

Il me semble avoir lu dans quelqu'auteur [1] que les habitans d'une ville grecque, après une représentation de l'Andromède d'Euripide, devinrent fous de tragédie, mais bien réellement fous. La fièvre les prit, ils couraient les rues, pâles, maigres, nus, déclamant à haute voix et avec d'effrayantes contorsions un certain monologue de la pièce. L'approche de l'hiver et un saignement de nez assez abondant chassèrent la maladie. La même chose arriva en France, au rapport de Mézeray, sous le règne de Charles V, l'an 1373. Vous voyez que ce n'est pas d'aujourd'hui que la danse fait tourner la tête aux Parisiens. Il n'y a qu'une différence entre les deux aventures ; c'est que les prêtres d'Abdère ne s'a-

[1] Lucien, *de la Manière d'écrire l'Histoire.*

visèrent pas de déclarer que la folie des amateurs du théâtre était une preuve de la colère des dieux contre l'Andromède et la tragédie, tandis que les nôtres ne manquèrent pas de dire que Dieu lui-même avait voulu réformer l'abus des danses sacrées par une punition terrible. « Le » peuple, dit Mézeray, fut attaqué d'une passion » maniaque, ou frénésie inconnue aux siècles pré- » cédens. Ceux qui en étaient atteints se dépouil- » laient tout nus, se mettaient une couronne de » fleurs sur la tête, et, se tenant par les mains, ils » allaient par bandes, dansant dans les rues et les » églises, chantant et tournoyant avec tant de roi- » deur, qu'ils en tombaient par terre hors d'ha- » leine ; ils s'enflaient si fort par cette agitation, » qu'ils eussent crevé sur la place, si on n'eût pris » soin de leur serrer le ventre avec de bonnes » bandes. Ce qui était surprenant, c'est que ceux » qui les regardaient avec attention étaient bien » souvent surpris de la même frénésie, que le vul- » gaire nomma la *danse de Saint Jean* ». On crut aussi qu'il y avait de l'opération du diable, parce que les exorcismes les soulageaient. La plupart de ces gens-là n'étaient néanmoins que de la lie du peuple de l'un et de l'autre sexe. Le mal fut plus grand en Flandre qu'ailleurs. « Cette punition, » ajoute l'historien, a bien anéanti en France les

» danses qui se faisaient les dimanches et fêtes de-
» vant les églises. »

Le tournoiement des Parisiens et des Flamands me rappelle celui des dervis chez les Turcs ; mais je ne vous en parlerai pas aujourd'hui, c'est assez pour une fois : je ne veux pas mêler les Musulmans avec les Juifs, ni le révérend père Ménétrier avec le révérend dervis Ménélaüs. Je renvoie Mahomet au prochain courrier ; je l'unirai aux Egyptiens, aux Indiens, aux Persans, à tous les vieux héros de l'antiquité dansante. Le bal, comme vous voyez, ne ressemblera pas mal à une table d'hôte à Spa, ou au foyer de l'Opéra de Paris, quand toute l'Europe diplomatique folâtre autour de nos nymphes avec cette grâce qui caractérise plusieurs de ses membres.

~~~~~~

LETTRE II.

Londres, mars 1821.

IL est donc bien difficile, ma belle amie, de se
défendre des préjugés d'auteur ; depuis que vos
ordres m'ont transporté dans l'empire léger de
Terpsichore, savez-vous que rien ne me paraît
aussi merveilleux que la danse ; que je commence
à la croire le premier et le plus ancien des arts,
et à me persuader que tous les autres devraient
s'abaisser devant celui dont l'origine, je le dis
maintenant avec assurance, se perd ainsi dans la
nuit des tems, et remonte au berceau des supersti-
tions humaines? Car j'avais beau me vanter, dans
ma dernière lettre, de pouvoir imiter l'avocat
des Plaideurs, et vous dire fièrement que je vous
faisais grâce des danseurs antédiluviens, le fait
est que je n'en parlais pas, parce que je n'en
avais rien à dire ; ma discrétion était de l'ignorance, et j'en étais tout honteux. Quoi, me disais-
je, pas le plus petit entrechat, pas la moindre
pirouette avant le Déluge? Il y a là de quoi dé-
sespérer un amateur. Mais voici que tout à propos un honnête évêque grec nous conserve un
fragment d'un nommé *Bérose*, auteur baby-
~~~~~~

Ionien. Mademoiselle, rien que cela, vous voyez que nos autorités sont solides :

> « Nous ne vous donnons pas de ces effets verreux,
> Cela sent comme baume. »

Or donc ce Bérose prétend que les géans dansaient. C'était dans la ville d'*Enos* ou de *Caïn* que se donnait le bal, dans des salles proportionnées probablement à la taille et à la légèreté des exécutans. J'ai donc prouvé qu'on dansait avant le déluge, et ce n'est pas sans peine que je reconnais le chant encore plus ancien que la danse ; mais, comme l'objectait profondément Vestris à la reine d'Angleterre :

> « En naissant l'homme chante, et ne saurait danser,
> Puisqu'alors sur ses pieds il ne peut se dresser. »

Pour les danses sacrées des premiers peuples après Noë, loin de me plaindre de la disette des matériaux, je suis embarrassé de mes richesses ; Persans, Indiens, Egyptiens, tous sont de la partie ; c'est une fureur. Comme dans *le procès du Fandango*, ou dans la maison dont parle Regnard :

> « Dès que j'eus mis en chant un petit rigaudon,
> Trois graves médecins venus dans la maison,
> La garde, le malade, un vieil apothicaire
> Qui venait d'exercer son grave ministère,
> Sans respect du métier, se prenant par la main,
> Se mirent à danser jusques au lendemain. »

La danse des anciens peuples de l'Asie et de

l'Afrique, non-seulement avait la religion pour objet, mais, dans ces âges reculés où toute instruction était un mystère, où toute vérité se cachait sous le voile de l'allégorie, les plus hautes idées d'astronomie étaient souvent manisfestées par des danses : tems heureux où un *chassé-en-arrière* expliquait le mouvement d'un astre, et où l'on devinait le système du monde à travers une *queue du chat!* C'est ainsi que les Persans révéraient le soleil ou Mytra; leurs hymnes n'étaient que des danses, et leurs danses l'explication des mystères célestes.

Celles des Egyptiens sont très-curieuses; les anciens nous en ont conservé la description, et les hiéroglyphes en portent encore des traces évidentes. Avez-vous jamais vu des hiéroglyphes? Ce sont, ma chère amie, des lettres que des hommes qui vivaient il y a quatre mille ans, et à cinq ou six cents lieues de Paris, ont écrites sur de petits livres dont quelques-uns n'ont guères que sept cents pieds de haut, et qui même seraient encore plus grands si le tems n'avait quelquefois déchiré le bas des pages. Vous devinez que je veux parler des pyramides. Dans la brillante et presque romanesque expédition d'Egypte, nos savans ont copié ces livres à l'ombre de nos drapeaux vainqueurs. Un Français est en droit de parler d'hiéroglyphes ; nous avons conquis cette érudition-là le sabre à la main. Plusieurs des ces peintures, qu'on nomme *hypogées*, présentent des danses de famille, et même des exercices qui paraissent être ceux d'un maître de danse ou d'un équilibriste.

Au reste, les découvertes modernes ont généralement confirmé ce qu'avaient dit, des danses astronomiques égyptiennes, Platon, Lucien et d'autres auteurs : c'étaient les mêmes que Pythagore avait transportées en Italie, que les mystères de l'ancien Orphée avaient fait connaître en Grèce, et dont les odes de Pindare, les chœurs des tragiques et des comiques nous apprennent tous les mouvemens par les noms même qu'ils emploient. Dans ces danses, l'autel, placé au centre, figurait le soleil, au centre des cieux ; les danseurs tournaient autour pour représenter le zodiaque, dans lequel l'astre était supposé faire son cours annuel et journalier. A l'exemple de l'Egypte, les chœurs, dans les tragédies grecques, dansaient en rond au son des instrumens ; ces pas ainsi réglés s'appelaient *odes*, d'un mot qui veut dire *chemin, trajet ;* la première partie de l'ode se nommait *strophe*, c'est-à-dire *tour*, parce que le chœur tournait d'abord de droite à gauche, exprimant ainsi, selon Plutarque, le mouvement des cieux qui se fait d'orient en occident : ils allaient ensuite de gauche à droite, et cette marche s'appellait *anti-strophe* ou *retour;* elle peignait celle des planètes d'occident en orient. Enfin, il s'arrêtait devant l'autel, et y dansait plus gravement : ce dernier mouvement, qui représentait l'immobilité de la terre, se nommait *épode*. C'est une chose singulière, comme vous voyez, que les altérations subies par les mots, en s'éloignant de leur source première, et en passant d'une langue dans une autre. S'imaginerait-on, en lisant une de ces compositions où un poète délaye quelque pensée triviale ou quelqu'annonce de gazette en une centaine de vers, coupés par parties égales, que le nom de cet œuvre signifie *promenade,* et celui de ses parties *tour* et *retour?*

Mais la danse la plus fameuse, la plus solennelle de toute l'Egypte était celle que l'on célébrait en l'honneur du dieu Apis. Vous m'allez demander, ma belle amie, ce que c'était que le dieu Apis ; c'était un bœuf, et quel bœuf !

« S'il en est un pareil, je l'irai dire à Rome. »

On prétendait le reconnaître aux marques suivantes, que véritablement l'on ne rencontre pas tous les jours : il fallait qu'il eût le poil du corps noir, sur le dos la figure d'un aigle, celle d'un escargot sous la langue, les poils de la queue doubles, et sur le côté droit une marque blanche semblable à un croissant. Vous sentez qu'un pareil bœuf ne pouvait être le produit de l'accouplement grossier d'un taureau et d'une vache : une genisse devait l'avoir conçu d'un coup de tonnerre. Le bœuf, une fois trouvé, était nourri pendant quarante jours dans la ville du Nil, servi par des femmes qui n'avaient pour tout ornement que la simple nature ; mais vous comprenez qu'Apis n'était pas un dieu déhonté comme ce Jupiter qui se déguisait en taureau pour enlever ses maîtresses ; l'histoire ne dit pas que quelque mauvais plaisant ait jamais pris la place du dieu quadrupède. A son entrée à Memphis, la grande danse des prêtres d'Egypte commençait. Le sujet du ballet était l'histoire d'Osiris, la première divinité d'Egypte. Pendant la marche on peignait, par des mouvemens lents ou passionnés, et au son de mille instrumens, la naissance miraculeuse du dieu, les amusemens de son enfance, ses amours et son mariage avec Isis. Le second acte était la conquête et la civilisation des Indes par Osiris ; car c'était toujours dans ce beau et voluptueux pays que l'antiquité envoyait ses conquérans. Les satyres, les Silènes, toute la suite du Bacchus grec, mêlaient leurs sauts et leurs bonds avec les pas aériens des jeunes bayadères. Au troisième acte, Osiris était de retour en Egypte, ses perfides frères succombaient sous sa main triomphante ; il civilisait sa patrie , et sa patrie reconnaissante le couronnait comme un bienfaiteur , et l'adorait comme un dieu. L'apothéose était réservée pour le moment où la procession arrivait au temple ; toute la magnificence égyptienne était déployée en cette occasion : des danses gaies, vives et légères succédaient à cet appareil, et témoignaient l'ivresse du peuple qui avait trouvé l'être privilégié destiné à représenter Dieu sur la terre. Je me rappelle avoir vu à l'Opéra, dans le ballet de l'*Enfant prodigue*, par M. Gardel, une décoration magnifique représentant le temple d'Apis. Ce dieu, au bout du compte, n'étant qu'un heureux bœuf, devait mourir comme tous les bœufs ; mais la nature ne pouvait se mêler en rien de cet être surnaturel : les prêtres, qui l'avaient créé, trouvé, divinisé, se réservaient aussi le droit de le faire mourir. D'après les livres sacrés de l'Egypte, Apis ne devait vivre qu'un tems limité. Le jour venu, les prêtres saisissaient le dieu, le menaient en cérémonie jusqu'au Nil, et là, le noyaient dévotement, après lui en avoir préalablement demandé la permission avec toutes les marques du plus profond respect. Il paraît que le vieux proverbe *qui ne dit mot consent,* était déjà en vigueur. L'animal ne répondait rien à la requête, et l'animal était noyé. On dansait à sa mort comme on avait dansé à son apothéose ; seulement ces danses funèbres étaient aussi lugubres que les premières avaient été gaies. Ainsi les prêtres se jouaient de la crédulité du plus superstitieux des peuples ; et la danse, la musique, l'appareil, tout ce qui parle aux yeux et frappe l'imagination, étaient le principal instrument du charlatanisme !

Il en était de même chez les Ethiopiens, les Babyloniens, les Indiens. Mais ce mot d'Indiens vous rappelle déjà les plus charmantes danseuses de l'univers. Vous avez mille fois entendu leur nom, mille fois reproduit leurs pas enchanteurs, et vous n'avez peut-être jamais bien su ce que c'était que les *Badayères*.

C'est au sein des grandes pagodes de l'Asie, avec l'or prodigué aux brames par l'aveugle dévotion des peuples, que se sont élevés ces cloîtres de vierges sacrées, ou plutôt, comme dit Raynal, « ces séminaires de volupté » : leur origine se perd dans les vieux âges. Vouées au culte des Dieux et aux plaisirs de leurs ministres, exercées dès leur enfance à la musique, à la danse, à la poésie, à tous les arts ; révérées des peuples, aux yeux de qui la licence est vertu, dès que la religion l'autorise, les Bayadères ne quittaient jamais leur délicieuse demeure, que pour embellir les pompes religieuses, et ajouter au luxe des fêtes royales. Un musicien les accompagne, il est d'ordinaire vieux et difforme, et frappe, en battant la mesure, le lugubre *tamtam*. Mais le son vivement répété de cet instrument anime les danseuses à un point extraordinaire. Qu'on se peigne ces femmes charmantes, leurs longs cheveux chargés de fleurs et de diamans, leurs yeux noirs où brillent tous les feux du soleil de l'Inde, leurs bras ornés de perles, leur gorge renfermée dans deux étuis d'un bois léger, que revêt une feuille d'or parsemée de brillans, parure délicate qu'elles quittent et reprennent avec une agilité singulière, qui défend les trésors de leur sein sans les flétrir, qui les couvre sans en cacher et les palpitations animées et les voluptueuses ondulations. Leurs danses n'ont presque toutes qu'un seul objet. Le plan, le dessin, les attitudes, la cadence, tout respire l'amour; l'amour avec ses désirs, ses langueurs, ses joies enivrantes; voilà le thème de tous leurs ballets. Semblables à ces fameuses courtisanes d'Orient, que les historiens nous montrent à Babylone, aux *almé* d'Egypte, dont l'Ecriture nous a conservé le modèle dans la jeune Hérodiade, et qui jamais n'éprouvèrent un refus, les Bayadères représentent demi-nues toutes les gradations de la volupté, et la molle résistance, et les refus agaçans, et les faveurs ménagées, et les larmes, et les soupirs, et les convulsions, et le délire de feu jusqu'à ce qu'enfin, les yeux humides, et nageant dans une molle langueur, les lèvres sèches, toutes les veines tendues, elles semblent succomber sous le poids du plaisir, ivres et palpitantes : telles sont les Bayadères. Leur origine religieuse est expliquée, d'après les traditions indiennes, dans l'avertissement de l'opéra de M. Jouy, qui porte leur nom, et dont elles sont les héroïnes. Une chose singulière, c'est qu'à l'exception des motifs religieux, tous les détails de la danse des Bayadères, se retrouvent dans les pays chauds de l'Europe et de l'Afrique, et qu'on la nomme *Fandango*, *Bolero* ou *Tchega*. M. Moreau de Saint-Méry, dans son livre sur les danses des colonies, et M. Arago, dans sa *Promenade autour du Monde*, nous en ont conservé les principaux traits. Permettez-moi, chère amie, si les descriptions ne vous fatiguent pas trop, de vous citer le passage de M. Arago.

« On désigne généralement leurs danses (celle
» des Bayadères) sous le nom de *Tchéga* ou danse
» *mosambique*. Elle a quelques rapports avec le
» *Fandango*, et ne serait pas vue avec moins de
» plaisir, si elle était exécutée par d'autres ac-
» teurs, et si la volupté qui y règne, ne dégéné-
» rait, vers la fin, en une licence révoltante. On
» peut comparer le *Tchéga* à un petit drame ren-
» fermant tous les degrés, toutes les nuances

» d'une passion amoureuse, depuis la déclara-
» tion jusqu'au triomphe de l'amant. Il y a bien
» moins d'abandon parmi les acteurs lorsqu'ils
» sont au Port-Louis ; mais à la campagne , au
» milieu d'un cercle nombreux, et au son du *tam-*
» *tam*, s'élancent un noir et une négresse ; leur
» figure est inanimée ; leurs gestes , d'abord sans
» expression ; ils marchent l'un vers l'autre ,
» tournent successivement sur eux-mêmes , s'éloi-
» gnent et se rapprochent à différentes reprises.
» Bientôt leur regard s'anime ; leurs mouvemens
» sont à la fois plus rapides et plus tendres , et
» insensiblement tous deux finissent par arri-
» ver à un état d'ivresse amoureuse , dont les
» spectateurs blancs, les moins chastes, ne peu-
» vent manquer d'être blessés. . . . »

C'est absolument la contr'épreuve des Bayadères.

Cependant, comme il faut en toutes choses
deux avis opposés, et que quand un voyageur
dit oui , c'est une raison pour qu'un autre voyageur dise non, plusieurs Anglais , qui ont parcouru l'Inde, et entr'autres M. Yves, trouvent la
musique des Bayadères détestable, leur danse
ridicule, et leurs personnes plutôt piquantes que
belles , plutôt singulières que vraiment aimables :

« Décide si tu peux,

je n'ajouterai pas,

et choisis si tu l'oses;

car le choix n'est pas douteux [1].

[1] Je rejette dans cette note une dernière description des danses des Bayadères, plus circonstanciée qu'aucune autre, et que l'on trouve dans les voyages de Haafner.

» Au moment de commencer la danse, les jeunes *Dévédas-* » *chies* (nom indien des Bayadères), se tiennent rassemblées » en groupes, le visage couvert de leurs voiles. Le son mo- » notone du *tourté* (cornemuse à deux tuyaux) se fait enten- » dre. Ensuite part le *nagassarem* (haut-bois), au ton mélan- » colique, que suivent le *carna* (flûte sans trous), le réson- » nant *talan* (deux bassins de cuivre), le *matalam* (long petit » tambour), le *dool* (grand et long tambour), et les autres » instrumens, qui ne commencent pas à jouer tous ensemble, » mais entonnent les uns après les autres; enfin le *chelembi-* » *kharem* (maître de ballets, qui frappe sur deux petits bas- » sins, l'un d'acier, l'autre de cuivre), s'avance derrière les » *Dévédaschies*, lesquelles découvrent toutes à la fois leur » visage, et se portent en avant pour former leurs rangs. C'est » avec une adresse infinie et un art singulier qu'elles se mêlent » ensemble, et dansent deux à deux, en faisant mouvoir leurs » yeux, leurs bras, leurs doigts, en un mot toutes les parties » de leur corps avec une convenance admirable, et la plus » grande expression. Le *chelembikharem*, qui est sans cesse » sur leurs talons, ne se fatigue pas à les animer de la voix » et de ses deux bassins, tandis que les *dajias*, ou anciennes » danseuses, chantent et battent des mains; c'est notamment » dans les assemblées particulières, que ces danseurs montrent » toute l'étendue de leur art. L'odeur suave des parfums et

Au reste, toutes les danses religieuses de l'O-
rient ne sont pas de cette espèce : la plupart, et

» des fleurs, la vue de tant de beautés qui s'entrelacent avec
» un art infini, le chant et la musique, tout se réunit pour
» réveiller les passions, et pour captiver les sens. Leurs che-
» veux, qui sont noirs comme du jais, ont l'éclat d'une glace,
» par l'huile aromatique dont elles les enduisent, et leur des-
» cendent en une longue et grosse tresse jusqu'aux hanches :
» elles les ornent, de plus, de petites plaques rondes d'or,
» qu'elles disposent artistement à des distances égales, et le
» bout de la tresse est garni d'une houppe de soie et d'or
» filés. Sur le sommet de la tête, brille un *tschormka*, qui est
» un disque d'or de la grandeur de la paume de la main. Les
» cheveux sont partagés en deux parties égales sur le front,
» d'où tombent, le long des tempes, derrière les oreilles,
» quelques chaînettes d'or, qui vont se perdre dans la grande
» tresse. Les bords, de même que les bouts de leurs oreilles,
» sont percés de plusieurs trous dans lesquels elles portent,
» selon leurs moyens, des pierres précieuses ou des anneaux
» d'or. Leur nez est également percé d'un anneau d'or de
» l'épaisseur d'une aiguille à tricoter. Elles ont l'habitude de
» se farder, non avec du rouge ou du blanc, mais avec une
» couleur jaune pour laquelle elles emploient le souchet ou
» safran de l'Inde. Il arrive cependant quelquefois qu'elles se
» couvrent les joues de rouge, lorsqu'elles sont fort pâles.
» Elles portent sur le front une petite plaque d'or de la gran-
» deur d'un centime, qui s'attache à la peau par le moyen
» d'une gomme. Une peinture noire, qu'elles emploient pour
» le bord de leurs paupières, donne beaucoup de vivacité à
» leurs yeux, et les fait paraître plus grands. Leur col est
» garni de plusieurs *chikols*, ou chaînes d'or, et leur gorge

celle des Turcs surtout, ne sont que d'insipides parades, sans autre mérite que leur bizarrerie et la difficulté. Ce sont là les caractères distinctifs de la danse des dervis, fameuse chez les Turcs. Nul, ce me semble, ne l'a décrite avec plus de détails et d'exactitude que l'Anglais Clarke, dans son excellent *Voyage en Asie, en Grèce et en Egypte.*

« Lorsque nous fûmes entrés dans la mosquée,

» est serrée par un petit juste appelé *racoké*, à manches
» courtes. Depuis la ceinture, elles sont couvertes d'une es—
» pèce de pantalon étroit, d'étoffe de soie rayée, qui des—
» cend jusques sur la cheville du pied. Le *pagne* consiste en
» un morceau d'étoffe, lequel a ordinairement neuf aunes de
» longueur sur une aune et demie de largeur, dont elles en—
» veloppent à diverses reprises le bas du corps, de manière
» qu'il forme plusieurs plis devant, tandis que par-derrière il
» serre et dessine exactement les hanches. Cette robe est or—
» dinairement faite de toile de coton blanche ou de mousse—
» line. Pour qu'elle ne tombe point pendant la danse, on
» l'attache avec une ceinture d'argent battu, qui se ferme par
» le moyen d'un ressort, et sur laquelle pendent les bouts
» supérieurs de la robe. Outre les vêtemens dont il vient
» d'être parlé, les danseuses portent une espèce de voile
» d'une étoffe légère et transparente, qui, en cachant un peu
» leur sein, passe par-dessus une de leurs épaules, et forme
» un ornement agréable sur le dos. Leurs bras et leurs jambes,
» ainsi que les doigts des pieds et des mains, sont chargés
» d'anneaux d'or et d'argent. »

» dit-il , nous observâmes douze ou quatorze
» dervis qui se promenaient paisiblement en
» rond, devant un supérieur , dans un petit es-
» pace environné d'une balustrade , au-dessous
» du dôme du bâtiment. Plusieurs spectateurs
» étaient placés au-dehors de la balustrade. On
» nous ordonna , selon l'usage , d'ôter nos sou-
» liers , et nous nous allâmes réunir à eux dans
» une autre galerie : au-dessus de la porte, étaient
» assis deux ou trois musiciens avec des tambou-
» rins et des flûtes à la turque. D'abord les dervis,
» croisant leurs bras devant leur poitrine , et
» prenant leurs épaules de chaque main , com-
» mencèrent à faire des révérences au supérieur,
» qui se tenait debout, le dos appuyé contre la
» barrière , et faisant face à la porte de la mos-
» quée. Après avoir ainsi passé l'un après l'autre
» devant lui, et terminé leurs salutations, ils se
» mirent à tourner en rond, d'abord assez dou-
» cement, mais ensuite avec une telle agilité, que,
» leurs longs vêtemens s'étant déployés autour
» d'eux, et participant au mouvement circulaire, ils
» présentaient l'apparence de plusieurs parapluies
» ouverts qui tourneraient sur leurs manches.
» Dès le commencement, ils avaient dégagé leurs
» mains de leurs épaules ; ils les élevèrent gra-
» duellement à la hauteur de leur tête, et la vi-
» tesse de leurs pirouettes alla toujours croissant.

» On les voyait, les bras horizontalement étendus,
» les yeux fermés, et tournant avec une incon-
» cevable rapidité : la musique, accompagnée des
» voix, servait à les animer ; et, pendant ce tems,
» un vieux dervis, en pelisse verte, se promenait
» tranquillement au milieu d'eux, avec un main-
» tien assuré, mais exprimant autant d'attention
» et d'inquiétude, que s'il eût dû expirer à la plus
» légère infraction aux rites de la cérémonie.
» Nous remarquâmes que tous, dans cette danse,
» observaient la même méthode ; c'était de tour-
» ner un de leur pieds, et d'en fléchir les orteils
» en-dedans, autant que possible, à chaque mou-
» vement du corps, tandis que l'autre pied con-
» servait la position naturelle. Les plus vieux de
» ces dervis paraissaient exécuter cette opération
» avec si peu de peine et de fatigue, que, malgré
» la violente agitation de leurs corps, leurs vi-
» sages étaient ceux d'hommes plongés dans un
» sommeil tranquille. Les plus jeunes tournaient
» avec autant d'agilité que les autres ; mais elle
» paraissait en eux le résultat d'une opération
» moins mécanique. Cet exercice extraordinaire
» dura pendant quinze minutes, et l'on peut sup-
» poser qu'un tel mouvement ainsi prolongé se-
» rait capable d'ôter la vie. Nos yeux, fatigués du
» spectacle de tant d'objets tournant à la fois,
» commençaient à en souffrir. Tout à coup, sur

» un signal donné par le maître du ballet, mais
» inaperçu par les spectateurs, tous les dervis
» s'arrêtèrent au même instant, comme les roues
» d'une machine dont on suspend le mouvement,
» et ce qui est plus extraordinaire, c'est qu'au
» moment même où ils s'arrêtèrent, ils formaient
» tous un cercle, tous les visages étaient unifor-
» mément fixés vers le centre, toutes les têtes
» baissées à la fois presque jusqu'à terre, avec la
» plus parfaite régularité, tous leurs bras étaient
» croisés sur leur poitrine, et leurs épaules dans
» leurs mains comme auparavant. Nous regar-
» dions ces dervis avec étonnement : aucun d'eux
» ne paraissait avoir perdu la respiration, aucun
» n'était échauffé le moins du monde, aucun n'a-
» vait changé de contenance. Après cela, ils se
» mirent à se promener, comme auparavant, dans
» l'intérieur de la balustrade, et à passer devant
» le supérieur. Dès qu'ils lui eurent fait les révé-
» rences ordinaires, ils recommencèrent à tour-
» ner. Ce second exercice dura tout aussi long-
» tems que le premier, et fut terminé de même.
» Enfin, ils recommencèrent une troisième fois;
» mais, comme la danse se prolongeait, et que la
» musique devenait plus vive et plus animée, la
» transpiration commença à se manifester sur le
» visage des dervis; les vêtemens de plusieurs,
» auparavant déployés autour d'eux, commencè-

» rent à tomber ; il arriva même quelques acci-
» dens, il y en eut qui se poussèrent l'un contre
» l'autre. Néanmoins, ils persévérèrent jusqu'à
» ce que les grosses gouttes de sueur qui tom-
» baient de leurs corps sur le plancher, occasion-
» nèrent une telle moiteur, que le froissement de
» leurs pieds fut entendu de tous les spectateurs.
» Alors on donna le troisième et dernier signal
» du repos, et la danse finit. Cette danse extra-
» ordinaire est regardée comme miraculeuse par
» les Turcs. Leur loi défend toute espèce de
» danse, et cette cérémonie seule est tellement
» respectée, que, si on tentait de l'abolir, on
» pourrait exciter une insurrection parmi le
» peuple ».

Clarke parle ensuite d'une autre danse qu'on appelle *les Miracles* ou l'*Exercice du feu et des poignards*. Les dervis sautent comme nos faiseurs de tours de force, ayant des épées nues autour d'eux ; ils saisissent des fers rouges, en mettent dans leur bouche, les lèchent avec la langue, etc. Vous connaissez les préparations qui peuvent, jusqu'à un certain point, neutraliser l'action de la chaleur, et ces miracles ne vous effraieraient pas beaucoup ; mais ce qui vous amuserait, c'est ce qu'on peut appeler leur *entrée de ballet*. Ils commencent par répéter une longue suite de mots en se souriant complaisamment l'un à l'autre ;

bientôt leurs sourires deviennent des éclats de rire ; mais ils rient, dit Clarke, si naturellement et de si bon cœur, que l'on ne peut résister à l'envie de rire comme eux. Il est dangereux cependant de se laisser aller à cette sympathie ; car, comme le rire est supposé divin et inspiré par la joie que l'on éprouve en répétant le nom des attributs de Dieu, les profanes n'ont pas le droit d'y participer.

C'est aux premiers fondateurs de l'ordre des dervis, que les Turcs sont redevables de toutes ces belles institutions, dont l'origine est le plus souvent miraculeuse. Le dervis Menelaüs, par exemple, fut, selon les interprètes de l'Alcoran, l'inventeur de la première danse dont je vous ai parlé. Un matin, tandis qu'*Hansé*, son compagnon, jouait de la flûte, Menelaüs s'avisa de commencer une pirouette, et cette pirouette se prolongea non pas pendant quinze minutes comme celle des dervis actuels ; mais seulement pendant quatorze jours et quatorze nuits, d'une seule haleine. Je suppose qu'Hansé continuait son air pendant tout ce tems-là. Vous concevez qu'à la suite d'une telle pirouette, Menelaüs ne put garder l'équilibre ; il tomba, mais en même tems il fut ravi dans une extase merveilleuse, et vit des choses telles qu'on en doit voir quand on a pirouetté quatorze jours et quatorze nuits ; c'est de cette pirouette prolongée qu'est venue la danse actuelle qu'on appelle *danse du moulinet.*

Mais il est tems, ma chère amie, d'oublier les fantasques imaginations des moines turcs. Nous sommes dans la Grèce, restons-y ; portons seulement nos regards en arrière, vers des âges plus fortunés ; quittons le siècle des Soliman pour celui des Périclès, le bœuf Apis pour la mère des Amours, et la barbe des dervis pour les parfums de Paphos et de Gnide.

LETTRE III.

Londres , juin 1822.

C'est en Grèce, chère Sophie, que nous nous trouvions à la fin de ma dernière lettre. Laissez reposer vos yeux sur cette antique patrie des arts; je ne vous parle pas aujourd'hui de la Grèce de notre siècle; elle est arrosée de sang; la religion, la liberté, tout ce qui agrandit le cœur de l'homme y combat contre un despotisme fanatique. Ils triompheront sans doute, les fils de Léonidas; mais ce n'est pas pendant la lutte que les arts timides peuvent renaître; ils sont ennemis de la guerre comme de la servitude; les arts sont le prix du vainqueur, quand il a conquis la paix. Chère Sophie, traversez les siècles, remontez en imagination vers la Grèce antique; égarez-vous aux bords fleuris de l'Eurotas et du Pénée. O Grèce ! berceau des arts et de la divine poésie; toi, dont les peuples ingénieux et sensibles divinisèrent les Muses et les Grâces, et élevèrent des statues à la beauté, comme au premier présent des cieux; c'est avec les sages qu'a conversé ma jeunesse; c'est avec les poètes que j'ay passé les plus charmantes heures de ma vie; tu es pour moi une

seconde patrie, non moins douce à mon cœur que
la première! Viens, ma Sophie, viens avec moi
aux sommets d'Olympe et de Pelion ; rendons à
ces lieux solitaires leurs premiers habitans ; peins-
toi, avec Horace, les Grâces décentes mêlées
aux nymphes des bois, frappant la terre en cadence à la douce et mélancolique clarté de la lune.
Vois descendre du Cythéron la procession des
chastes vierges, portant sur leurs têtes les corbeilles
sacrées. Ici les filles de Sparte, couvertes de leur
seule pudeur, comme d'un voile, imitent dans leurs
jeux les jeux sanglans de Mars ; là les bacchantes
bondissent de joie autour du vieux Silène ; nous
sommes dans l'empire de la danse, l'encens fume
devant les images de Terpsichore et de Polymnie.

L'imagination, encore toute riche de ces idées
enchanteresses, je voulais, mon aimable amie,
vous transporter, d'un seul et premier effort, au
cœur même de la danse antique ; mais on est si loin
de là à Londres ou à Paris! pour bien prendre
l'esprit de l'antiquité, il y a tant de préjugés à détruire, tant de fausses idées à rectifier! je sentais
qu'il me fallait préparer ma route, et que de
nouvelles difficultés s'élevaient alors! D'une part,
il n'était plus aisé de bien éclaircir une partie, sans
développer tout l'ensemble des institutions grecques et romaines ; de l'autre, il était long, hors

de propos, fastidieux peut-être, d'entrer dans de pareilles discussions; je craignais de passer à vos yeux ou pour un pédant lourd et diffus, ou pour un enthousiaste inintelligible. J'en étais là quand un heureux hasard m'a épargné la peine de vous faire saisir les idées premières, et m'a permis de vous instruire sans trop vous ennuyer.

Le frère d'un de mes amis, établi depuis plusieurs années à Odessa, arriva à Londres, il y a quelques jours, avec un Grec échappé aux massacres des siens. Quelques opérations commerciales, et le désir de mettre en sûreté des débris de fortune dérobés au pillage, l'amenaient en Angleterre; je ne vous dirai pas quelle triste peinture il nous fesait de son pays, ni quelle énergie de patriotisme animait ses discours. Nous parlâmes des arts : il les aimait, et s'y connaissait. Il nous chanta les hymnes que l'enthousiasme avait inspirés aux soldats grecs. Avant son départ d'Odessa, la sœur de Mme Catalani en fesait retentir les théâtres russes; on y avait joué le Philoctète de Sophocle, traduit en grec vulgaire, et les souvenirs de la poétique antiquité avaient excité des applaudissemens que malheureusement l'écho ne porta pas jusqu'à Pétersbourg. Je visitai les livres qu'il avait apportés, et ce fut parmi une assez grande quantité de manuscrits, que la Grèce libre rendra sans doute à l'Europe savante, que

je trouvai un petit traité sur la danse. C'est un
dialogue dans la forme de ceux de Xénophon et
de Plutarque, et qui paraît avoir été composé sous
les empereurs ; on s'en aperçoit non-seulement
aux choses mêmes et aux faits mentionnés, mais
plus encore à ce mélange de styles divers, de
simplicité antique et de recherche moderne, et à
cet étalage d'érudition qui est le caractère des
écrivains de cette époque. Je n'ai pu lire les premières pages, qui avaient trop souffert de l'humi-
dité pendant la traversée, et je commence à traduire, sans autre préambule, à l'endroit où le
manuscrit devient lisible.

... « Ainsi se termina cette danse, et avec elle
toutes les fêtes. Les jeunes garçons, portant des
torches allumées, conduisirent l'époux, et les jeunes filles l'épouse, dans la chambre nuptiale, qui
retentit de mille cris de joie. Les portes se fermè-
rent, et chacun se dispersa. Callinichus et le jeune
Romain accompagnèrent Acestodore jusqu'à sa
demeure. Chemin fesant, Callinichus demanda au
prêtre quelle était l'origine de cette danse.

» Elle remonte, dit Acestodore, à une haute
antiquité ; je vous raconterai ce que m'en a appris la tradition.

» Hymen était un jeune Athénien de la tribu
pandionide, fils de Polycrate le statuaire ; il était
beau comme on peint Ganimède à la table des

Dieux, et sortait à peine de cet âge heureux, qui n'est plus l'enfance, qui n'est pas la jeunesse, où l'amour parle au cœur d'une voix encore inconnue, mais impérieuse et irrésistible. Un jour, passant auprès du Pompéion, il en vit sortir le cortége des jeunes filles destinées à composer la théorie de Delphes ; parmi elles était Psyché, fille de l'archonte Euthydème. Hymen la vit, et bientôt ne vit plus qu'elle. Déjà il rattache toutes les espérances de sa vie à l'image de Psyché ; la distance qui sépare la fille de l'archonte et le fils du statuaire, disparaît à ses yeux ; errant sans cesse autour du palais qui renferme tout ce qu'il aime, il cherche, mais en vain, à lui expliquer sa passion. Il se détermine enfin, dût-il lui en coûter la vie, à déclarer un amour sans lequel la vie n'est plus rien pour lui. Vous connaissez la fête de Cérès, qui se célèbre chaque année au bord de la mer ; les jeunes vierges y honorent, par des danses, la déesse inventrice des saintes lois ; mais seules, elles sont admises à ces mystères sacrés, et le profane qui s'introduirait auprès d'elles, serait puni de mort. Une telle idée ne peut effrayer Hymen, il revêt les habits de femme, le voile mystique et la robe traînante, et vient se mêler à l'aimable troupe des chastes vierges. La délicatesse de ses traits, la fraîcheur de ses lèvres, entourées d'un duvet rare et léger, sa lon-

gue et blonde chevelure, peut-être l'incertitude
de sa démarche sous un vêtement inaccoutumé ;
peut-être cette rougeur, dont la crainte et l'amour
coloraient son front, et qui semblait l'expression
de la pudeur virginale, tout persuade aux jeunes
filles qu'elles ont une compagne de plus. Déjà les
fêtes commençaient, déjà Psyché formait les premiers pas, quand tout à coup une troupe de corsaires, qui, cachés derrière les rochers du rivage,
épiaient depuis quelques jours l'instant favorable,
fond sur cette troupe timide, comme sur de fai-
bles colombes, et les entraînent malgré leurs cris.
Bientôt les rames battent les flots, les rives de l'At-
tique disparaissent, et ces jeunes filles sont dé-
posées sur une côte déserte, avant d'avoir pu
saluer leur patrie d'un dernier regard. Cependant
les corsaires, ravis du succès de leur entreprise
et d'une si riche proie, ne songent plus qu'à célébrer leur victoire ; ils versent à grands flots la
liqueur de Chypre, et bientôt, succombant sous
la double ivresse de la joie et du vin, s'endorment
dispersés sur le rivage. A peine ont-ils fermé les
yeux, qu'Hymen, qui méditait sa vengeance, se
lève au milieu de ses compagnes. « Voici, s'é-
crie-t-il, l'instant de notre délivrance ; nos tyrans
sont endormis ; leur mépris pour notre faiblesse
leur a fait même négliger de nous laisser des
gardes. Bannissons toute frayeur, montrons que

nous sommes dignes des héros dont le sang coule dans nos veines. Si nous succombons, la mort n'est-elle pas préférable aux outrages que nous réserve la brutalité de ces barbares! » Ce discours enflamme les jeunes filles d'une ardeur inconnue. Hymen arme leurs débiles bras des pesantes épées des pirates, et toutes, au signal donné, plongent le fer dans le cœur de leurs tyrans; aucun n'échappa; mais bientôt, tremblantes, égarées, effrayées de leur propre audace, elles retombent dans leur premier abattement. Que faire? que devenir? seules, dans une île déserte, loin de leur patrie; privées de tout espoir de retour! Hymen les soutient encore; il leur prépare pour la nuit un abri d'osier et de feuillage, et lui-même, s'emparant d'une des nacelles, s'y embarque seul, et vogue vers Athènes. On dit que l'Amour même fesait souffler pour lui les vents favorables, et le guidait dans sa route. Cependant Athènes était dans la consternation depuis l'enlèvement des jeunes vierges; les pères, les mères remplissaient les temples; les frères et les amans demandaient des armes et des vaisseaux. « Cérès, s'écriait le vieil » archonte, fais-moi retrouver ma fille, ravie en » célébrant ton culte, comme toi-même retrouvas » Proserpine. » Tout à coup une jeune fille s'élance à la tribune : « Athéniens, s'ecrie-t-elle, écoutez- » moi : Ces trésors d'innocence et de beauté, que

» vous regrettez, je puis vous les rendre; ce vête-
» ment cache un Athénien. Je suis Hymen, fils de
» Polycrate, le statuaire. » Puis il raconte en peu de
mots son amour pour Psyché, l'attaque des corsaires, leur mort et son retour. « Athéniens,
» dit-il, en finissant, je sais que j'ai mérité la mort
» pour avoir violé les mystères de la déesse : pu-
» nissez-moi; la vie ne m'est plus rien, si je ne puis
» posséder celle que j'adore; mais vous ne serez pas
» injustes envers les Dieux, qui réservaient à cette
» main la gloire de sauver celles qui les honoraient.
» Citoyens, respectez la volonté des Dieux; joignez
» vos prières aux miennes pour fléchir Euthydème.
» Tendres pères et mères, qui ne l'étiez plus il n'y
» a qu'un moment, donnez le bonheur à celui qui
» vous l'a rendu. » Hymen avait cessé de parler; sa
beauté, sa valeur, son éloquence émurent tous
les cœurs; il fut couvert de fleurs, et porté de la
tribune aux pieds d'Euthydème. Le vieil archonte, les yeux mouillés de larmes, le relève :
« Fils de Polycrate, lui dit-il, sois mon fils, et
» puisse-tu donner à la patrie des enfans aussi
» beaux et aussi braves que toi! » Le lendemain un
vaisseau de l'État avait ramené les jeunes Athé-
niennes; Hymen épousa Psyché; cette histoire
fut conservée dans la mémoire des hommes, et à
chaque nouveau mariage, le souvenir en est rappelé par la danse dont vous venez d'être témoins.

» Callinichus remercia Acestodore de son explication. J'ai remarqué, dit-il, que la danse fesait
partie de toutes nos fêtes civiles ou religieuses.
Son origine est-elle donc liée à celle de notre
culte? y aurait-il en elle, comme Platon le dit de
la musique, quelque chose de divin ?

» N'en doutez pas, répondit le prêtre des muses,
ceux qui l'ont dignement célébrée, la font naître
avec l'Amour, et l'Amour est le plus ancien des
dieux. Rhéa, la mère des immortels, l'enseignait
aux Corybantes et aux Curètes. Animés d'un saint
zèle, ces prêtres frappaient leurs boucliers de
leurs lances, et, par la bruyante agitation de leurs
corps, ils empêchaient les cris de Jupiter enfant
de parvenir aux oreilles du vieux Saturne, dévo-
rateur de sa race. Ce fut aussi au milieu des danses
que grandit le dieu de la guerre. Priape, un des
Titans, fut chargé d'élever le jeune dieu; mais,
avant de lui apprendre à manier l'épée, il voulut en faire un excellent danseur; et Junon reconnaissante ordonna que tous les biens conquis
par la lance de Mars appartiendraient à son ins-
tituteur. Apollon dictait, par la bouche de sa
prophétesse, les loix de la danse comme celles de
la musique et de la poésie. Les héros imitèrent
les dieux. Thésée célébra par des danses le
triomphe remporté sur le Minotaure. On voyait
Ariane remettre en ses mains le fil libérateur, et

les mouvemens confus des danseurs, s'entrelaçant
mille fois les uns les autres, peignaient les dé=
tours inextricables du labyrinthe. Castor et Plo-
lux, ces invincibles demi-dieux, créèrent à Lacédémone la danse *caryatique*, et Lacédémone, au
milieu de ses rigides institutions, a précieusement
conservé ces antiques jeux. Si Terpsichore est
adorée à Sparte, vous ne vous étonnerez pas d'entendre les Thessaliens nommer leurs magistrats,
Proorchestres (*premiers danseurs, maîtres de ballet*). Voyez la statue d'Elation; je lis sur le pié-
destal : « Le peuple a élevé une statue à Élation,
» pour avoir bien dansé dans le combat. » Cet enthousiasme s'explique quand on songe à l'origine
de la danse, consacrée dans la Grèce, comme dans
tout l'Orient, au culte des dieux. Aussi les poètes
réunissent leurs voix pour la célébrer. Hésiode
avait vu les Muses danser au lever de l'Aurore;
il les invoque quand leurs pieds délicats foulent
en cadence les bords d'Hyppocrène semés de vio-
lettes, et qu'elles forment un chœur autour de
l'autel de leur père. Pindare donne à Apollon le
titre de *danseur*, et consacre à l'immortalité les
noms de ceux qui excellèrent dans cet art; mais
c'est toi surtout que j'atteste, ô Jupiter des poètes,
divin Homère, toi dont nous recueillons les paroles comme les oracles même échappés du sanc--

tuaire des dieux. Faut-il louer tes guerriers : tu les appelles d'habiles danseurs :

> « Mérion, quel que soit ton talent pour la danse,
> Ce fer t'aurait percé.............»

La danse et le chant, voilà les seuls arts que tu distingues parmi ceux qui peuvent, pendant la paix, occuper l'homme et le distraire. Ailleurs, tu parles des plaisirs honnêtes, tu nommes le sommeil, l'amour et la danse, mais c'est à la danse seule que tu ajoutes l'épithète d'*irréprochable*. Le tableau des danses se retrouve sur le bouclier de ton héros ; il est encore présent à ma mémoire.

> Le céleste boiteux fait naître sous ses doigts
> L'image de ces chœurs, que dans Gnosse autrefois
> Dédale dessinait pour la belle Ariane.
> Les vierges qu'embellit la rose diaphane,
> Ont couronné leurs fronts des trésors du printems.
> Auprès d'elle, couverts de tissus éclatans,
> Sont les jeunes guerriers. L'argent de leur ceinture,
> Soutient un poignard d'or, belliqueuse parure.
> Les vierges, les guerriers, entrelaçant leurs mains,
> Cent fois, du même cercle ont tracé les chemins.
> Tel l'habile potier, qui de sa main mouvante,
> Fait tourner à son gré la roue obéissante.
> D'autre part, les danseurs, par la foule entourés,
> Se forment, avec art, en groupes séparés,
> Et, parmi les transports d'une aimable allégresse,
> Deux sauteurs, en chantant, signalent leur adresse [1].

[1] Si le lecteur trouve dans cette description quelqu'expression singulière, qu'il se rappelle que je ne suis que traducteur, et qu'il veuille bien consulter l'original aux derniers

» En achevant les derniers mots de cette espèce
d'hymne en l'honneur de Terpsichore, Acestodore était arrivé à sa demeure.

» Le portique était orné de deux colonnes d'ordre
corinthien : au milieu s'élevait un autel domestique, placé devant trois statues de marbre blanc
qui représentaient les Grâces; c'était une copie
du fameux groupe attribué à Socrate. Derrière
la maison, était un petit bois de palmiers et de
lauriers, dont les eaux du Plistus entretenaient
la fraîcheur. Acestodore entra avec Callinichus et
Flavius; sa fille Elpinice, déjà consacrée au culte
des Muses, courut au-devant de lui, et annonça
que le philosophe Potamon d'Alexandrie l'attendait. Les deux vieillards conversèrent quelque
tems ensemble, et bientôt tout le monde se rendit sur une des hauteurs du mont Cyrphis, pour
y jouir des charmes d'une belle soirée d'été : car
le climat de la Phocide est le plus doux de toute
la Grèce.

» La lune éclairait d'une lumière pâle tous les

vers du livre XVIIIe de *l'Iliade*. Il n'était peut-être pas bien
nécessaire de le prévenir que ce morceau m'appartient, mais
je ne voulais pas qu'il en imputât le blâme à quelqu'un des anciens traducteurs d'Homère; j'accepte la même responsabilité
pour tous vers, bons ou mauvais, qui ne sont pas enfermés
dans des guillemets.

.environs; aux pieds de la montagne, coulait le Plistus; on distinguait plus loin la ville de Cirrha et le chemin qui conduit à Amphysse. A gauche, la vue s'étendait sur le golfe d'Alcyon, et ne s'arrêtait qu'aux rivages de la Locride : elle plongeait à droite dans la plaine de Cirrha jusqu'à Delphes. Là, au milieu de noirs bouquets de bois, brillait le faîte du temple d'Apollon, éclairé par la lune. Les cimes du mont Parnasse fermaient le tableau, et parmi elles le majestueux Lycorée, qui élève son front superbe au-dessus de toutes les montagnes de la Grèce. »

Ici, chère Sophie, je m'arrête jusqu'au prochain courrier. La conversation qui s'engagea entre le prêtre, le philosophe et les jeunes gens, fera l'objet de ma première lettre.

LETTRE IV.

Londres, août 1822.

Je continue, chère amie, la traduction du manuscrit grec.

« Un spectacle si vaste et si varié fixa quelque tems tous les regards, mais bientôt la conversation s'engagea. Acestodore donnait à sa fille des détails sur la fête-dont il avait été témoin ; il lui racontait tous les plaisirs de ce beau jour, et n'oubliait pas la manière brillante dont on avait exécuté la danse de l'hymen. Il était prêt à entrer dans de nouveaux détails sur cet exercice, quand le jeune Romain l'interrompit.

» Prêtre, dit-il, je suis venu en Grèce pour étudier les mœurs d'un peuple vaincu par nos armes, mais qu'on proclame, dans les arts de la paix, le modèle de ses vainqueurs. Vous nous avez savamment expliqué l'origine de vos danses, mais si vous voulez permettre à un jeune homme, à un étranger, de s'expliquer librement, j'ai trouvé quelque exagération dans le pompeux éloge que vous en avez fait. Un Romain ne peut partager votre opinion sur un tel sujet : la danse, vous le savez, nous fut long-tems inconnue ; car je ne donne pas-le nom de danse aux bonds irréguliers

par lesquels les Saliens honoraient le Dieu Mars,
pas plus que celui de chant aux inintelligibles
paroles qu'ils hurlent en son honneur. Tant que
Rome fut libre et vertueuse, la danse y fut igno-
rée. Nos historiens remarquent que c'était une
honte à un Romain de se permettre ce plaisir ; A.
Claudius, Licinius, Celius ont été déshonorés pour
s'y être livrés. Cicéron fait de vifs reproches au
consul Gabinius pour avoir dansé en public ; il
défend Muréna accusé de la même faute, en disant que l'atrocité même du délit en détruisait la
vraisemblance. Nos mœurs dégénérèrent, du moment que les vierges et les jeunes gens de Rome
allèrent, dans des écoles d'histrions et de baladins,
apprendre les arts prestigieux et déshonnêtes.
Elles furent perdues quand les patriciens mêmes
y envoyèrent leurs enfans. J'ai vu, dit Scipion,
j'ai vu avec horreur dans une école de danse plus
de cinq cents jeunes garçons et jeunes filles ; et,
dans ce nombre (ce qui me fait pitié pour la république), le fils d'un candidat, un enfant qui
n'avait pas moins de douze ans, et qui dansait aux
cymbales, exercice qu'un esclave libertin ne pourrait faire sans déshonneur [1]. Horace, qui est aussi

---

[1] Voyez les *Saturnales de Macrobe*, et le quatrième livre
de *la République de Cicéron*, tel que l'a si ingénieusement ré-
tabli M. Villemain.

prêtre des Muses, et que vous n'accuserez pas
d'un rigorisme outré, blâme les jeunes Romaines
qui, même avant l'hymen, se faisaient initier
avec ardeur, aux mouvemens lascifs des danses
ioniennes, et, dès l'âge le plus tendre, méditaient
de coupables amours. Partout où les danses théâtrales ont été introduites, elles ont banni les représentations dramatiques, dont la morale saine
et élevée pouvait faire naître dans le cœur de
l'homme quelques hautes pensées. Deux Grecs por-
tèrent la danse au plus haut degré de perfection,
c'est Pilade et Bathylle. Dernièrement un de mes
amis m'invita à assister à la lecture d'une satyre
ou le poète [1] peignait Bathylle avec les couleurs
les plus tranchantes : il montrait les dames romaines éprises d'un histrion, et ne pouvant, au
milieu même des spectacles publics, modérer la
ridicule et brûlante expression de leurs désirs.
Pilade fut plus réservé, mais, plus dangereux encore, il voulut faire servir les progrès de son art
et l'enthousiasme qu'il excitait, à la destruction de
la liberté romaine. Lorsque son insolence et les
troubles qu'excitait dans Rome sa rivalité avec
Bathylle, eurent forcé l'empereur à le bannir,
« César, lui dit Pilade, tu es un ingrat; que ne
» les laisses-tu s'amuser de nos querelles? » Au-

[1] Juvénal.

guste était trop habile pour ne pas sentir toute
la profondeur et la vérité de ce mot-là. Pilade fut
rappelé bientôt après. Le peuple ne demandait
alors que du pain et des danseurs. Ce n'était plus
entre les soldats de Sylla et ceux de Marius que
Rome était divisée, c'était entre les Piladiens et
les Bathylliens. Le théâtre devint une sanglante
arène où les deux partis se déchirèrent l'un l'autre,
et les excès parvinrent à un tel point que les empereurs se virent obligés de sacrifier leur politique
au salut et à la tranquillité de l'État. Et les bons
princes et les tyrans s'accordèrent dans les mesures à prendre contre les pantomimes. Le mal
avait surpassé même leur attente; sénateurs, chevaliers, plébéiens, tous se précipitèrent sur le
théâtre, oubliant le nom de leurs ancêtres et
celui de leur patrie. Tibère enfin chassa de l'Italie
tous les pantomimes; Domitien exclut du sénat
les sénateurs assez vils pour s'être fait recevoir
parmi eux; et notre vertueux Trajan vient de les
expulser une seconde fois. Qu'on me dise donc
que la danse est un délassement agréable, une
des plus riantes imitations qui puisse récréer l'esprit, ou exercer le corps de l'homme, j'y souscris
volontiers; mais qu'on cesse de vouloir me persuader la moralité d'un tel art; qu'on cesse de
lui donner des dieux pour inventeurs, pour protecteurs les plus profonds politiques, pour parti-

sans les plus sages philosophes; car je comparerais de si pompeux éloges à ces sujets que les sophistes traitent quelquefois en se jouant, aux panégyriques d'une Hélène ou d'un Busiris que j'ai parcourus dans votre rhéteur Isocrate.

» Romain, répliqua Acestodore, vous parlez avec tout l'orgueil d'une nation qui a dompté toutes les autres, et n'a pu être domptée que par elle-même : mais quels que soient vos préjugés contre la danse, quelqu'exagération que vous supposiez à mes paroles, soyez en certain, ce n'est pas ici un jeu d'esprit; et je suis encore loin d'avoir dit en l'honneur de la danse tout ce que l'on pourrait dire. Vous ne voulez trouver parmi ses protecteurs ni politiques ni sages, mais vous oubliez que c'est à Numa, le plus sage de vos rois, que vous devez la danse des Saliens, toute barbare qu'elle vous paraisse. Minerve elle-même inventa la danse armée, dont un de vos compatriotes, le précepteur d'un de vos derniers princes, et l'un des premiers rhéteurs de ce siècle, vante l'utilité. Les prêtres d'Égypte, dépositaires de la sagesse des vieux âges, Orphée leur disciple, et le divin Olénus, ont fait un si grand cas de la danse, et l'ont si souvent employée dans les mystères des initiations, qu'ils appelaient *dessauteurs* ou *infidèles à la danse*, ceux qui trahissaient ces mystères. Les vieux Arcadiens, ces contempo-

rains de la terre qui les porte, ont, de tems immé-
morial, fait étudier à leurs enfans la danse et la
musique, persuadés que ces arts enchanteurs pouvaient seuls, comme les bons génies à l'égard des
mauvais, combattre l'influence d'un climat rude
et sauvage. Mais qu'est-ce que l'autorité des dieux
et des premiers mortels aux yeux d'un Romain,
aujourd'hui surtout que les dogmes insensés d'E-
picure règent parmi vous avec tant d'éclat, que
vos poètes les chantent dans leurs vers, et que
vos orateurs les proclament en plein sénat? sans
doute, vous vous soumettrez plus aisément à
l'autorité des âges que vous appelez policés. Socrate, le plus sage des hommes, louait la danse ;
il voulut même l'apprendre dans un âge déjà
avancé ; et, si je ne me trompe, un Romain moins
ennemi des arts que vous, m'en a dit autant de
votre fameux Caton, quoiqu'alors âgé de cin-
quante-neuf ans. L'histoire n'a pas dédaigné de
nous conserver le nom de Calliphron, qui enseigna
la danse à Épaminondas : elle blâme Platon d'a-
voir négligé la pratique d'un art, à la théorie du-
quel il donne d'ailleurs de justes éloges en plusieurs endroits de ses écrits, dont il trace les règles
dans ses lois, et qu'il conserve avec la musique,
au moment même qu'il bannit la poésie de sa république. Je pourrais vous citer beaucoup d'autres
noms ; mais je crois que ceux de Socrate, de Ca-

ton, de Platon et d'Épaminondas, suffisent pour vous persuader qu'on peut, sans être un sophiste, célébrer l'utilité morale d'un art que tant de sages ont honoré par l'étude qu'ils en ont faite, et les éloges qu'ils lui ont donnés.

» D'où vient donc, dit le Romain, qu'elle a tellement dégénéré de sa première grandeur, et qu'elle n'est plus aujourd'hui que le partage de baladins ou de nobles qui se dégradent en les imitant ? Philosophe, ajouta-t-il en se tournant vers Potamon, vous nous expliquerez sans doute une aussi étrange contradiction ?

» Jeune homme, répondit Potamon, la soirée est déjà bien avancée, et la question que vous me proposez plus vaste que vous ne le croyez peut-être. Si cependant mon respectable ami Acestodorn'est point trop fatigué, je tâcherai, sans embrasser tous les développemens qu'elle comporte, de l'éclaircir légèrement. Acestodore ayant fait un signe approbatif, Potamon reprit : La religion et la politique ont également regardé la danse comme une institution salutaire, qu'elles devaient toutes deux adopter et encourager. Dans la langue mystérieuse des prêtres d'Égypte, d'Orphée et de Pythagore, Dieu n'est que la merveilleuse harmonie de la nature ; il dirige l'éternel concert des sphères célestes, et ses lois agitent en cadence toutes les forces de l'univers. Une danse dont les

mouvemens graves et réglés pouvait donner quelqu'idée de cette divine mélodie, leur semblait donc
l'hommage le plus digne et le plus vrai qu'on
pût rendre à la divinité. Elle offrait aussi l'image
du joyeux accord qui régnait entre un peuple
libre et heureux et des divinités bienfesantes et
protectrices. Sous un ciel si pur, entourés d'une
si belle nature, doués de sens si délicats, jouissant
de toute la plénitude de l'existence, nous n'avions
qu'à louer et remercier les dieux. Notre religion
était une fête que la terre donnait au ciel en retour de celles qu'à chaque beau jour le ciel donne
à la terre. L'apothéose des pouvoirs de la nature,
loin de nous avoir menés à la cruelle superstition
des autres peuples, a pris parmi nous une forme
aussi touchante que noble. Un de vos poètes a
pu dire que la crainte a fait les dieux[1]; pour
les nôtres, ils sont les fils de notre amour. La
danse, dans les mystères, instruisait l'initié, par
de vivantes allégories, des grands événemens qui
avaient rempli les premiers âges du monde, et de
l'histoire même du globe. Ce sens supérieur enno-
blissait pour lui toutes les danses mystiques. Celle,
par exemple, qui ne représentait aux profanes
que les erreurs de l'île de Délos et de Latone,
peignait à ses yeux cet âge du chaos, ou la terre,

---

[1] Lucrèce. *Primus in orbe deos fecit timor.*

encore agitée parmi les flots des mers primitives, attendait pour s'animer les rayons vivifians du soleil. Il me serait facile de multiplier de pareilles explications.

» Mais un tel art ne pouvait rester long-tems enfermé dans les limites des temples. Ses avantages n'échappèrent point à l'attention des législateurs, et ils ne tardèrent pas à s'en emparer. Leur but était de former des ames à la fois indomptables et modérées, des corps non moins beaux que vigoureux. Les hommes des premiers âges, forcés de lutter contre les élémens, dont les limites étaient encore indécises ; de combattre les animaux qui leur disputaient le séjour du monde naissant, étaient intrépides et infatigables, mais en même tems farouches et barbares. La cruauté était commune à tous les sexes, à toutes les conditions ; les vengeances se perpétuaient dans les familles ; la force était le seul droit. Il s'agissait donc d'adoucir le cœur sans l'efféminer ; de donner au corps toute sa beauté sans lui rien ôter de sa vigueur ; de régler les passions sans les détruire ; de maintenir l'ame, non dans une froide apathie, mais dans ce noble repos, dans cette tranquillité d'une jeunesse pleine de vie, qui n'a pas besoin d'exercer ses forces pour que leur secret lui soit révélé. L'Hercule grec était, dans l'idée des législateurs, ce qu'il fut depuis sous le ciseau du statuaire, *la force en repos.* Il se repose, mais on sent, en le regardant, que c'est d'avoir porté le ciel. A cet effet, l'éducation et tous les arts furent divisés en deux branches, la gymnastique et la musique. On comprit sous le premier nom tout ce qui pouvait donner au corps de la vigueur. La musique fut toute l'instruction de l'ame, depuis la plus haute philosophie jusqu'à la poésie la plus légère. La danse fut dès-lors une des principales parties de l'instruction ; car elle avait le double avantage de fortifier le corps en développant les grâces, et d'adoucir l'ame par les charmes d'une mesure réglée.

Cette idée si féconde, de modérer les passions par l'harmonie, se révèle dès les premiers tems. Une ancienne tradition rapporte qu'Agamemnon, prêt à partir pour Troie, mit auprès de Clytemnestre un habile danseur, chargé de lui représenter, sous l'apparence d'un exercice ou d'un délassement, les faits dont le souvenir pouvait l'exciter et l'encourager à la vertu. Il n'altérait pas l'énergie de son ame ardente et passionnée ; mais il la réglait, et la concentrait dans son devoir, sans lui permettre de s'égarer. Le plan d'Agamemnon était si sage, qu'Egisthe tenta vainement de corrompre la reine, et de lui faire partager ses odieux projets, tant qu'il n'eut pas éloigné d'elle ce puissant et incommode précepteur de vertu.

La pensée du roi de Mycènes fut aussi celle de Lycurgue, le plus profond esprit peut-être que la Grèce ait produit. Il saisit, pour ainsi dire, sa patrie, comme l'habile écuyer saute sur le char qu'emportent en sens divers quatre coursiers indomptés ; il ne les énerve ni ne les sépare ; mais les arrête, les maîtrise, les façonne : il leur a mis le frein à la bouche ; sa main vigoureuse ne lâche pas leurs rênes, et quand il sent qu'ils ne peuvent plus qu'obéir à l'action qu'il va leur communiquer, alors, avec un art infini, il leur rend toute leur impétuosité, et les fait voler au but par le plus court chemin. Ainsi fit Lycurgue ; il opposa les régulières émotions de l'art aux mouvemens désordonnés de la nature, et fit de son peuple une famille de sages et de héros, jamais oisive, jamais turbulente, et toujours heureuse. La nomenclature des danses lacédémoniennes est plus étendue que toutes les autres. A peine les jeunes gens avaient-ils exercé leurs forces dans la lutte et le pugilat, qu'ils développaient en dansant leur grâce et leur agilité. Ils variaient leurs attitudes sous l'œil des maîtres, et apprenaient ainsi à manier l'épée et le bouclier. C'est à Sparte que naquit la danse appelée *le Collier*. De jeunes guerriers et de jeunes vierges se suivent alternativement : à des pas vifs et brillans succèdent des mouvemens doux et timides, collier charmant où s'entrelacent la grâce et la vigueur, l'audace et la modestie. Le mode phrygien fut adopté par Lycurgue comme le plus grave et le plus convenable à ses vues. Tout ce qui pouvait efféminer ces exercices en fut banni avec tant de soin, que Timothée fut chassé de Sparte pour avoir ajouté une corde à sa lyre. Voici une danse de leurs fêtes publiques : figurez-vous l'effet qu'elle devait produire. Les vieillards paraissaient d'abord, leurs pas étaient graves et tranquilles, et, tandis qu'ils dansaient, le chœur répétait en refrein ces vers d'un vieux poète :

> « Nous avons été jadis
> Jeunes, vaillans et hardis. »

Venaient ensuite les hommes faits; une fierté mâle animait leur gravité ; le chœur disait :

> « Nous le sommes maintenant
> A l'épreuve, à tout venant. »

Enfin les enfans suivaient avec la folie et l'aimable audace, de leur âge en s'écriant :

> « Et nous un jour le serons
> Qui tous vous surpasserons. »

Seraient-ce ces danseurs-là qu'on eût chassé de Rome? Je pourrais parcourir toute la Grèce, et vous montrer partout la danse consacrée à inspirer le patriotisme, la valeur et la vertu. J'en ajouterai un seul exemple, et c'est encore Sparte qui me le donnera.

» Dans les premiers tems, il y avait une fête qui se célébrait en l'honneur de Diane; les jeunes filles dansaient autour de l'autel de la déesse, et aucun voile ne cachait leurs attraits. Hélène y parut ainsi; Thésée et Pâris la virent, et l'enlevèrent tour-à-tour. Lycurgue voulut détruire l'abus, et conserver la chose. La danse fut toujours la même, mais les étrangers en furent exclus : les jeunes filles eurent une telle modestie dans leurs mouvemens et leurs pas, une telle pudeur sur leur visage, que nul Spartiate n'osa lever sur elles d'autres regards que ceux de l'admiration et du respect. Eh bien! savez vous comment s'appela cette danse où paraissaient des filles toutes nues? Elle s'appela la *danse de l'Innocence*, et elle le fut en effet. Le jeune Spartiate qui aspirait à la possession de la jeune vierge, savait que le mariage était le seul moyen de l'obtenir; que la loi consacrait cette union pour donner à la patrie des enfans dignes d'elle; qu'elle voulait même que pendant les premières années, l'époux ne pût voir sa femme qu'en secret, comme à la dérobée, afin que l'idée du danger accompagnât toujours celle du plaisir même permis. Aussi, les femmes de Sparte, fortes de leur vertu et du respect qu'elle inspirait, se flattaient-elles de commander aux hommes; « Et la raison en est, disait

» Gorgo, femme de Léonidas, que c'est à de
» véritables hommes que nous donnons le jour. »

J'avoue que cette pureté première, répandue
dans les arts, s'est bien altérée depuis; mais la
Grèce, en les dépouillant de leur innocence,
leur a toujours conservé du moins le goût, la
grâce et la délicatesse : les anciens peintres et
statuaires ont imité la Nature telle qu'elle s'offrait
à leurs yeux, lorsqu'ils ont donné à leurs figures
dansantes cet air de décence et de modestie que
nous y admirons encore aujourd'hui; et nos pantomimes, à leur tour, ont imité les modèles que
leur présentaient les peintres et les statuaires [1] :
et vous seuls, Romains, y avez introduit cette
corruption profonde qui les a dégradés et avilis!
Car songez bien que dans votre diatribe contre
la danse, ce n'est pas elle que vous accusez, c'est
vous-mêmes. Notre ami nous a parlé de la danse
de l'hymen, célébrée aujourd'hui à Cyrrha : dites-
moi, qu'est-elle devenue parmi vous? l'image la
plus cynique des plus honteuses voluptés. Vos

[1] Les fouilles de Pompéi et d'Herculanum nous ont découvert plusieurs tableaux représentant des danses en diverses
attitudes, mais toutes pleines d'une grâce et d'une légèreté
inimitables. On peut en voir la description parmi les antiquités
d'Herculanum; elles confirment nos idées sur la danse ancienne.

fêtes du premier jour de mai, vos saturnales, sont
du même genre. La danse de Flore, si simple, si
naïve dans son principe, se change, au bout de
quelque tems, en un spectacle odieux ; les femmes
s'y offrent nues aux regards d'un peuple effréné,
et si, moins hardies que ce peuple même, elles
rougissent de paraître ainsi devant Caton, Caton
se voit bientôt obligé de se retirer, pour ne pas
priver ses concitoyens des honteux plaisirs qui
pour eux sont devenus un besoin. Sans doute,
nous admirons et cultivons la danse, mais notre
enthousiasme n'est pas du fanatisme, et, dès l'o-
rigine, nous avons su distinguer, à cet égard les
tems et les personnes. Vous avez lu notre Héro-
dote ; vous vous rappelez l'histoire du sage Clysthène de Sicyone ; il avait invité tous les hommes
riches et puissans de la Grèce à se rendre à Sicyone pour y disputer la main de sa fille Agariste.
Smyndiride de Sibaris, Laocède d'Argos, Lapha-
nès d'Arcadie, étaient au nombre des prétendans ;
mais on remarquait entre tous les autres ; deux
Athéniens, Mégaclès, fils d'Alcméon, et Hippoclide, distingué par son esprit, ses richesses et sa
beauté. Le dernier jour des fêtes était arrivé :
Hippoclide, que jusqu'alors Clysthène semblait
préférer, fait tout à coup apporter une table ; il
y monte, et d'abord exécute une danse lascive,
à laquelle il ajoute bientôt celles d'Athènes et de

Sparte. Clysthène, dès le premier moment, avait eu peine à se contenir ; mais quand il vit Hippoclide, la tête en bas et marchant sur les mains, tracer en l'air avec ses pieds les principales figures de la Sycinnis, « Fils de Tisandre, s'écria-t-il, » vous venez de danser la rupture de votre mariage. » La réponse de l'Athénien est passée en proverbe : « Ma foi, seigneur, Hippoclide ne » s'en soucie guères. »

» Opposez à ce tableau des danses grecques celui des danses romaines ; à peine paraissent vos histrions, que vos chevaliers, vos sénateurs deviennent leurs rivaux, et ne rougissent pas de se mêler à eux au milieu des combats et des désordres de vos théâtres, pour y partager les applaudissemens d'une populace effrénée ; vous nous direz qu'Eschyle et Sophocle, tous deux illustres par leurs dignités militaires et civiles, parurent aussi sur la scène ; mais songez à la sagesse , à la gravité de nos danses théâtrales. Sophocle put, après la victoire de Salamine, danser au son de la lyre autour des trophées ; il put y prendre le masque d'une des suivantes de Nausicaa ; une noble et modeste harmonie dirigeait tous ses mouvemens, et ne servait qu'à faire ressortir, dans un riant exercice, ses grâces et sa beauté. Nos danseurs ont pu être ambassadeurs ou généraux, et reparaître ensuite pour danser dans nos chœurs. Les chœurs

de danse et de chant, dans toutes nos tragédies,
si l'on en excepte peut-être les bacchantes d'Euri-
ripide, où ils partagent l'ivresse des fêtes de Bacchus, ont toujours quelque chose de grave,
d'élevé, de majestueux ; représentant l'opinion
morale du poète et des spectateurs, ils portent
l'empreinte de leur origine sacrée; au milieu des
plus violentes passions, ils ne doivent perdre de
vue ni la dignité ni la beauté. Les choréges sont
choisis parmi les premiers citoyens de l'Etat, et la
noblesse de ces fonctions s'agrandit par la dignité
du reste de leur vie.

» Rome, je dois vous le dire, Flavius, née pour
d'autres soins, et qui n'a connu nos arts aimables
que lorsqu'elle était déjà corrompue par les richesses et les conquêtes, a tout dépravé, tout exagéré.
Vous avez tracé un tableau de la danse à Rome,
plus effrayant peut-être que je ne l'aurais fait moi-
même; mais d'où viennent ces indignes abus?
presque tous d'une même cause, l'exagération :
vous n'avez jamais su, quand vous ne nous avez
pas copié, vous arrêter à ce juste milieu, qui sépare le vrai du faux, le naturel de l'outré. A cet
idéal de la divine poésie, qui respire dans nos
tragédies, qui donne la vie à nos statues, qui
ennoblit la douleur corporelle dans Philoctète et
Laocoon, la douleur mentale dans Ajax et Niobé,
succéda une réalité à la fois prosaïque et affectée.

Pour plaire à des spectateurs romains, nos artistes eux-mêmes ont été forcés de quitter la vraie route de la perfection, de détruire toute illusion théâtrale, de méconnaître les règles éternelles de la beauté. Que dirai-je de ce pantomime qui, voulant imiter Ajax furieux, parut être lui-même un véritable insensé, déchira l'habit du joueur de flûte, faillit assommer l'acteur qui jouait Ulysse, alla s'asseoir sur le banc des sénateurs, et fit mille autres extravagances semblables? Le peuple battit des mains, mais les gens sensés virent avec douleur la décadence de l'art, et l'acteur lui-même, qui n'était pas un homme médiocre, s'en repentit au point de ne plus vouloir reparaître dans ce rôle. Et ce Pilade, si vanté! Ne s'est-il pas oublié dans le rôle d'Hercule, jusqu'à lancer des flèches sur les spectateurs eux-mêmes; encouragé, au reste, par l'indigne stupidité des Romains et de César lui-même, dont l'approbation excitait ce mépris révoltant des convenances et de l'humanité? Telle est enfin votre ignorance et votre barbarie, que vous avez ensanglanté votre scène par de véritables supplices. Ce n'est plus l'image de la mort de Dédale, de Lauréolus ou d'Orphée que l'on voit sur vos théâtres; ce sont réellement trois malheureux, l'un étouffé par un ours, l'autre dévoré par un vautour, le dernier déchiré par des gladiateurs sous l'habit de bacchante, comme si l'on devait reconnaître partout, même dans vos jeux, que votre fondateur fut nourri par une louve! Si jamais la danse et la pantomime avaient produit parmi nous d'aussi atroces imaginations, je n'en parlerais que pour les maudire.

Jeune homme, en disant librement ce que je pense, comme le doit un philosophe, j'ai voulu vous faire comprendre que notre respectable ami n'a rien exagéré, lorsqu'il a donné tant d'éloges à la danse. Son origine est au berceau de la religion, ses développemens ont eu toute la noblesse et la dignité qui, dans la Grèce seule, s'accordent toujours avec la grâce et le plaisir ; elle honorait les dieux, embellissait les fêtes publiques ; représentait les plaisirs de l'amour, sans en peindre les excès ; faisait les charmes de la vie domestique ; et si depuis elle a dégénéré de sa première gloire, si elle a perdu sa moralité, c'est vous seuls, Romains, qui y avez introduit, comme dans les autres arts, les vices qui ont enfin vaincu la ville victorieuse.

Philosophe, dit Flavius, malgré votre haine et vos injustes préjugés contre ma patrie, je vous remercie de vos explications : elles me réconcilient avec la danse. J'accorde aux Grecs d'y exceller, mais c'est une gloire que je ne leur envie pas. Virgile l'a dit :

« Toi, Romain, souviens toi de régir l'univers. »

C'est-là toute notre science; j'admire cependant
vos arts, et de telles instructions méritent, ce me
semble, autant par l'agrément et les charmes
qu'elles répandent sur la vie, que par la vertu et
le patriotisme qu'elles inspiraient, l'approbation
des hommes sensés de tous les pays.

» Mon père, dit Callinichus en se tournant vers
Acestodore, je suis charmé de voir mon ami faire
plier un peu la fierté romaine en faveur de nos
arts. J'admire Potamon, qui a pu opérer un miracle si difficile ; mais déjà la nuit s'avance, la
clarté de la lune est toute brillante encore, pro-
fitons de sa lumière pour nous retirer. Si je ne
craignais d'abuser de sa complaisance, je le prierais de nous expliquer demain quelles sont les
qualités nécessaires à un excellent danseur.

» J'y consens volontiers, répondit Potamon ;
mais, avant de nous séparer, je voudrais que notre
cher Acestodore nous récitât en s'accompagnant
de sa lyre, le chœur qu'il a composé en l'honneur de Terpsichore. Prêtre des Muses, il leur a
consacré ses chants, et ses chants ne sont pas indignes de celles qu'il honore. Ce serait, au milieu
de ce vaste silence de la nature, la plus digne
manière de terminer un si beau jour !

» Philosophe, repartit Acestodore, je n'ai rien à
refuser à celui qui a si bien défendu les arts in-
ventés par les Muses. Ma fille, ajouta-t-il, en s'a-

dressant à Elpinice, qui, modeste et silencieuse, n'avait osé troubler d'un seul mot cette longue discussion ; ma fille, prends ton luth ; les ans m'ont ravi la voix. Jadis, elle était la plus applaudie dans nos chœurs ; aujourd'hui, il n'en reste plus qu'un souvenir ; la tienne est encore jeune et fraîche comme toi-même.

» La lune, dans sa course, avait cessé d'éclairer Delphes et ses montagnes ; à droite, *tout était ténèbres :* mais on remarquait à gauche de longues lignes argentées, que l'astre projetait dans les flots du golfe d'Alcyon. La jeune prêtresse des Muses se leva, elle appuya son luth sur le revers du roc, et debout, rejetant derrière elle sa longue tunique blanche, après avoir un moment préludé, elle chanta les vers suivans :

C'est toi, divine Terpsichore,
Qu'invoquent en ce jour nos lyres et nos voix :
Entends les vœux d'un peuple qui t'adore,
Muse, viens nous dicter tes lois !

Pour le couteau sacré les victimes sont prêtes ;
De fleurs on couronne leurs têtes :
Un nuage embaumé porte au trône des dieux,
Sur l'aîle des Zéphirs, notre encens et nos vœux.
Fille de Jupiter, viens embellir nos fêtes :
Comme la jeune Iris souriant dans les cieux,
Au milieu des noires tempêtes
Jette le triple éclat de son arc radieux !
Telle tu sais, par ta grace suprême
Du culte de nos dieux charmer l'austérité,

Et souvent ton père lui-même
A déridé pour toi sa sombre majesté.

Soit qu'au double sommet du Pinde,
Phébus t'enchaîne dans ses bras ;
Soit que du gai vainqueur de l'Inde,
En dansant tu guides les pas ;
De la cour d'Apollon, des lieux où naît l'Aurore,
Viens au pontife qui t'adore,
Muse, dicter tes saintes lois !
C'est toi, divine Terpsichore,
Qu'invoquent en ce jour nos lyres et nos voix !

Mais non, Pallas t'appelle,
Je te vois auprès d'elle,
D'une fierté nouv elle
Enflammer nos soldats ;
Déjà naît de ta lyre
Ce belliqueux délire
Qui conquit un empire
Au fils d'Olympias.

Soldat, le clairon sonne ;
Sous les traits de Bellone,
Terpsichore te donne
Le signal meurtrier ;
Soldat, ouvre la danse :
Agitée en cadence,
Que ta pesante lance
Frappe ton bouclier !
Sais-tu les chants sauvages
Qui, dans les premiers âges,
Ranimaient les courages
De tes frères vaincus,
Quand la danse excitée
A la voix de Tyrtée,
De Sparte épouvantée
Réveillait les vertus ?

Si contre ta patrie,
Du fond de l'Assyrie,
Gronde la barbarie
D'un despote orgueilleux ;
Les dieux seuls sont tes maîtres,
Joins, comme tes ancêtres,
Ta voix aux chants des prêtres,
Et redis avec eux :

Amante du Dieu des alarmes,
Donne la victoire à nos armes,
Viens dicter tes sanglantes lois
Au peuple guerrier qui t'adore.
C'est toi, divine Terpsichore
Qu'invoquent en ce jour nos lyres et nos voix !

Nos vœux sont exaucés. De leurs brillantes ailes
La Victoire et la Paix, ces immortelles sœurs,
Ont ombragé nos défenseurs,
Et la patrie aux fêtes solennelles
Appelle d'un regard ses enfans généreux.
Je te retrouve encore en ces aimables lieux,
Muse que mon cœur idolâtre,
Comme au camp des guerriers, comme au temple des dieux,
Tu règnes sur notre théâtre :
Par les combinaisons d'un art ingénieux,
Dans de mouvans tableaux, ta muette éloquence
Donne une langue aux mains, une voix au silence,
Et sait charmer les cœurs en ne parlant qu'aux yeux.

Quelle affreuse image
Me glace d'effroi !
Là, sur ce rivage,
Où du flot sauvage
Se brise la rage,
Alcide, est-ce toi ?
Oui, ta confiance

Les a revêtus,
Ces fatals tissus
Qu'au sang de Nessus
Trempa la vengeance.
Ton œil furieux
Menace les cieux :
Tes lèvres écument :
D'invisibles feux
Dans ton sein s'allument,
Pénètrent, consument,
Calcinent tes os.
Déjà dans ses flots
La mer turbulente
Reçoit en morceaux
Ta robe brûlante,
Que ta main tremblante
Lance dans les eaux
Avec les lambeaux
De ta chair sanglante.

Terpsichore épargne à nos yeux
Des tourmens d'un héros cette horrible peinture !
Ah ! que mon cœur t'aime bien mieux,
Lorsqu'aux rives d'une onde pure,
Et parmi ces vastes forêts
Qui couronnent Ida de leurs ombrages frais,
Je vois Pâris, au sein des fêtes pastorales,
Juge mortel d'immortelles rivales ;
Quand la reine des voluptés
Pour lui dénouant sa ceinture
Dévoile en rougissant à ses yeux enchantés
Des charmes inconnus à l'humaine nature,
Et les trésors des célestes beautés !
Un dieu seul eût jugé : Pâris n'était qu'un homme ;
Un nuage s'étend sur ses regards confus,
Il soupire, il palpite, il s'égare, et la pomme
Tombe aux pieds de Vénus.

Aimable sœur de Vénus et des Grâces,
        Toi qui fais voler sur tes traces
Les Ris, les Jeux, l'Amour et les nymphes des bois,
Reconnais les accens du vieil Acestodore,
        Muse, à ce peuple qui t'adore
        Viens dicter tes savantes lois ;
        C'est toi, divine Terpsichore,
Qu'invoquent en ce jour nos lyres et nos voix ! »

————

LETTRE V.

Londres, septembre 1822.

Vous devez, ma belle amie, maudire la paresse qui m'a déterminé dans mes deux dernières lettres à emprunter la plume d'un vieil auteur grec, plutôt que de laisser couler la mienne; car enfin, quoique je sois beaucoup moins sensé et moins savant que lui, je songe quelquefois que j'écris à une jeune et aimable danseuse; je me crois obligé en conscience à trois ou quatre plaisanteries par lettre, et à une galanterie au moins de cinq en cinq pages; je connais trop bien les convenances pour y jamais manquer; mais mon auteur est d'un imperturbable sérieux, et quand vous avez entendu le philosophe Potamon vous promettre une dissertation pour le lendemain, je suis sûr que vous en avez frémi. Mais ne craignez rien; la seconde partie du manuscrit est trop peu lisible pour que je me hasarde à la déchiffrer : je vous apprendrai seul ce qui vous reste à connaître des danses grecques et romaines; vous ne gagnerez peut-être guère au change, mais au moins ne serai-je responsable que de mes propres fautes.

Si l'on voulait donner seulement une idée de toutes les danses grecques dont les noms nous sont parvenus, on ferait un assez bon volume. Un nommé *Meursius,* qui s'est donné cette satisfaction, a compté près de deux cents noms différens; on les divise généralement en danses privées et danses publiques.

Dans les familles grecques, chaque événement remarquable était célébré par une danse particulière. On dansait à la naissance d'un citoyen, à son mariage, à sa mort. La danse des funérailles était la plus brillante, surtout lorsqu'il s'agissait d'un homme fameux par sa naissance, ses dignités ou sa fortune. Tous ceux qui fesaient partie du convoi étaient vêtus de blanc et couronnés de cyprès; quinze jeunes filles précédaient en dansant le char funèbre, une troupe de jeunes garçons l'entouraient; le chant des prêtres accompagnait les danses; le convoi était fermé par des pleureuses couvertes de longs manteaux noirs. Les Romains ajoutèrent à cette cérémonie un singulier personnage, c'était l'*archimime.* On appelait ainsi une espèce d'histrion, dont l'emploi était d'imiter l'air, la démarche et les actions des hommes; revêtu des habits du défunt, couvert d'un masque qui retraçait ses traits, il représentait, dans une sorte de pantomime animée, ses faits et ses habitudes, le bien comme le mal, sans déguiser rien; curieuse et vivante oraison funèbre, qui forçait le vice, long-tems caché sous le manteau de la puissance ou le masque de l'hypo-crisie, à paraître enfin dans sa nudité, d'autant mieux que l'archimime, étant bouffon par état, choisissait de préférence dans la vie des hommes le côté blâmable et ridicule.

A propos d'archimime, il faut que je vous fasse part d'un rêve assez singulier que j'ai fait cette nuit. J'avais passé presque toute la journée à lire l'histoire d'Angleterre de Hume : sur le soir, je me mis à vous écrire, mais à peine avais-je fini ce qui regarde les funérailles, que je sentis mes yeux s'appesantir; je m'endormis, et j'eus un songe. Il me sembla que j'étais transporté au tems des Stuarts; Jacques II venait de quitter Londres, et Guillaume allait y faire son entrée; les rues étaient pleines de peuple; je suivais la foule, lorsqu'en passant près de Saint-Paul, je vis sortir de l'é-glise un convoi; la quantité de domestiques avec des flambeaux, les voitures décorées d'armoiries me firent juger que c'était quelque grand person-nage; j'interrogeai un de mes voisins : « J'ignore moi-même, répondit-il, qui ce peut être; mais examinez l'archimime, vous pourrez deviner le nom du défunt. En effet, je vis à la tête du con-voi un homme revêtu d'un costume d'évêque du tems de Charles Ier; il paraissait prêcher au peuple; mais, tout en prêchant, il déchirait peu à peu son surplis, ce qui me sembla assez singulier : à

la fin il plia proprement une mître de papier qu'il
portait, et la mit dans sa poche, comme pour s'en
servir dans une autre occasion. Cependant le surplis avait disparu, et avait fait place au vêtement
d'un homme du peuple. Notre histrion s'avançait
d'un air farouche, un bonnet sur la tête, et un
grand couteau de chasse à la main : on lui annonça que Cromwel avait chassé le parlement.
Tout à coup son regard s'adoucit, je le vis fléchir
profondément la tête ; il lisait la vie de César, et
applaudissait à chaque ligne. Il avait mis par-dessus son habit populaire, le costume d'un secrétaire
d'état. Bientôt il commença à écrire plusieurs
lettres ; elles s'adressaient au Protecteur, au général Fairfax, au général Monk ; ce qui m'étonna
beaucoup, fut de lire sur l'adresse de l'une d'elles :
« A sa Majesté Charles II, roi légitime de la
» Grande-Bretagne et d'Irlande. » Aussi ne fus-je
pas surpris de voir l'archimime garder l'habit de
sécrétaire d'état jusqu'au dernier moment, quoique nous fussions sous Jacques II ; il avait soin
seulement de changer de tems en tems les boutons
et les couleurs. Enfin il parut mourir, et, pour
compléter la comédie, un de ceux qui l'accompagnaient, tira de la poche du mort un écrit intitulé : « Quelques mots sur Guillaume III, où
» l'on prouve ses droits incontestables à la cou_
» ronne d'Angleterre ; par un ami de la liberté

» sous tous les gouvernemens. » Cependant, je ne voyais dans les rues que de pareils convois, précédés chacun de leur archimime. Ici c'était un gros homme qui cherchait dans ses poches des lambeaux de linge, pour attacher à une pique qu'il portait à la main; mais la couleur des divers lambeaux ne paraissait pas lui convenir; enfin, n'en trouvant pas d'autre, il en prit un bariolé de rouge, de bleu et de blanc. Il entra dans une taverne, demanda un de ces morceaux de craie dont on marque les tonneaux, et se mit à blanchir ce linge; il parvint en effet à couvrir parfaitement le bleu; mais pour le rouge, il n'en put venir à bout; la couleur tranchante perçait toujours sous des couches de blanc. Plus loin était un Anglais que je rencontre souvent à la taverne des étrangers : sa tête était blanche et chauve; il avait à la main un petit bâton, devant lui un cahier de musique, et paraissait diriger un orchestre; je m'approchai, et vis avec surprise la partition des Danaïdes et celle d'Alceste. Une jeune archimime suivait ce convoi ; elle était brillante de fraîcheur et de beauté : sa danse était d'une grâce et d'une perfection inimitables; la foule applaudissait à la légèreté de ses pas; elle précédait le char funèbre de l'aimable Chevigny, et on devinait qu'elle la surpasserait un jour. Enfin, ce qui m'étonna le plus, fut de voir au coin d'une rue un archimime

en lunettes, un gros livre sous le bras, un écri-
toire pendu à la boutonnière, d'une main se grat-
tant le front, et de l'autre, feuilletant avec ardeur. Je crus reconnaître ma figure, je m'approchai, et pour m'en assurer, je me frottai les yeux
comme un homme qui veut y voir plus clair, mais
je les frottai si bien que réellement je m'éveillai.

Autrefois, comme aujourd'hui, les repas de
famille et de cérémonies étaient terminés par des
fêtes : on fesait venir des musiciens et des danseurs, et souvent les convives se confondaient
avec eux, quand les vapeurs du vin commençaient
à échauffer les imaginations. Xénophon nous a
conservé la description d'une de ces après-dînées:
la troupe appelée pour égayer le repas, se composait de quatre personnes : un Syracusain qui
dirigeait les autres, une joueuse de flûte, une
danseuse exercée aux sauts périlleux, et un jeune
homme qui dansait et jouait de la lyre. La danseuse commença par exécuter quelques tours extraordinaires avec des cerceaux et des épées, tels
qu'on en voit dans les places publiques et sur les
boulevards de Paris; le jeune homme dansa ensuite avec une noble aisance et toutes les grâces
de la saltation théâtrale; ses mouvemens et ceux
de la danseuse furent imités ou plutôt chargés
d'une manière grotesque par un parasite qui
était au nombre des convives, espèce de bouffon

qui, chez les anciens, servait de jouet à l'assemblée, et payait son écot en grimaces et en quolibets; il tient ici la place du *Clown* sur les théâtres d'Angleterre. La soirée se termina par une sorte de ballet-pantomime qu'exécutèrent le Syracusain et la danseuse; le sujet était *les amours de Bacchus et d'Ariane*. Savary, dans ses *Lettres sur la Grèce*, rapporte qu'il fut témoin d'une danse toute semblable; et qu'à la clôture des vendanges, les paysans d'Athènes, précédés de leurs mulets et de leurs ânes, chargés de paniers de raisins, représentent encore la fable d'Ariane.

L'*Ascoliasme* consistait à sauter avec un seul pied sur des outres pleines d'air, et frottées d'huile et de vin : dans la *Dipode*, on employait les deux pieds. D'autres danses imitaient les animaux et les objets naturels; c'est de là peut-être que vient la mythologique réputation de Protée. Quelques-unes étaient nées sur un sol étranger; et comme la France a naturalisé l'anglaise, l'allemande, la russe, et tant d'autres danses, ainsi la Grèce s'était enrichie de plusieurs danses barbares. Celles des Perses, des Thraces, des Libyens, des Scythes, des Italiens étaient connues. La phrygienne ressemblait à nos anciennes entrées de paysans ivres, de matassins, de bouffons, etc. Dans l'île de Délos, les nautonniers, après avoir mordu l'écorce d'un olivier, dansaient autour d'un autel

en se frappant à grands coups de fouet. Mais en
général la plupart des danses que nous décrivent
les romans grecs, et qu'on retrouve encore aujourd'hui dans les îles de l'Archipel, étaient l'i-
mage de quelqu'action ou de quelque fable célébrée par les poètes, comme celle d'Ariane dont
je viens de vous parler, celle des malheurs de
Latone, exécutée par Ismène, dans les voyages
d'Anacharsis, celle de Pan et Syrinx dans le roman
de *Daphnis et Chloë*, traduit par Amyot, et qui,

« Dans son vieux style encore a des grâces nouvelles. »

Combien de fois, en parcourant ce charmant ouvrage, je remarquai les idées qu'il pouvait inspirer à un maître de ballets ! combien de fois je me
représentai ma gracieuse Sophie, fraîche, naïve
et bondissante comme Chloë, peignant à nos yeux
tous les rians détails des amours pastorales. Voyez
le ballet de Syrinx.

« Ce vieillard, ayant si bien et si gentiment fait
» son devoir de dancer, à la fin, alla baiser Da-
» phnis et Chloë ; lesquels incontinent se relevè-
» rent et dancerent le conte de Lamon ; Daphnis
» contrefaisant le dieu Pan, et Chloë la belle Sy-
» ringe. Il lui faisait sa requeste ; et elle s'en rioit ;
» elle s'en fouyoit, et il la poursuivoit, courant
» sur le bout des arteuils pour mieux contrefaire
» les pieds de chèvre de Pan : elle faisoit semblant

» d'estre lasse de courir ; et, au lieu de se jetter
» entre des rouseaux, elle s'alloit cacher dans les
» bois ; et Daphnis prenant la grande fluste de
» Philetas, en tira un son languissant comme
» celui d'un amoureux, un son passionné comme
» d'un qui veult toucher, un son de rappel comme
» d'un qui va cherchant. »

Le renouvellement des saisons, les moissons,
les vendanges, tous les événemens de la vie rustique, servaient aussi de thème aux danses pastorales. « Cependant Dryas, dit encore Amyot,
» dancea une dance de vendanges, faisant des
» mines, comme s'il vendengeast le raisin, le
» portast dans des paniers, le foulast dedans la
» cuve, entonnast le vin dedans les vaisseaux, et
» comme s'il eust beu du vin nouveau : tout ce
» qu'il fait si proprement et de si bonne grâce,
» approchant du naturel qu'ils cuidaient voir de-
» vant leurs yeux les vignes, les cuves, les ton-
» neaux, et Druyas beuvant à bon escient. »
Tacite à éternisé de sa plume sévère la honteuse
parodie de cette danse. Ce fut dans des jardins
magnifiques, aux portes de Rome, que Messaline
et sa cour imitèrent, à la lueur des torches, les
fêtes des vendanges. On croyait voir les pressoirs
remplis, et les raisins foulés sous les pieds des
dames romaines, qui, couvertes de peaux de
bêtes, appelant Bacchus à grands cris, semblaient

faire couler des flots de vin. Au milieu d'elles paraissait Messaline et Silius son amant; l'une échevelée, agitant le thyrse sacré; l'autre couronné de lierre, et s'abandonnant à tous les mouvemens licencieux d'une ivresse simulée.

Au reste, comme si le même lieu eût été destiné à toujours être témoins de ces saturnales du pouvoir; ce fut là que quatorze siècles après le pape Alexandre VI et les Borgia repaissaient leurs yeux de spectacles et de danses, qui, en dépravation et en crimes d'amour, surpassaient tous les excès de la Grèce et de Rome, quoiqu'à en juger par la nomenclature nombreuse et variée des danses lascives, qui nous est parvenue, on puisse croire que les anciens avaient aussi multiplié et perfectionné à l'infini ces égaremens d'imagination. Quelques pages d'Athénée, d'Aristenète et d'Alciphron nous le prouvent assez; et la danse exécutée encore aujourd'hui dans les îles de l'Archipel, et sur les côtes de l'Asie mineure sous le nom de *Balarita*, rappelle les mouvemens ioniens qu'Horace reprochait aux vierges de son tems. Vous vous rappelez ce que je vous racontais des Bayadères dans mes lettres précédentes; les danses dont je parle commencent où finissaient celles des Indiennes. Je jette un voile sur des tableaux que l'antiquité ne craignait pas d'exposer à tous les regards, et je me hâte d'arriver aux danses publiques.

Elles étaient ou religieuses, ou lyriques, ou scéniques. Notre manuscrit grec vous en a montré le côté moral; il me reste à entrer dans quelques détails de fait qui suffiront pour vous faire connaître cette partie des arts d'imitation chez les anciens. Je ne vous parlerai aujourd'hui que des deux premiers genres. Le dernier est d'une assez grande importance pour mériter une lettre à part.

La danse religieuse et la danse lyrique avaient chacune deux grandes subdivisions. La première était consacrée à Bacchus; toutes les fois que les idées religieuses se mêlaient avec la pétulante et grossière expression d'une joie populaire, on la nommait alors *Dyonisiaque*. Était-elle plus grave, quoique souvent aussi bruyante, elle se célébrait alors en l'honneur de Jupiter, et s'appelait, du nom de ses prêtres, *Corybanthiaque*. Pardon, chère amie, si j'offense vos oreilles délicates par des mots aussi barbares. La faute en est à nos Welches, comme les appelait Voltaire, qui, peu contens d'avoir souvent gâté, par une fausse imitation, les choses mêmes que nous a transmises la Grèce, ont encore dénaturé les noms de la plus harmonieuse des langues, en les habillant de leur orthographe bizarre et de leur baroque prononciation. Outre ces deux danses génériques, on en célébrait, en l'honneur des Dieux, et surtout de Minerve et d'Apollon, une foule d'autres qui recevaient leurs noms, soit des divinités mêmes auxquelles elles étaient consacrées, soit des lieux où elles florissaient, soit des danseurs qui les exécutaient.

Les deux subdivisions de la danse lyrique sont la *gymnopédie* et la *pyrrhique*. Toutes deux étaient principalement destinées à développer la force et l'adresse. La première était comme le prélude de l'autre, et s'exécutait, surtout à Lacédémone, en l'honneur d'Apollon et de Bacchus. Les jeunes gens y dansaient nus, et par leur marche figurée et les mouvemens cadencés de leurs pieds, offraient l'image de la lutte et du pugilat. Sous le nom de *pyrrhique*, je comprends les danses militaires; elle étaient nombreuses chez un peuple tout guerrier. En voici une que je trouve dans un auteur également fameux comme général et comme historien :

« Ensuite les OEeniens et les Magnètes paru-
» rent, et dansèrent la *carpæa* sous les armes.
» Voici le thème ordinaire de cette danse : un
» homme s'avance, quitte la cuirasse et le bou-
» clier, et se met à semer et à labourer; mais, au
» milieu de ce travail, il se retourne à chaque

» moment, comme s'il craignait quelqu'ennemi ;
» tout à coup un voleur se présente ; à peine le
» laboureur l'aperçoit, qu'il court à ses armes, et
» combat devant ses bœufs, le tout au son des
» instrumens. Le voleur finit par lier l'homme et
» enlever les bœufs. D'autres fois le laboureur à
» la victoire, il se saisit du voleur, l'attache avec
» ses bœufs, et le conduit ainsi, les mains liées
» derrière le dos. »

Dans les Panathénées, des danseuses armées
de toutes pièces représentaient en procession et
au son de la flûte le combat de Minerve contre
les Titans. Il y avait une foule de danses du même
genre ; les Romains les avaient imitées dans celle
qu'ils appelaient *Bellicrepa*, et encore aujour-
d'hui, au rapport de Savary, de Belon et d'autres
voyageurs, les Spachiotes et les Grecs des montagnes ont conservé les belliqueux plaisirs de
leurs ancêtres ; ils exécutent les danses martiales,
revêtus du costume des vieux Crétois, le carquois
sur l'épaule et l'arc tendu à la main. C'est ainsi
que les anciens Gaulois, nos ancêtres, dansaient,
pour ainsi dire, leurs revues militaires, au son
des harpes et des trompes d'airain. Les gouvernemens républicains qui succédèrent à Louis XVI,
ont voulu nous présenter quelques images de ces
jeux guerriers ; mais, il faut l'avouer, si nos pha-
langes ont su faire revivre alors tous les prodiges

de la valeur grecque et romaine, nos danseurs et nos ordonnateurs de fête n'ont pas été aussi heureux, et il ne reste, de toutes les pompes assez mesquines de la république et du directoire, que les beaux airs de Méhul et de Gossec, et les vers immortels de Chénier. J'excepte, bien entendu, la généreuse fête de la fédération ; une heureuse idée de danse y fut conçue : on avait construit à la place de la Bastille, diverses lignes d'arbres qui la représentaient, et au milieu une obélisque à l'ancienne hauteur des tours; à chaque entrée de ce lieu métamorphosé, on lisait une inscription qui, par sa simplicité contrastait avec l'ancienne destination de la Bastille : « ICI L'ON DANSE. »

L'origine de la *Pyrrhique* est fort incertaine. Presque tous les dieux et les héros du siége de Troie peuvent réclamer l'honneur de l'invention ; cependant les droits de Pyrrhus, dont elle porte le nom, semblent mieux établis que ceux de tout autre. Elle est représentée sur un bas-relief du Musée Pie-Clémentin et sur plusieurs médaillons. Mlle Clotilde exécutait d'une manière aussi brillante que gracieuse une *Pyrrhique* composée par M. Milon, dans un style tout-à-fait grec, et qui ornait le ballet d'*Héro et Léandre* de cet habile chorégraphe. J'avoue pourtant qu'en véritable amateur, et pour être sûr de l'exactitude du costume, j'aurais préféré la voir exécuter par le savant Scaliger. Oui, Mademoiselle, Scaliger la dansa. J'ai enrôlé parmi les danseurs, des prêtres, des rois, des empereurs, des saints; j'y enrôle maintenant un vieux et vénérable professeur, et ce ne sera pas ma plus mauvaise recrue. Son aventure m'a fourni un épisode pour un petit poème sur les beaux-arts, que je me propose de livrer à l'imprimeur, quand les auteurs et les acteurs renonceront aux applaudissemens payés, et les danseuses aux pirouettes. Si je me suis permis d'altérer un peu la vérité historique au dénouement, c'est que, comme disait cet Anglais à Charles II, nous autres poètes, nous réussissons toujours mieux dans le mensonge que dans la vérité. Quoi qu'il en soit, voici mon fragment.

Muse ! (non pas celle qui des héros
Chante les faits ou le fatal repos ;
Ni celle-là qui du galant Horace
Guidait les pas aux sommets du Parnasse ;)
Muse des bancs et des bonnets carrés ,
Dont les jupons sont d'hermine fourrés ,
Qui portes barbe , et d'une main d'Hercule
Brandis en l'air le fouet ou la férule ;
Toi qu'adoraient Trissotin , Vadius ,
Et le troupeau de nos savans en *us* ,
Viens m'inspirer ; je chante la vengeance !
Rouille mon vers, vieillis mon éloquence.
Je sais qu'à Leyde, à Gottingue , à Louvain,
Tu dois toujours parler grec ou latin ;
Mais cette fois, sans blesser le costume,
Parle français ; une fois n'est coutume ;

J'ai quelque droit d'ailleurs à ta bonté ;
Je suis docteur en l'Université.

Transportez-vous à Leyde la Savante ,
Ami lecteur, l'an quinze cent nonante,
Ou peu s'en faut ; trente ans en moins , en sus,
Eh ! qu'est cela, quand nous n'y sommes plus ?
A Leyde donc se passe l'aventure.
Ce cabinet de gothique structure,
Où vous voyez debout sur leurs rayons
Se déployer en poudreux bataillons ,
Du sol au toit , d'innombrables volumes
D'âge divers et de diverses plumes ,
Réunissant en leur obscur fatras
Tout ce qu'on sait et ce qu'on ne sait pas ;
Ce cabinet est le lieu de la scène.
Voyez au fond ce vaste lit de chêne :
Samsons du siècle , honneur des Porcherons,
Vous ne pourriez, tant nous dégénérons ,
Mouvoir d'un pas cette masse pesante !
En ces vieux tems , une simple servante,
D'un tour de main, forte de ses vingt ans ,
Vous secouait pareil meuble en tous sens.

Mais taisons-nous : quelle est la voix sévère
Qui, dans le fond de ce noir sanctuaire,
Fait retentir de si rauques accens ?
« Brigitte, *euge !* » c'est donc toi que j'entends ,
Vieux Scaliger ! quel démon sur ta couche
De si bonne heure ouvre ta docte bouche ?
« *Euge* , Brigitte, *euge !* Le coq deux fois
» A salué l'aurore sur nos toits :
» Allons, ma fille ! » Il dit : la chambrière,
De ses dix doigts se frottant la paupière,
Saute du lit, et , sous un court fichu,
Ramasse en hâte un sein frais, demi-nu,
Sein de pucelle , à l'épingle indocile,
Qui va brisant un lien trop fragile.
Elle accourait, apportant dans ses bras
Tout l'appareil doctoral ; deux rabats

Qui furent blancs ; le bonnet tétragone,
La robe noire et la simarre jaune,
Souliers et bas, le tout à l'avenant.
« Non, s'écria son maître en la voyant,
» *Foris canes !* ce lugubre équipage
» Ne convient plus à mon bouillant courage.
» Ce qu'il me faut, c'est un casque d'airain,
» Cuirasse au dos, cuissars, et, dans ma main,
» La longue lance ou quelque large épée,
» Par mes aïeux de Vérone, trempée
» Au sang des Turcs... Ah ! je la danserai
» Cette pyrrhique, ou bien je ne pourrai ! »
» — Eh ! doux Jésus, bonne sainte Gudule !
» Il perd l'esprit : ou quelque tarentule
» L'aura piqué ; ce que c'est que de nous !
» Mon pauvre maître est plus fou que les fous,
» Pensait Brigitte. — Et pourtant, quand j'y songe,
» Se dit son maître ; au fait, ce n'est qu'un songe ;
» Mais fort souvent songes viennent des dieux,
» Nestor l'a dit, et le mien, de chez eux
» En ligne droite aurait bien pu descendre !
» — Honoré maître, eh ! faites-vous comprendre,
» Lui crie enfin Brigitte, rêvez-vous ?
» Ou le lutin, avec ses loups-garous,
» A-t-il osé vous rendre sa visite ?
» — Pis que cela ; cette nuit en mon gîte
» Je vis entrer, par où, je n'en sais rien,
» Deux déités de différent maintien.
» L'une avait bien six pieds, sans hyperbole ;
» Je reconnus la muse de l'École,
» Blême, long nez, robe de parchemin
» En vingt endroits bigarré de latin ;
» Sous chaque bras dix ou douze volumes ;
» A la ceinture, un encrier, deux plumes ;
» C'est elle-même. Air tendre et gracieux,
» Taille *à la main*, jeune, fraîche, beaux yeux,
» Le pied mignon, le front paré de roses,
» Rire enchanteur sur des lèvres mi-closes ;
» De l'autre en bref tel était le portrait.
» — Je crois les voir devant moi trait pour trait.

» — Lors vers mon lit toutes deux se penchèrent :
» Malgré mes cris bientôt m'en arrachèrent,
» Et, disputant à qui me retiendrait,
» L'une de çà, l'autre de là tirait.
» Quand on est bien… Quoi, vous riez, friponne !
» Un descendant des princes de Vérone *,
» Un homme docte, habile en prose, en vers,
» Ne vaut-il pas vos freluquets d'Anvers
» Ou de Louvain : répondez-moi donc, gaupe !
» Tout homme est homme, et je ne suis pas taupe,
» Quoique portant lunettes sur le nez.
» Conséquemment les appas surannés,
» Le teint flétri, la mine saugrenue
» De la première avaient choqué ma vue ;
» Mais sa rivale étalait à mes yeux
» Cette beauté que Vénus montre aux dieux.
» Déjà mon cœur fait pencher la balance
» En sa faveur, vers elle je m'élance.
» Par la fenêtre aussitôt l'autre fuit
» Et disparaît dans l'ombre de la nuit.
» Dès ce moment l'aimable Terpsichore,
» Car c'était elle, au savant qui l'honore
» En souriant, dévoile ses secrets,
» Tourne mes pieds, assouplit mes jarrets,
» Donne à ma cuisse une vigueur soudaine.
» Oui, je le sens, malgré ma soixantaine,
» A quatre, à six, je battrais l'entrechat.
» Danseurs fameux, Scaliger au combat,
» Novice encore, aujourd'hui vous appelle !
» Dieux ! pour mon nom quelle gloire nouvelle !
» Je fais revivre, au sein de nos cités,
» Tous ces plaisirs par les Grecs si vantés.
« Après mille ans et plus la danse antique
» Sort du tombeau : je montre la Pyrrhique
» Aux bons Germains, de mes sauts ébahis.
» Par César même ils seront applaudis,
» Oui, par César ; il est à Ratisbonne ;
» Fais nos paquets, invoque ta patronne,

---

* On sait que Scaliger avait cette prétention, et en tirait vanité.

» Mets en un sac nos derniers ducatons,
» Selle un cheval, monte en croupe, et partons. »

Profond docteur en l'art du badinage,
Qui, châtiant les travers de ton âge,
Sus réunir à ton grave héros
Du bon Pansa les burlesques propos,
Toi seul pourrais, ingénieux Cervante,
Décrire ici cet autre Rossinante
Dont le corps sec et les flancs décharnés
Furent du sort en ce jour condamnés
A transporter de Leyde à Ratisbonne
De Scaliger la gothique personne :
Toi seul pourrais, de ton heureux pinceau,
Nous dessiner ce grotesque tableau.
Peins mon héros, juché sur sa monture,
De deux métiers double caricature,
Moitié docteur et moitié chevalier
Portant armet, robe, cuissart, soulier,
La lance au poing, mais la plume à l'oreille ;
Peins près de lui, vive, alerte, vermeille,
En bonnet plat, court jupon, corset haut,
La chambrière, à chaque soubresaut
Se rattrapant au ventre du bonhomme,
Prompte surtout à renvoyer la pomme
A tout plaisant, à tout donneur d'avis
Qui du baudet, du meûnier et son fils
Eût volontiers renouvelé le conte.
Ce fut ainsi que sans heurt ni mécompte,
Par un beau soir Scaliger se trouva
Dans Ratisbonne. A peine il arriva,
Que de César la majesté sacrée [1]
Sut du trio la pittoresque entrée
Par sa police, et daigna consentir
A se laisser d'un pas grec divertir.
Le lendemain la feuille officielle
Aux abonnés apprenait la nouvelle.

---

[1] Le César qui eut le bonheur de voir danser Scaliger, s'appelait Maximilien.

« De par César, et les *et cætera*,
» A tout oisif qui la feuille lira,
» Savoir on fait que demain au soir, trente
» De Février, an quinze cent nonante,
» Sera donné devant sa majesté,
» La cour, l'évêque et l'université,
» En premier lieu, la noble tragédie
» Du docteur Faust, puis une comédie.
» Enfin un pas des Grecs renouvelé
» Qui, dans son tems, s'est *pyrrhique* appelé,
» Dansé par haute et savante personne,
» Jules César Scaliger de Vérone,
» Le seul mortel qui dans notre âge ait su
» Comment en Grèce entrechat fut conçu,
» Et qui, voulant nous le prouver, se pique
» De rendre au jour la défunte pyrrhique,
» Qu'on se le dise. » Et l'on n'y manqua pas :
Dès le matin cent cinquante goujats
Couraient partout, criant à pleine tête,
L'ordre et la marche, et l'heure de la fête,
En quel quartier l'empereur passerait,
Qui devant lui, qui derrière serait.

Avant midi, d'une queue ondoyante
Les longs anneaux et la chaîne pliante
S'organisaient sur les pavés glissans;
On les voyait et poussés et poussans;
Tel, tour-à-tour, le flot sur nos rivages
Couvre, abandonne et recouvre ces plages
De deux pouvoirs confins illimités,
Et par Neptune à Cérès disputés.
Enfin Vesper amena la soirée
Par mon héros si long-tems désirée.
Sur un théâtre en public élevé
Il a paru, noble et le front levé.
Le fer le couvre et devant et derrière;
Sa main brandit la lance meurtrière,
Et de son casque un panache flottant
Rehausse encor le cimier éclatant.

L'archet résonne : au timide *podisme*,[1]
A succédé l'impétueux *xiphisme*.
Le spectateur suit avec intérêt
Tous les *pliés* d'un flexible jarret.
Le danseur fuit pour dessiner le *côme*,
Mais il revole avec le *tétracôme*.
Le voyez-vous parer, porter des coups ?
Nul n'est blessé, car il est seul : mais tous,
Loges, balcon, paradis, avant-scène,
Pâles, tremblans, retiennent leur haleine ;
Et César même en sa barbe a frémi.
De ses vieux doigts, qu'il alonge à demi,
Il applaudit au savant ; quand le maître
Est satisfait, les sujets doivent l'être.
De mille mains les flatteurs mouvemens
Ont répété ces applaudissemens :
De mille voix le concert unanime
A salué roi de la pantomime
Celui dont l'art eut le rare bonheur
De divertir vieillesse d'empereur.

Toi, cependant, fier, et l'ame charmée,
Tu t'enivrais d'une douce fumée,
Vieux Scaliger, et tu ne voyais pas
L'abîme affreux entr'ouvert sous tes pas.
Elle avait fui, la Muse de l'école ;
Vers Ratisbonne, indignée, elle vole :
De ses gros yeux jaillissent les éclairs
Dont sur sa route elle embrase les airs.
Elle cherchait, pour punir le parjure,
Quelque supplice égal à son injure :
Toujours, hélas! elle cherchait en vain ;
La pauvre dame y perdait son latin.
De ton côté, bavarde Renommée,
Sur la fureur en son ame allumée
Tu jetais l'huile, en vantant les transports
Qui du danseur accueillaient les efforts ;

---

* *Podisme*, *xiphismē*, *côme*, *tétracôme* étaient des noms de figures de la *Pyrrhique*, comme qui dirait : *assemblés*, *queue-du-chat*, *chaine-des-Dames*.

Un soir, sans plus, restait pour la vengeance ;
Puis à jamais la honte et l'impuissance.
Lasse, à la fin, de nourrir vainement
De son dépit le pénible tourment,
Elle s'assied près d'un collége antique,
Et, regardant sous le vaste portique,
Elle aperçoit en un coin écarté
Un afficheur de l'Université.
Son pot de colle en main, le pauvre hère
Allait remplir son glissant ministère.
On aurait lu qu'un ordre souverain,
Aux professeurs T....., P......, C.....[1],
Fermait la bouche, et que, la politique
Fesant la guerre à la métaphysique,
Tous ces messieurs, désormais suspendus,
Parlaient fort bien, mais ne parleraient plus.
On aurait lu que de la médecine.....
On ne lut rien. A la Muse latine,
Heureux projet tout à coup vint s'offrir :
« C'est bien cela ; grands dieux ! qu'il va souffrir !
» D'une vengeance extrême, sûre, aisée,
» Comme à propos j'ai conçu la pensée !
» J'entends déjà les cris retentissans,
» Les ris moqueurs et les sifflets perçans. »
Disant ces mots, la déesse invisible
Se lève, approche, et d'une main terrible
Prend colle et pot. L'afficheur ébaubi
De ses deux yeux cherche son ennemi,
Veut résister : une triple nasarde
Fond tout à coup sur sa face camarde,
Et deux soufflets appliqués par un bras
Qu'il sent fort bien, mais qu'il n'aperçoit pas,
Le font tomber tout à plat dans la boue.
Il cède alors, et, se frottant la joue,
D'un long regard vainement il poursuit
Son pot qui vole et par les airs s'enfuit.

* Au moment où ces vers furent composés, on s'occupait beaucoup de la suspension des professeurs qui y sont désignés. Un mois après, il n'en était plus question. On a cependant laissé les initiales et la réticence plus bas, après le mot *médecine*; c'est un os a ronger pour les commentateurs futurs.

En deux instans la Muse est au théâtre :
Environné d'une foule idolâtre
Notre héros s'apprêtait de son mieux
A couronner ses travaux glorieux
Par un dernier entrechat. La déesse
Tire du pot une brosse traîtresse,
Et, dérobant aux regards des humains
Le jeu cruel de ses coupables mains,
D'un double enduit de la colle tenace,
Elle a frotté l'élastique surface
Où s'ébattait Scaliger. Lui, comptant
Que ses mollets par les airs se heurtant,
Après six coups, vont, sans mésaventure,
Sur le plancher retomber en mesure,
Exécutait son dernier battement...
D'un jour si gai tragique dénoûment !
Il glisse, il tombe, et ce dieu de l'école
De tout son corps va mesurer la colle.
Oh ! qui pourrait de ce coup imprévu
Peindre l'effet, même après l'avoir vu !
Qui redirait les bons mots du parterre,
Du Paradis la gaîté plus grossière,
Et des acteurs les propos méprisans,
Et les éclats des jeunes courtisans !
Car les plus vieux, maîtres en l'art de feindre,
Et dès long-tems instruits à se contraindre,
Pour insulter ou plaindre le malheur,
Interrogeaient les yeux de l'empereur.

L'histoire dit que César impassible,
Sans dissiper un doute si pénible,
En son manteau toujours enveloppé,
D'un seul penser semblait préoccupé.
Or ce penser, de crainte de scandale,
A mon récit servira de morale ;
Car vous savez qu'en ce siècle d'ennui
Tout conte veut sa morale après lui ;
Voici la mienne : en ce moment peut-être
César se dit : Tu donnes à ton maître,

Vieux Scaliger, une utile leçon.
Tu poursuivais d'un chétif rigaudon
Le vain honneur; courte fut ta victoire,
Un jour vit naître et s'éclipser ta gloire.
A Leyde, ami, tu devais bien rester,
Argumenter, professer, discuter;
C'était ton fait; ton renom sans nuage
A nos neveux eût passé d'âge en âge :
Tu te perdis, voulant trop essayer.
Chacun doit faire ici bas son métier.

LETTRE VI.

Londres, novembre 1822.

Quoique vous ayez déjà, ma bien aimée, quelques notions sur la pantomime et le système théâtral des anciens, il me serait difficile de vous en donner une idée assez précise et assez positive pour que vous puissiez les juger en pleine connaissance de cause. Traiter la matière à fond me mènerait trop loin; elle exigerait d'ailleurs un ton si sérieux, qu'autant vaudrait laisser pérorer le philosophe Potamon. Je ne ferai donc que vous communiquer quelques observations qui vous aideront à distinguer le vrai du faux dans les écrits publiés à ce sujet. Aussi bien, mes réflexions s'adressent moins à vous, qui êtes si modeste, qui vous contentez d'avoir du talent, et ne discutez guère celui des autres, qu'aux danseurs qui se mêlent d'écrire, et même aux critiques d'un ordre plus élevé.

Pour parler des anciens, il ne suffit pas d'avoir de l'esprit, de l'imagination et du goût; il faut avant tout de grandes connaissances et de la largeur dans la manière de voir. Il faut encore savoir quitter son siècle, et se transporter dans le passé. Cette règle-là est générale. La première, la plus indispensable qualité pour bien juger un homme ou un peuple, c'est de se faire son contemporain, son compatriote : c'est surtout de se bien garder de la manie des comparaisons. Les anciens dansaient mieux que les modernes, ou Pilade n'eût été qu'un *garde-côte* auprès de Vestris : ce n'est pas là la question. Je veux bien que l'on compare entr'eux les hommes et les peuples, mais pour s'instruire, pour former sa raison, pour exercer sa mémoire, et non pour les juger. Si l'étude de l'histoire générale, si utile d'ailleurs, a un défaut, c'est celui de préparer ainsi à confondre les âges et les pays, à prononcer sur le quatrième ou le quinzième siècle en homme du dix-neuvième, sur Athènes et sur Rome en bourgeois de Londres et de Paris. Français, voulez-vous juger le théâtre anglais ou espagnol, passez le détroit ou les Pyrénées ; étudiez l'espagnol et l'anglais ; étudiez les mœurs du pays et du siècle depuis la cour jusqu'aux tavernes et aux cafés. *Entendez* l'Angleterre et l'Espagne, comme aurait dit celui dont M. de Pradt fut ambassadeur. Vous, Lady Morgan, devenez Française, tout-à-fait Française pour juger Racine, ou n'en parlez pas. Soyez Grecs pour juger les arts d'Athènes ; dépouillez d'abord toutes les habitudes de siècle ou de nation ; jetez là de droite et de gauche tous vos préjugés, toutes les opinions de vos nourrices et de vos précepteurs; et puis, quand vous serez bien dépouillés, étudiez les sources elles-mêmes, les artistes et les écrivains du pays; pénétrez-vous bien de leurs idées; que votre esprit s'en imbibe tout entier; faites-vous ancien, pour ainsi dire, de la tête aux pieds comme M.' Purgon était médecin. Les défauts d'un critique en France sont, en général, la vanité nationale et l'ignorance. Ce qui la distingue, c'est, comme dit Molière,

« La constante hauteur de sa présomption ;
Cette intrépidité de bonne opinion ;
Cet indolent état de confiance extrême,
Qui le rend en tout tems si content de soi-même. »

C'est-là le caractère de Perrault et de Lamotte quand ils parlent d'Homère; de La Harpe, quand il critique Aristophane et presque tous les anciens; faut-il le dire, de Voltaire lui-même, quand il veut juger Sophocle, Shakespeare et tant d'autres. Sous ce rapport, et ce n'est pas le seul, nous valons mieux que nos pères. Les Allemands nous ont formés. Quand on a lu Schlegel, Winckelman, Lessing, et surtout les anciens, on est tout étonné d'entendre un historien de la danse s'écrier sérieusement : « Oserait-on le dire? » une des bonnes tragédies de Corneille suppose » plus d'étendue de génie que tout le théâtre des

» Grecs ensemble ». Si vous osez le dire, M. de Cahusac, pour moi, je ne l'ose pas.

Noverre, qui était beaucoup plus qu'un danseur, car il était homme d'esprit, et même de génie dans son genre, a écrit, dans son ouvrage sur les arts imitateurs, deux ou trois lettres où il traite des pantomimes de l'antiquité. Ce qu'on en peut recueillir de plus clair, ce sont ces paroles, que je transcris textuellement : « Je vous avoue » franchement que les spectacles des anciens n'of- » frent à ma raison qu'une anamorphose ambiguë, » et que je n'y comprends rien ». C'est fort bien, il fallait se borner là ; le tort de Noverre est d'avoir voulu ensuite expliquer, et surtout critiquer, ce que de son propre aveu il n'entendait pas.

Par exemple, il se récrie vivement contre les masques des anciens, «Ces figures hideuses, dit-il, » qui cachent la nature, pour ne nous en montrer » qu'une copie informe et grimacière». Il est bon de savoir que, jusqu'à Noverre, tous les danseurs et toutes les danseuses étaient masqués : on avait des masques nobles, sérieux, comiques, etc., selon les différens genres. Ce fut Maximilien Gardel qui, en 1766, commença à danser sans masque, ce qui d'abord étonna beaucoup ; mais on s'y accoutuma si bien que, deux ans après, Gaëtan Vestris, ayant voulu pour plaire à quelques seigneurs, reprendre le masque, les yeux du pu-

blic, qui étaient habitués à voir des visages, trouvèrent sa tentative aussi ridicule que celle de
Gardel avait auparavant paru extraordinaire.
Sans doute Noverre eut raison de s'élever vivement contre les masques de son tems. Sur nos
théâtres, où tous les spectateurs peuvent distinguer les moindres traits de l'artiste, sur nos
théâtres, éclairés d'en-bas et des côtés par une lumière artificielle, le masque était contraire au
sens commun. Mais supposons un ancien transporté au milieu de nous, aux Français, à l'Opéra
ou à Feydeau, que de raisons ne trouverait-il pas
en faveur des masques ! que d'objections contre
notre méthode ! Ne sont-ce pas de vrais masques,
s'écrierait-il, que vos couches de rouge et de
blanc, qui tranchent quelquefois si durement sur
les couleurs que vous a données la nature, et qui
prêtent le même air de fraîcheur et de jubilation
à tous vos acteurs, hommes et femmes, jeunes ou
vieux ? Prenez un masque, ajouterait-il, vous,
tragique princesse, que peut-être quelque César
appellera *adorable*, ou quelque Antoine *incom-
parable*; vous mettez dans votre diction de l'ame
et du feu; mais votre figure ne s'accorde jamais
avec vos rôles que quand vous prononcez le vers
de Phèdre :

« Soleil, je viens te voir pour la dernière fois ! »

Prenez un masque, Antigone; vous êtes une bonne cantatrice, une actrice supérieure à celles de nos théâtres de déclamation ; mais tout le monde riait, jusqu'au dernier choriste, quand vous vous avanciez gravement dans Iphigénie, et qu'on vous parlait de *grâces*, d'*innocence* et de *beauté*. Deux voix enchanteresses charment mon oreille; l'une le dispute en flexibilité au clavier d'un piano, l'autre en pureté à une flûte de crystal. Mais est-ce là Joconde, le plus beau des hommes? est-ce là Apollon, le plus beau des dieux ? Apollon, prends un masque, ou répète chaque soir au public ce que tu dis à ta maitresse :

« Ne me regardez pas, Zémire ; écoutez-moi. »

Français, dirait-il encore, pensez un peu à ce qu'était notre scène. C'étaient des théâtres grands comme la moitié du Champ-de-Mars, contenant vingt ou trente mille spectateurs. On y jouait sous le ciel et à la lumière du jour. Nous voulions dans nos acteurs des traits fortement prononcés, des héros dont l'extérieur fût agrandi, comme l'était leur ame dans les vers du poète. Mon ancien aurait encore bien des choses à dire ; mais je veux me borner à mon sujet, et je me trouve entraîné, malgré moi, à des excursions sur les domaines de la tragédie et de la comédie. Noverre aurait dû fortement appuyer sur la distinction à établir entre le masque et le costume d'un acteur tragique ou comique et celui d'un pantomime. Il paraît que celui-ci n'avait rien d'exagéré. D'après les monumens antiques les mieux constatés, leur masque n'avait point cette volumineuse étendue, ces bouches énormes et doublées de cuivre ou de bois sonore que l'éloignement des spectateurs et la grande ouverture des théâtres rendaient nécessaires dans les drames parlés. Les masques des pantomimes avaient des traits convenables à l'esprit général du rôle, tous parfaitement réguliers, et s'adaptaient assez bien à la tête pour que les yeux et les lèvres ne parussent pas étrangers au reste de la figure.

Qu'on songe que la pantomime atteignit sa perfection au siècle d'Auguste, et les contemporains de Mécènes et de Virgile étaient au moins aussi difficiles que nous, en fait d'illusion. Nous avons des plaisans dans notre parterre, mais croyez-vous que les anciens en manquassent? Ici c'est un nain qui se présente dans le rôle d'Hector : « Voilà bien le fils, s'écrie un plaisant, mais où est donc le père? » Une autre fois, c'est un Capanée de six pieds de haut qui veut escalader les murs de Thèbes : « Laisse-là l'échelle, lui crie-t-on des galeries, et enjambe la muraille. » Si le danseur est trop gros, on avertit le décorateur d'étayer le théâtre; est-il trop maigre, on lui adresse des

complimens sur sa convalescence. Lucien et Macrobe sont pleins de semblables traits. Et que
n'exigeait-on pas d'un maître de ballets ? ce n'é-
tait pas seulement la perfection dans la pratique
et la théorie de la pantomime, c'était le rhythme
et la musique, pour cadencer ses mouvemens ; la
géométrie, pour dessiner ses pas ; la philosophie
morale et la réthorique (ne croyez pas que je
plaisante), pour peindre les mœurs et émouvoir
les passions ; la peinture et la sculpture, pour
grouper et dessiner les personnages : quant à
l'histoire et à la mythologie, « il doit connaître
» parfaitement tout ce qui s'est passé depuis le
» chaos et la naissance du monde jusqu'à Cléo-
» pâtre, reine d'Egypte »; ce sont les propres de
Lucien. Suivent dix pages remplies seulement
de l'énumération de tous les sujets que la fable
et l'histoire présentent au maître de ballets.

Mais le but principal de la pantomime était de
démontrer, d'énoncer les pensées par des gestes
clairs et significatifs, et d'exposer avec lucidité les
choses les plus obscures. « Nous avons perdu, dit
» Diderot, un art dont les anciens connaissaient
» bien les ressources. Le pantomime jouait autre-
» fois toutes les conditions ; les rois, les héros,
» les tyrans, les riches, les pauvres, les habitans
» des villes, ceux de la campagne, choisissant
» dans chaque état ce qui lui est propre, dans

8

» chaque action ce qu'elle a de frappant. Le phi-
» losophe Timocrate, qui assistait un jour à ce
» spectacle, d'où la sévérité de son caractère l'a-
» vait toujours éloigné, disait : Timocrate avait
» une mauvaise honte, et elle a privé le philo-
» sophe d'un grand plaisir. Le cynique Démétrius
» en attribuait tout l'effet aux instrumens, aux
» voix et à la décoration, en présence d'un pan-
» tomime, qui lui répondit : Regarde-moi jouer
» seul, et dis après cela de moi tout ce que tu
» voudras. Les flûtes se taisent ; le pantomime
» joue, et le philosophe transporté s'écrie : Je ne
» te vois pas seulement, je t'entends ; tu me parles
» des mains. »

On nous répond à cela que ces prodiges sont
incroyables : vous ne croyez pas non plus qu'aux
accens de Timothée, Alexandre courut aux armes ;
ni que les oiseaux du ciel vinssent becqueter les
raisins de Zeuxis ! Sans doute, vous pourriez être
incrédule, s'il ne nous restait autre chose des
Grecs que de vains écrits. Mais comment douter
de ces miracles, quand on voit subsister à travers
les siècles, comme d'impérissables monumens,
en poésie, l'Iliade et l'OEdipe à Colonne ; en politique, la législation de Lycurgue ; en éloquence,
les Philippiques ; en architecture, le Parthenon ;
en sculpture, l'Apollon du Belvédère. Qand on
lit, qu'on médite, qu'on contemple ces chefs-

d'œuvre-là, tout n'est-il pas expliqué ? Reste-t-il encore quelque chose d'incroyable ?

Noverre a bien raison de dire que ce que nous appelons la *danse*, notre danse française, était tout-à-fait inconnu aux anciens, si ce n'est pour les bateleurs et les danseurs de corde ; leur département à ceux-là était les entrechats, les pirouettes, les *jetés* en avant et en arrière, et tout ce que *Paul* fait si bien. Je pense, comme lui, que d'ailleurs presque toutes les fois qu'on trouve le mot *danse* chez les anciens, il faut traduire par geste, déclamation, pantomime ; comme *musique* n'est le plus souvent que philosophie, théologie, poésie. Que si l'on dit que l'actrice *dansait* bien son rôle dans la tragédie de Médée, que l'écuyer tranchant découpait les viandes en *dansant ;* qu'Héliogabale ou Caligula *dansaient* un discours ou une audience, cela veut dire que l'actrice, l'écuyer, l'empereur, déclamaient, gesticulaient, se faisaient entendre dans une langue non articulée ; mais quand Noverre ajoute que les anciens avaient renversé le sens des mots et leur juste signification, c'est alors que je le renvoie lui-même à l'école : car il est probable qu'Ovide, Aulu-Gelle, Juvénal, Dion, Suétone savaient employer les mots de leur langue dans le vrai sens ; et si leurs traducteurs ont mal interprété, s'ils ont rendu les mots sans rendre les idées, ce n'est pas leur faute. Savez-vous ensuite pourquoi Noverre refuse de croire aux prodiges des anciens, c'est qu'il n'a pu exécuter d'aussi grandes choses. Il l'avoue lui-même. « Deux causes, dit-il, » s'opposent à la perfection de l'art pantomime, » et ces difficultés sont telles que le tems et l'étude » ne pourront *jamais* les vaincre ». Ces deux causes sont l'impossibilité d'exprimer par signes le passé et l'avenir. Voici le raisonnement de Noverre : la pantomime qui ne peut exprimer le passé ni le futur n'est pas parfaite ; or les anciens n'ont rendu ni le passé ni le futur, puisque moi, Noverre, je n'ai pu y parvenir ; donc la pantomime ancienne ne signifiait rien. Si cette vanité-là n'est pas trop logique, elle est au moins fort naïve. « Il » est de toute impossibilité, dit Noverre, d'ex- » primer en pantomime les vers suivans :

> » *J'eus* un frère, seigneur, illustre et généreux.
> » Vous *direz* à celui qui vous a fait venir. »

Puis, il rapporte un rêve. Pilade et Bathylle lui apparaissent ; il les interroge, et Roscius finit par lui apprendre que la gesticulation de ces grands hommes, qui arrachaient des larmes aux vainqueurs du monde, ressemblait à peu près à un exercice de sourds-muets. C'est vraiment une dérision. Sans doute, il y avait à Rome des écoles où s'apprenaient des principes généraux de déclamation, et les élémens de la science d'un geste conventionnel. Mais était-ce là la muette éloquence de Pilade? La populace romaine, qui oubliait en le contemplant les besoins mêmes de la vie, allait-elle à ces écoles-là? Y avait-il été élevé ce roi barbare qui, assistant aux représentations d'un pantomime, fut si frappé de la vérité de son action, et le comprit si parfaitement, qu'il pria Néron de lui permettre de l'emmener ; « car, » dit-il, je suis entouré de nations dont je ne » comprends pas la langue, et un tel homme peut » me servir d'interprète général ».

Ni moi non plus, je ne sais pas exactement comment on exprimerait en pantomime l'idée attachée au mot *j'eus ;* et certes, je n'imagine pas que Pilade rendît ce passé en jetant son bras derrière sa tête, comme ferait un élève de l'abbé Sicard. Je ne sais pas davantage comment mes yeux entendraient l'idée de *frère*, ni celle d'*illustre ,* ni celle de *généreux*. Mais ce que je sais, c'est que l'adresse des maîtres de ballet m'a mille fois représenté et le passé et le futur. Voyez Goyon, dans le rôle de Tysiphone, peignant à Vénus les tourmens qu'a soufferts Psyché dans le Tartare ; voyez l'admirable Bigottini sur le banc de Nina ; je reconnais dans sa main ce bouquet que lui donna son amant. Elle le contemple avec ce mélancolique sourire que le pinceau de Rubens a fixé sur la toile. *C'était-là ,* à cette place même, au milieu des plus tendres expressions du plus ardent amour.... et tout à coup, elle jette le bouquet loin d'elle, elle se prend à pleurer, des larmes amères inondent ses joues : ils sont *passés* ces instans de bonheur, *passés* pour toujours. Et puis quand, pour la seconde fois, le magique baiser d'amour a effleuré ses lèvres, quel avenir elle déploie à nos yeux! Elle est dans les bras de son père et de son amant; elle les serre tous deux contre son cœur; elle ne méconnaîtra plus ni l'un ni l'autre; sa raison est revenue; elle sera heureuse, heureuse *à jamais!* Où sont les paroles qui rendront le passé et le futur avec une plus brûlante éloquence ?

Voilà, ma bonne amie, la vraie danse, dans l'ancienne acception du mot; voilà celle que vous devez étudier ; celle dont nous ne connaîtrons jamais les ressources, tant que nous applaudirons avec fureur les entrechats et les pirouettes ; celle qui exige une ame, et pour laquelle il ne suffit pas d'être un pantin bien organisé. Chère Sophie, quand on a, comme vous, la taille de Flore, une figure qui ne sera jamais moins déplacée que quand vous représenterez la mère ou l'épouse de l'Amour, et un cœur qui peut être à la hauteur de tous les rôles; c'est à la pantomime qu'il faut s'attacher ; c'est par elle seule qu'un danseur peut espérer un jour le solide renom des Garrick et des Talma ; c'est elle qui a immortalisé Bathylle et Pilade.

J'aurai occasion de vous parler quelque jour des efforts inutiles que nous avons faits pour noter la danse comme on note la musique. Les anciens, plus heureux, étaient parvenus à noter et le geste, et l'espèce de danse appelée *saltation*, celle qui consistait à représenter la démarche, les attitudes, en un mot, tous les mouvemens dont on accompagne les discours. Cet art de la saltation, qui est perdu, et dont on ne peut plus parler que par conjecture, fut porté à un si haut degré, qu'on crut pouvoir se passer entièrement des paroles, et jouer toutes sortes de pièces de théâtre sans ouvrir la bouche. Diverses circonstances contribuèrent à la création de ce nouveau genre d'imitation, que l'on appela *pantomime*. Un nommé Livius Andronicus, Grec de naissance, comme presque tous les acteurs de Rome, bon poète d'ailleurs, excellent tragédien, ayant perdu la voix par accident, prétendit exprimer par ses gestes les idées qu'il animait auparavant de sa diction. L'essai plut au peuple, il fut perfectionné, et la mort d'Ésope et de Roscius, les Garrick et les Lekain du siècle d'Auguste, ayant laissé dans la déclamation théâtrale un vide qui ne put jamais être comblé, Pilade de Cilicie et Bathylle d'Alexandrie, deux hommes non moins extraordinaires, attirèrent toute l'attention sur la pantomime , et les auteurs tragiques et comiques devinrent en Italie ce qu'ils y sont encore aujourd'hui, depuis que la musique a fait oublier tout le reste.

Les trois genres de la danse grecque l'*Emmeleia*, la *Sicinnis*, et la *Cordace*, modifiés et transportés à Rome, prirent le nom de *danse italique*. L'Emmeleia , consacrée dès son origine à la tragédie, dont le nom seul rappelle les idées de noblesse et de bienséance , et que Platon appelle *pacifique*, conserva vraisemblablement son caractère ; mais la Sicinnis, cette danse bachique, vive et guerrière ; la Cordace, spécialement destinée à la comédie ancienne, qui ne s'accordait qu'avec la pétulance des satyres, et qu'un honnête homme n'eût osé exécuter de sang-froid , subirent sans doute de grands changemens avant de monter sur le théâtre romain. Pilade et Bathylle avaient été amis ; bientôt, comme il n'est que trop ordinaire, ils devinrent rivaux. Bathylle mourut le premier. Doué de mœurs douces et d'un génie souple, il excellait à peindre les grâces et la volupté. Il devait être supérieur dans le genre que nous nommons *demi-caractère*. Je vous ai peint, d'après Juvénal, les transports qu'il excitait dans le rôle de Léda. Pilade resta seul ; fier, arrogant, tragique, tout entier à l'étude de son art , dont il avait développé la théorie dans ses écrits, fort de la conscience de son talent, il dédaignait également la faveur du prince et les suffrages du peuple. Deux fois banni de Rome, il fut toujours rappelé. Ses ennemis voulurent lui opposer un certain Hylas, son élève, croyant trouver en lui un second Bathylle. Les deux rivaux représentèrent le personnage d'Agamemnon. Hylas mit dans son rôle une affectation à la fois gigantesque et puérile, et Pilade la noblesse vraie et native du roi des rois. Les applaudissemens du public proclamèrent Pilade vainqueur, et lui, se tournant vers son élève, « Jeune homme, lui dit-il, nous avions » à peindre un roi qui commandait à vingt autres, » tu l'as fait long, je l'ai fait grand. » Pilade fut comblé d'honneurs, et décoré par Auguste du titre de *décurion,* qu'on n'accordait qu'aux sénateurs. Hylas, au contraire, que sa défaite avait rendu plus arrogant, fut, par ordre de l'empereur, fouetté dans tous les lieux publics de Rome. Un danseur magistrat serait pour notre siècle un phénomène assez singulier ; à Rome on ne s'en étonna point, et l'inscription en mémoire du *très-honoré* Pilade, *orné des splendides insignes du décurionat,* est parvenue jusqu'à nous.

Mais tant de gloire ne fut que le prélude des honneurs qui attendaient ceux qui lui succédèrent dans son art. Un d'eux fut élevé au sacerdoce d'Apollon, brigué par les premières familles. Pilade et Bathylle avaient fondé des écoles : après eux, elles furent dirigées par leurs élèves. On ajouta aux représentations toute la pompe dont elles étaient susceptibles. D'abord un seul pantomime représentait plusieurs personnages dans une même pièce : bientôt on eut des troupes complètes ; tragédie, comédie, satire, tout fut traité par elle. Les acteurs principaux étaient accompagnés d'un chœur magnifiquement vêtu, et d'un nombreux orchestre qui les secondait. L'enthousiasme qu'ils excitèrent parmi les Romains, égala presque le fanatisme des guerres civiles. Les factions du théâtre, distinguées par des livrées diverses, ensanglantèrent Rome. L'empire fut divisé entre les *bleus* et les *verts*. Un des hommes les plus vraiment poètes du dernier siècle, Chénier, a décrit les fortunes variées des pantomimes. Vous me pardonnerez cette citation un peu longue ; le poème de Chénier sur *les Principes des arts* est peu connu, et les beaux vers n'ennuient jamais.

« La pantomime est due à l'antique Italie,
Où même elle éclipsa Melpomène et Thalie.
Elégant traducteur, Térence avait en vain
De Ménandre avec goût chaussé le brodequin ;
Varius par *Thyeste*, Ovide par *Médée*,
Du cothurne des Grecs en vain donnaient l'idée,
Rome entière, et, comme elle, Auguste et Mécénas
D'émules plus chéris épousaient les débats :
Pilade balançait Varius et Virgile,
Et l'oppresseur d'Ovide a protégé Bathylle.

D'abord le nouvel art au théâtre exercé,
Par des maîtres nombreux fut bientôt professé.
Au sénateur oisif et lourdement frivole
Il fallut qu'un décret interdît leur école.
La scène en factions divisa les Romains,
Arma des *bleus*, des *verts* les imprudentes mains.
Deux fois la Macédoine, en désastres féconde,
Avait vu leurs aïeux risquer le sort du monde;
Les enfans des consuls et des triomphateurs
Combattaient maintenant pour le choix des acteurs.
Au ridicule aspect de ces partis aux prises,
Soit que Néron craignît de nobles entreprises,
Et le soudain réveil des peuples enhardis,
Soit qu'il voulût punir ses rivaux applaudis,
On vit les histrions chers à Rome en délire,
Bannis par l'histrion qui gouvernait l'empire,
Mais sous d'autres tyrans ils furent rappelés,
Enivrés de faveurs, de richesse accablés,
Et Rome, au sein des jeux se consolant des crimes,
Veuve de ses héros, chanta ses pantomimes. »

En effet, Tibère, Caligula, Néron les chassèrent
et les rappelèrent tour-à-tour. Mais les disgrâces,
comme les honneurs, ne faisaient qu'augmenter
leur insolence. Pâris, l'un d'eux, osa porter son
audace jusqu'au lit de Domitien. Lui et son élève,
dont tout le crime était une ressemblance exté-
rieure avec son maître, furent immolés à la jalousie
du tyran, et tous leurs compagnons bannis. Il
était trop tard; les sénateurs, les chevaliers, les
dames romaines ne pouvaient se passer de ces
instrumens nécessaires à leur oisiveté et à leurs
débauches. Des bals, dit Berchoux,

« Des bals et des ballets le goût se conserva
Jusqu'au règne du Prince adopté par Nerva.

> Trajan, que la patrie osa nommer son père,
> Méritait peu, je crois, ce bienfait populaire,
> Puisque, sous son empire, à Rome on vit périr
> Un art qu'il dédaigna de faire refleurir ;
> Il dédaigna la danse, ou ne fit rien pour elle,
> Sous son autorité soi-disant paternelle. »

Si jamais l'Homère de la danse trouve des Saumaises dans *les races futures*, ce passage leur *prépare des tortures*. Tout en partageant l'indignation du héros épique contre la mémoire de Trajan, persécuteur des pantomimes ; tout en avouant que c'est une tache dont il est difficile de le laver dans l'esprit des honnêtes gens, et que ne peuvent racheter vingt ans de vertus et de gloire, nous devons faire remarquer que le règne de la danse ne finit pas avec celui de Trajan. Les danseurs ne furent plus seulement protégés et encouragés par ses successeurs, ils furent adorés. Loin de les bannir, Constance, ayant chassé les philosophes de Constantinople, sous prétexte d'une famine, y conserva trois mille danseurs. Nous devons ajouter, il est vrai, que, tant qu'on se contenta de les encourager, ils furent excellens ; quand ils entrèrent dans les temples, comme prêtres, ils devinrent médiocres ; quand ils y restèrent comme dieux, ils furent détestables. Que vous dirai-je ? La danse romaine finit comme l'empire romain ; ce beau fleuve se perdit dans les sables.

Nous voici, chère Sophie, arrivés au bord de

cet abîme de la barbarie , qui , dans l'histoire de
tous les arts, sépare toujours les chefs-d'œuvre
antiques des chefs-d'œuvre modernes. Dans l'espace qui nous reste à parcourir pour arriver jusqu'à notre âge, vous ne trouverez, je dois vous
en prévenir, ni plus de passion et de volupté que
dans les danses indiennes ; ni plus de grâce,
de dignité, de philosophie que dans les danses
grecques; ni plus de perfection et de connaissance
de l'art que dans les danses romaines ; et si , au
milieu de l'éclat des fêtes d'Italie et des merveilles
de Louis XIV, vous croyez qu'au moins nous sur-
passons l'antiquité en magnificence , et que , ne
pouvant faire Vénus plus belle , nous la fesons
plus riche, je serai encore forcé de vous détrom-
per, en étalant à vos yeux les pompes des Ptolé-
mées et les magnificences des empereurs romains.
Cela n'est pas trop galant de ma part; il vaudrait
bien mieux, je le sens, dire à une jeune Française,
justement passionnée pour son pays : Qui a vu
l'opéra de Paris a tout vu. Mais aussi, de quoi
vous avisez-vous de me mettre au nombre des
historiens, de ces gens sans préjugés, sans patrie,
concitoyens de tous les lieux , contemporains de
tous les siècles, et qui ne transigeraient pas même
avec l'enthousiasme patriotique d'une jolie femme.
Transigeons cependant ; je ne vous étalerai pas
l'appareil des fêtes grecques et romaines, qui vous

ennuierait peut-être autant que la lecture de l'inventaire d'une boutique de bijoutier ; mais, à votre tour, quand je vous parlerai de la supériorité des anciens sur les modernes, dans le luxe, comme dans presque tout le reste, vous me croirez sur parole.

Mais, mon Dieu ! quelle lettre ! je ne vous en ai point encore écrit d'aussi longue ; et tout cela parce que j'ai voulu contredire M. Noverre,

« La dispute est d'un grand secours. »

Jamais les grands hommes ne sont si éloquens, ni les hommes médiocres si bavards que quand ils contredisent.

LETTRE VII.

Douvres, novembre 1822.

Enfin, ma bien aimée, me voilà parti : me voilà sur la route de France, et déjà de trente lieues plus près de vous ; j'ai quitté Londres avant-hier soir, et je vous écris de Douvres. En vérité, bien m'en a pris ; la danse ne vient point sur ce terroir-ci, et, quand on l'y transporte, elle est une plante en serre chaude. J'avais besoin de nouvelles inspirations pour parler de la danse moderne ; mais pouvais-je en demander au ciel brumeux qui m'enveloppait, surtout à l'approche de ce triste novembre, si cher à la Tamise et aux armuriers ? Et franchement, chère amie, ne vous aperceviez-vous pas vous-même que plus je vous écrivais, plus je devenais lourd et nébuleux, et qu'il commençait à y avoir, comme dirait notre ambassadeur, des brouillards et du *spleen* « au » fond de mon histoire »? Je ne sais, mais je crois m'en ressentir encore ; réservons donc pour notre première entrevue les ris à la française et les folâtres galanteries. Le vent est contraire ; le voyage m'a fatigué ; je ne pars peut-être que dans deux

ou trois jours ; j'ai passé toute la matinée à parcourir les rochers de Douvres,

> Ces stériles rochers, dont la tête hideuse
> Sur l'abîme des flots se penche avec horreur,
> Et semble redouter de la vague écumeuse
> L'impuissante fureur.

Vous voyez que c'est du Shakespeare tout pur ;
j'en traduisais ce matin sur les lieux mêmes qu'il
a célébrés. D'après tout cela, ne vous étonnez pas
si tout le reste est à l'unisson, et ne vous en prenez
qu'aux dernières vapeurs anglaises, si, par hasard,
vous trouvez mon style riant comme *la Danse de
la mort,* que je vois ici chez tous les libraires.

Je vous ai prévenue par ma lettre précédente
que l'on était comme forcé, dans l'histoire de tous
les arts, de sauter par-dessus le long espace qui
sépare leurs derniers momens chez les anciens,
de leur nouvelle vie chez les modernes. Sautez
donc, puisqu'il le faut, et, comme il arrive presque toujours, vous retomberez en Italie. Vous y
retrouverez la danse, qui, vers la fin du quinzième
siècle, rencontre un protecteur à Rome dans le
cardinal Riari, neveu du pape Sixte IV. Un nommé
Simplicius, homme de talent dans plus d'un genre,
et soutenu par le cardinal, chercha à faire naître
dans quelques fêtes des idées de danse et de ballet.
Mais vouloir inspirer le goût des arts à un homme
tel que Sixte IV, c'était semer dans les pierres et

les orties. Les historiens nous représentent ce
pape écrivant sur le futur contingent , canoni-
sant S. Bonaventure , persécutant les Vénitiens ,
et fesant la guerre aux Médicis ; un tel homme ne
méritait pas l'honneur d'être nommé par la postérité le restaurateur de la danse. Le destin , qui
se plaît à tirer les héros des rangs obscurs , réser-
vait tant de gloire à un simple gentilhomme de
Lombardie. Le nom de Berganzo Botra brille à la
tête des annales de la danse moderne. Une fête
qu'il donna dans la ville de Tortone en 1489, à
Galéas, duc de Milan, et Isabelle d'Arragon, son
épouse , fut la véritable origine des carrousels et
des ballets. On nous en a conservé la description,
que , selon mon usage, je vous copie textuellement ; car lorsqu'une chose est bien dite une fois,
et qu'elle ne mérite pas qu'on cherche à la dire
mieux, il faut la dire de même.

« Dans un magnifique salon entouré d'une ga-
» lerie où étaient distribués plusieurs joueurs de
» divers instrumens, on avait dressé une table
» tout-à-fait vide. Au moment que le duc et la
» duchesse parurent, on vit Jason et les Argo-
» nautes s'avancer fièrement sur une symphonie
» guerrière. Ils portaient la fameuse toison d'or,
» dont ils couvrirent la table , après avoir dansé
» une entrée noble qui exprimait leur admiration
» à la vue d'une princesse si belle, et d'un prince

» si digne de la posséder. Cette troupe céleste céda
» la place à Mercure; il chanta un récit dans le-
» quel il racontait l'adresse dont il venait de se
» servir pour ravir à Apollon, qui gardait les
» troupeaux d'Admète, un veau gras dont il fesait
» hommage aux nouveaux mariés. Pendant qu'il
» le mit sur la table, trois quadrilles qui le sui-
» vaient, exécutèrent une entrée. Diane et ses
» nymphes succedèrent à Mercure; la déesse fe-
» sait suivre une espèce de brancard doré sur le-
» quel on voyait un cerf : c'était, disait-elle,
» Actéon, qui était trop heureux d'avoir cessé de
» vivre, puisqu'il allait être offert à une nymphe
» aussi aimable et aussi sage qu'Isabelle. Dans ce
» moment, une symphonie mélodieuse attira l'at-
» tention des convives. Elle annonçait le chantre
» de la Thrace; on le vit jouant de sa lyre, et
» chantant les louanges de la jeune duchesse. Je
» pleurais, dit-il, sur le mont Apennin, la mort
» de la tendre Eurydice. J'appris l'union de
» deux amans dignes de vivre l'un pour l'autre,
» et j'ai senti pour la première fois, depuis mon
» malheur, quelques mouvemens de joie. Mes
» chants ont changé avec les sentimens de mon
» cœur; une foule d'oiseaux a volé pour m'en-
» tendre; je les offre à la plus belle princesse de
» la terre, puisque la charmante Eurydice n'est
» plus. Des sons éclatans interrompirent cette mé-

» lodie ; Atalante et Thésée, conduisant avec eux
» une troupe leste et brillante, représentèrent,
» par des danses vives, une chasse à grand bruit.
» Elle fut terminée par la mort du sanglier de
» Calydon, qu'ils offrirent au jeune duc en exé-
» cutant des ballets de triomphe. Un spectacle
» magnifique succéda à cette entrée pittoresque.
» On vit, d'un côté, Iris sur un char traîné par des
» paons, et suivie de plusieurs nymphes vêtues
» d'une gaze légère, qui portaient des plats cou-
» verts de ces superbes oiseaux. La jeune Hébé
» parut de l'autre, portant le nectar qu'elle verse
» aux dieux ; elle était accompagnée des bergers
» d'Arcadie, chargés de toutes les espèces de lai-
» tage, de Vertumne et de Pomone, qui servirent
» toutes sortes de fruits. Dans le même tems,
» l'ombre du délicat Apicius sortit de terre. Il
» venait prêter à ce superbe festin toutes les
» finesses qu'il avait inventées, et qui lui avaient
» acquis la réputation du plus voluptueux des
» Romains. Ce spectacle disparut, et il se forma
» un grand ballet composé de tous les dieux de
» la mer et des fleuves de Lombardie : ils por-
» taient les poissons les plus exquis, et ils les ser-
» virent en exécutant des danses de différens
» caractères. Ce repas extraordinaire fut suivi
» d'un spectacle encore plus singulier. Orphée
» en fit l'ouverture ; il conduisait l'Hymen et une

» troupe d'Amours : les Grâces, qui les suivaient,
» entouraient la Foi conjugale, qu'ils présentèrent
» à la princesse, et qui s'offrit à elle pour la servir.
» Dans ce moment, Sémiramis, Hélène, Médée et
» Cléopâtre interrompirent le récit de la Foi con-
» jugale en chantant les égaremens de leurs pas-
» sions. Celle-ci, indignée qu'on osât souiller par
» des récits aussi coupables l'union pure des nou-
» veaux époux, ordonna à ces reines criminelles
» de disparaître. A sa voix, les Amours, dont elle
» était accompagnée, fondirent par une danse
» vive et rapide sur elles, les poursuivirent avec
» leurs flambeaux allumés, et mirent le feu aux
» voiles de gaze dont elles étaient coiffées. Lu-
» crèce, Pénélope, Thomiris, Porcie et Sulpicie
» les remplacèrent, en présentant à la jeune prin-
» cesse les palmes de la pudeur qu'elles avaient
» méritées pendant leur vie. Leur danse noble et
» modeste fut adroitement coupée par Bacchus,
» Silène et les Egypans, qui venaient célébrer
» une noce si illustre ; et la fête fut ainsi terminée
» d'une manière aussi gaie qu'ingénieuse. »

Cette fête bizarre et brillante, qui rappelle,
mais sur un plan plus vaste, plus riant et mieux ordonné le festin de Trimalcion dans Pétrone, eut
un succès prodigieux en Italie ; on en parla dans
toutes les villes, on en imprima la description.
La route était ouverte ; les imitateurs s'y précipi-

tèrent en foule. Tandis qu'Ottavio Rinuccini, Claude de Monteverte, Giovenelli Teosilo essayaient d'appliquer la musique à toute l'étendue d'un drame, et que l'opéra naissait entre leurs mains, on voyait dans les intermèdes de l'*Amico fido* par Debardi, et dans d'autres, se perfectionner l'art des décorations et des machines. La danse s'y mêla plus tard, et en devint bientôt l'objet principal; un nouveau genre d'imitation, celui qu'on appela depuis le *grand ballet*, fut créé. Les anciens, il est vrai, semblent avoir eu quelque chose d'à peu près semblable; on trouve chez eux des espèces de danse représentant une action, qui, jadis, avait dû être exprimée par un récit en vers; mais, depuis, les paroles avaient disparu, et il ne restait plus que les gestes et les mouvemens dont les acteurs accompagnaient dans l'origine leur déclamation. Quelques programmes de ces représentations nous sont même parvenus. Ici, c'est une Eriphanis, éprise de Ménalque, qui le poursuit en vain, et fait partager sa douleur aux bois et aux montagnes; là, c'est une Calice, qui, ne pouvant vaincre l'indifférence d'Érasius, se précipite dans la mer : plus loin, c'est un jeune Borcus, enlevé par les nymphes, et que redemande à grands cris sa famille désolée. Mais tout cela ne nous offre pas encore exactement l'idée que nos pères attachaient au grand ballet.

Quoi qu'il en soit, ce principe de la danse théâtrale moderne, fut transporté d'Italie en France, et y devint, jusqu'à la naissance de l'opéra, un spectacle des plus à la mode pour la cour. Je dois d'abord, mon amie, vous faire connaître, pour ainsi dire, la poétique du genre; nous observerons ensuite ses fortunes diverses jusques vers le milieu du règne de Louis XIV, où le grand opéra l'anéantit sans retour. Les grands ballets se divisaient en historiques, fabuleux et poétiques. Nos opéras et les ballets des Horaces, de Psyché, de Flore et Zéphyre, etc., donnent une idée des deux premières espèces; mais la dernière est moins connue.

Tantôt les ballets poétiques offraient la représentation des objets de la nature, comme les *saisons*, les *âges*, les *élémens*; tantôt, par une allégorie plus ou moins ingénieuse, ils faisaient allusion, soit à quelqu'événement, comme *les plaisirs troublés*, *les proverbes*, etc.; soit à quelqu'habitude journalière, ou à quelqu'usage de société, comme *les cris de Paris*, *les passe-tems du carnaval*; quelques-uns enfin étaient de pur caprice, comme le ballet des *Postures*, *les moyens de parvenir* et beaucoup d'autres. La division ordinaire des ballets était en cinq actes; chaque acte composé de trois, six, neuf ou même douze *entrées*; on appelait *entrée*, un ou plu-

sieurs quadrilles de quatre, huit et jusqu'à douze
danseurs, revêtus le plus souvent du même costume, et qui, par leurs gestes, leurs attitudes et
leurs mouvemens, exprimaient l'intention du
ballet. M. Bonnet, *payeur de gages* au parlement, a couvert sept ou huit pages de son Histoire
générale de la danse, des titres de ballets donnés
dans les principales cours de l'Europe, depuis
1450 jusqu'en 1723. Voici ceux qui m'ont paru
le plus singuliers:

Le Château de Bicêtre.
Les Petites-Maisons.
Les Quinze-Vingts.
Le Jeu de Carte.
Le Gris de Lin.
Le Mariage du Lys et de l'Impériale.
Qu'il est plus aisé de terminer les différends par la reli-
gion que par les armes.
La Vérité vagabonde.
Le Tabac.
Les Quolibets.
Le Landy.
Les Montagnes.
Ballet à cheval des Élemens.
Ballet des Néréides, représenté dans l'eau.

Presque tous les autres sont tirés de la mythologie. Pour vous faire concevoir maintenant comment on exécutait des sujets aussi bizarres, et
vous donner une idée d'un genre dont aujour-

d'hui il ne reste aucun vestige en Europe, je vais arrêter vos regards sur quelques-uns d'entr'eux. Le *Gris de lin* et *les Montagnes*, par exemple, voilà deux ballets du genre poétique allégorique, et deux titres assez singuliers pour des ballets. Voyons comment on les a remplis.

Madame Chrétienne de France aimait beaucoup le gris de lin. A son mariage avec le duc de Savoie, on voulut lui donner un spectacle en l'honneur de sa couleur favorite. « Au lever de la » toile, l'Amour parut, et déchira son bandeau; libre » alors de la contrainte à laquelle ses yeux avaient » été assujétis, il appella la Lumière, et l'engagea » par les plus tendres chants à se répandre sur les » astres, le ciel, l'air, la terre et l'eau, afin qu'en » leur donnant mille beautés différentes par la » variété des couleurs, il lui fût aisé de choisir » la plus agréable. Junon entend les vœux de » l'Amour, et les remplit. Iris vole par ses ordres » dans les airs ; elle y étale les couleurs les plus » vives; l'Amour, frappé de ce brillant spectacle, » après en avoir joui, se décide pour le *gris de lin,* » la couleur la plus douce et la plus parfaite ; il » veut qu'à l'avenir il soit le symbole de l'*amour* » *sans fin.* Il ordonne que toutes les campagnes en » parent les fleurs, qu'elle brille dans les pierres » les plus précieuses, que les oiseaux les plus rares » en raniment leur plumage, qu'elle serve d'or-

» nement aux habits les plus galans des mortels. »
Et voilà le ballet du *gris de lin*.

Nous avons vu de nos jours le *Combat des montagnes*, titre qui aurait peut-être paru aussi singulier à nos ancêtres que nous le paraît celui du ballet des montagnes, donné sous Louis XIII, le 21 août 1631. La reine avait prié le cardinal de Savoie, alors à la cour, d'inventer pour le roi quelque divertissement. Les courtisans français, qui, comme vous le savez, ma belle amie, ont toujours ri des autres, et souvent aussi fait rire les autres à leurs dépens, trouvèrent fort plaisant que de plats montagnards prétendissent amuser une cour aussi polie que celle de France. Le cardinal avait avec lui le comte Philippe d'Aglie, homme de goût d'ailleurs et magnifique, qui ne répondit que par des faits. Il donna le ballet appelé *Gli abitatori di monti;* mais franchement, même après le ballet, je ne sais de quel côté devaient être les rieurs; vous en jugerez. Le théâtre représentait cinq grandes montagnes; on figurait par cette décoration les montagnes venteuses, résonantes, lumineuses, ombrageuses, et les Alpes. Le milieu du théâtre représentait le champ de la gloire, dont les divers habitans des montagnes prétendaient s'emparer. La Renommée ridicule, celle qui fait les nouvelles de la canaille, vêtue en vieille, montée sur un âne, et portant une trompette de

bois, « sans doute, dit Cahuzac, par allusion à
» l'ancien proverbe, *à gens de village trompette
» de bois* », fit l'ouverture du ballet par un récit
qui en exposa le sujet. Les montagnes s'ouvrirent
ensuite l'une après l'autre ; de la première sortirent des quadrilles vêtus de couleur de chair,
portant des moulins à vent sur la tête et des
soufflets à la main ; on supposait que c'étaient
les Vents ; de la seconde, des gens armés de
tambours, ayant une cloche pour ornement de
tête, et des habits couverts de grelots : la
nymphe Echo les conduisait. Le Mensonge,
caractérisé par une jambe de bois qu'il fesait
clocher en marchant, par un habit composé de
plusieurs masques, et par une lanterne sourde,
conduisait les habitans des montagnes lumineuses couverts de lanternes de diverses couleurs ; et le Sommeil, les habitans des montagnes ombrageuses ; les songes de toute espèce
le suivaient. « En ce moment, dit l'auteur,
» le son des trompettes et des timbales, se
» fit entendre. Une femme, modestement parée,
» descendit des Alpes; elle représentait la vérita-
» ble Renommée. Neuf cavaliers richement vêtus
» à la française, marchaient sur ses pas ; ils chas-
» sèrent du théâtre les quadrilles qui s'en étaient
» emparés, et la Renommée leur laissa libre après
» son récit le champ de la gloire. Des vers italiens

» qu'elle fit pleuvoir, en s'envolant, sur l'assem-
» blée, apprenaient que c'était à la fortune et à
» la valeur du roi de France, que la gloire véri-
» table était due, et que ses ennemis n'en avaient
» que l'apparence. »

Ces spectacles, il faut l'avouer, au milieu de
leur bizarrerie, demandaient encore, pour être
bien conçus et bien exécutés, une certaine imagination dans l'invention générale, et les divers
talens qu'exigeait l'emploi de la musique, des
décorations et des machines. Les rois et les
princes profitaient de ces ballets pour faire des
cadeaux aux personnes de leur cour. La galanterie consistait à ménager si bien la délicatesse de
ceux qui recevaient, que les dons parussent faire
partie de l'action théâtrale elle-même. En France,
en Angleterre, en Italie, en Savoie, on représentait beaucoup de ballets pareils.

Quelquefois des idées plus populaires étaient
exécutées dans les ballets. Tel fut celui de *la
Verità raminga*, la Vérité vagabonde, représenté
à Venise; il a cela de particulier, qu'il est peut-
être le seul qui ait été donné comme spectacle
public. Tous les autres ont été des divertissemens
gratuits, destinés aux cours des souverains. La
Vérité paraît sous la figure d'une femme pauvre,
maigre, harassée, poursuivie tour-à-tour et mal-
traitée par des avocats, des procureurs, des plai-

deurs, un médecin, un apothicaire, un cavalier et un capitan fanfaron. Une entrée de villageois termine la première partie; ils voient la Vérité sans la craindre, sans la fuir, sans s'intéresser à elle; idée heureuse et plus philosophique que tout le reste. Dans la seconde partie, un négociant, un financier, des femmes jeunes, belles et coquettes, s'éloignent tour-à-tour de la Vérité, jusqu'à ce qu'enfin la muse du théâtre l'aperçoit; elle l'accueille; lui fait changer non-seulement d'habit, mais aussi de maintien, de geste et de langage; enfin la conduit partout avec elle; et, comme dans la fable de Florian, la revêt de ce manteau brillant et de couleurs diverses, nécessaire pour cacher à nos yeux malades et faussement délicats la nudité de la déesse.

Je ne veux pas, ma chère amie, vous fatiguer en entassant description sur description; je vous demande cependant grâce pour un seul encore; entendez-vous, un seul petit ballet; c'est celui du *Tabac*, joué à Lisbonne, il y a environ deux cents ans, et qui vous donnera une idée de ce qu'on appelait un ballet *bouffon*. C'est le développement des deux vers de Th. Corneille :

« Quoi qu'en dise Aristote et sa docte cabale,
Le tabac est divin, il n'est rien qui l'égale. »

Écoutons encore le payeur de gages au parlement.

« La scène représentait l'île de Tabago. Une
» troupe d'Indiens fit le prologue en chantant les
» avantages du tabac, et le bonheur des peuples à
» qui les dieux avaient donné cette plante. La pre-
» mière entrée fut de quatre sacrificateurs de cette
» nation, qui tiraient du tabac en poudre de cer-
» taines boîtes d'or, qu'ils portaient pendues à leur
» ceinture, et jetaient cette poudre en l'air pour
» apaiser les vents et les tempêtes. Puis, avec de
» longues pipes, ils fumaient autour d'un autel,
» marchant à pas graves et cadencés, et fesant de
» leur tabac en fumée une espèce de sacrifice à
» leurs divinités. Deux Indiens mettaient en corde
» les feuilles de tabac, et deux autres le hachaient
» pour la seconde entrée; deux autres le pilaient
» dans des mortiers pour le réduire en poudre, et
» les deux autres le rapaient, fesant la troisième
» entrée. La quatrième était des preneurs de tabac
» en poudre, qui éternuaient, et se le présentaient
» les uns aux autres, le prenant par pincées avec
» des gestes et des cérémonies plaisantes. La cin-
» quième était une troupe de fumeurs assemblés
» dans une tabagie; des Turcs, des Maures, des
» Espagnols, des Portugais, des Allemands, des
» Français, des Polonais et d'autres nations, re-
» cevaient le tabac des Indiens, et s'en servaient
» diversement. Ils finirent le spectacle. »

J'ai donné au grand ballet tous les éloges qu'il

est permis à un homme raisonnable de lui donner.
Je puis maintenant, je l'espère, sans être accusé
de dénigrer les nobles amusemens de nos pères
et de nos rois, faire la part de la critique. Le
grand ballet, presque toujours allégorique, avait
le vice commun à toutes les allégories dramatiques, la froideur : le défaut d'action y produisait
le défaut d'intérêt; la forme étant toujours la
même, malgré la variété du fond, l'ennui y naissait, comme partout ailleurs, de l'uniformité ; les
ridicules vêtemens des auteurs rabaissaient à la
trivialité tout ce que l'allégorie eût pu avoir de
poétique. Vous avez vu les habits des Vents et
du Mensonge ; tout était du même style dans les
ballets. Voulait-on représenter la Musique ; c'était
avec le costume de M. Somno, couvert des clés
de G-ré-sol et de C-sol-ut. S'agissait-il de person-
nifier le Monde ; on voyait un homme dont la
tête représentait l'Olympe : son habit était une
vaste carte géographique : sur le cœur était écrit,
en gros caractères latins, *Gallia;* sur un bras,
Hispania ; sur le ventre, *Germania,* et un peu
plus bas, *terra australis incognita.* Ajoutez à tout
cela que chaque entrée était accompagnée d'un
récit, qu'on pourrait comparer aux annonces de
nos bateleurs, ou à ces bandes écrites, qui dans
nos vieux tableaux sortent de la bouche des personnages, et expliquent ainsi la situation que

l'immobilité de leurs corps, leurs visages froids, et leurs yeux ternes ne laisseraient jamais deviner. Ces récits étaient en vers; et quels vers, bon Dieu! Vous douteriez-vous que ce fut au tems des Racine, des Boileau et des Molière qu'on chantait, devant Louis XIV et toute sa cour, les platitudes que je prends la liberté de mettre sous vos yeux?

On les trouve dans un ballet en l'honneur de madame Henriette d'Angleterre, jeune et charmante princesse dont la mort inspira à Bossuet ces pages éloquentes qui vivront plus long-tems que tous les ballets présens, passés et futurs : « Et, dit le programme, *attendu qu'*elle avait passé » la mer pour venir en France, le sujet fut la » naissance de Vénus. » *Par rapport* à l'arrivée de cette princesse, Neptune disait d'abord :

> « Taisez-vous, flots impétueux,
> Vents, *devenez respectueux,*
> La mère des Amours sort de mon vaste empire. »

Thétis ajoutait :

> « Voyez comme elle est belle, *en s'élevant si haut,*
> Jeune, aimable, charmante, *et faite comme il faut,*
> Pour imposer des lois à tout ce qui respire! »

Les Tritons chantaient en chœur :

> « Quelle gloire pour la mer,
> D'avoir ainsi produit *la merveille du monde!*
> Cette divinité sortant du sein de l'onde,

> *N'y laisse rien de froid, n'y laisse rien d'amer :*
> Quelle gloire pour la mer ! »

C'est bien le cas de s'écrier avec un poète illustre : que ces pauvres Tritons

> « .... *tiraient de leur conque*
> *Des sons harmonieux qui ravissaient quiconque ;*
> Et si la symphonie à leurs vers répondait,
> *L'enchanteresse, hélas ! musique que c'était !* »

Tandis que des Français débitaient ces sottises à Louis XIV, d'autres Français, que la chambre des pairs d'Angleterre avait invités à célébrer le retour de Charles II par un ballet poétique, supposaient qu'Alithie, la vérité de la religion, s'étant réfugiée dans cette île, Atlas et les Muses lui amenaient toutes les nations pour lui faire leur compliment. Or, écoutez un peu comment ce bon Atlas troussait un compliment. Il s'adressait d'abord au roi :

> « Le monde te vient faire hommage,
> Grand Roi, de sa fertilité ;
> Puisqu'ici *loge* la beauté,
> Et l'amour, *l'honneur de notre âge ;*
> Il vient chercher la vérité
> Chez vous, *où son temple est planté.* »

Il appelait ensuite l'Europe, qui venait en dansant au son de ces jolis vers :

> « Sortez, Europe, la première,
> Puisque *vous avez plus reçu*
> Des rayons de la *lumière*
> *Que le Saint Esprit a conçu :*

Amenez ici vos princesses,
Pour en recevoir les adresses. »

Je ne me rappelle plus ce qu'il disait à l'Asie et
à l'Amérique ; mais il traitait si mal l'Afrique, sa
patrie, que je n'ai pu oublier ses paroles ; les
voici :

« Sortez, Afrique *monstrueuse*
En erreurs plus qu'en animaux,
Et cherchez en cette île heureuse
Le repos à tous vos travaux ;
C'est ici que la Vérité
Veut que son temple soit planté.

Quoi qu'il en soit, ma chère amie, de la plan-
tation du temple de la Vérité, à laquelle Atlas
paraît s'intéresser beaucoup, je dois conduire le
grand ballet à travers les années et les révolutions
jusqu'à sa mort, arrivée de l'an 1671 à 1672. Mais
j'attends pour commencer cette haute entreprise,
et pour aller tout d'une haleine jusqu'au règne
des Vestris, j'attends que j'aie revu la France. Je
retrouverai peut-être, comme Antée, des forces
nouvelles en touchant le sol classique de la danse.
L'heure du départ a sonné, et ma fatigue a disparu en vous écrivant. Les vents, il est vrai, sont
toujours sourds à nos vœux ; mais aujourd'hui
nous nous moquons des vents. O tragique Iphigénie ! Racine n'eût pas fait de si beaux vers, ni
Gluck de si sublime musique à propos de votre

aventure, si l'on eût connu de votre tems les bateaux à vapeur! Adieu, ma belle amie! dans trois jours je serai auprès de vous, et c'est ici le dernier baiser que je vous envoie sous enveloppe.

FIN DES LETTRES.

ENTRETIENS

SUR LA DANSE.

J'ARRIVAI à Paris dans les derniers jours de novembre. Après les premiers momens donnés au plaisir de se revoir, Sophie me parla de mes lettres sur la danse : elle voulait que je les continuasse ; je trouvai plus simple, puisque nous étions réunis, de lui développer moi-même la suite de mes instructions épistolaires. Je convins avec elle que je lui communiquerais tous les samedis les notes que je m'amuserais à recueillir pendant la semaine. C'est le résultat de ces conversations hebdomadaires que je donne aujourd'hui au public. Je sais qu'il est contre toutes les règles de commencer un ouvrage d'une façon, et de le finir d'une autre : mais la faute en est aux événemens ; j'étais forcé de quitter l'Angleterre avant d'avoir achevé l'histoire de la danse ; et d'une autre part, il eût été ridicule à moi de continuer d'écrire à une personne que je voyais tous les jours. Au reste, sans s'inquiéter de mes excuses, le lecteur, s'il s'ennuie, saura

bien laisser là mon ouvrage, et je ne lui prouverai pas
que j'aie bien fait de poursuivre ; si je l'amuse , peu
lui importera que ce soit par lettres , par dialogues
ou par chapitres.

ENTRETIEN PREMIER.

Nous voici donc au samedi. J'allai chez Sophie, je la trouvai à sa toilette.

Je vous attendais avec impatience, me dit-elle en me voyant entrer ; vous vous êtes permis dans votre avant-dernière lettre de critiquer Noverre ; dans la dernière, de blâmer le grand ballet, et d'en donner, disiez-vous, la poétique : mais j'aurais bien dû vous faire une question, avant de vous laisser écrire un mot sur la danse : il me semble ne vous avoir jamais vu danser. Savez-vous danser ?

Moi. — Ma foi, mon amie, si j'osais dire oui, vous me mettriez de suite à l'épreuve ; j'aime mieux vous répondre comme Berchoux :

« Je chante ; mais je suis inhabile à la danse ;
Pour cet art séducteur j'ai toujours fait des vœux,
Mais j'eus toujours des pieds et des bras malheureux. »

Sophie. — Alors, monsieur, il ne fallait pas écrire sur la danse.

Moi. — Comment, mademoiselle, vous-même l'avez-voulu;

« . . . . Eh! ne m'avez-vous pas,
Vous-même, ici, jadis. . . . . . . »

Sophie. — Eh! monsieur, je m'imaginais que vous saviez danser. Tenez, connaissez-vous cet ouvrage?

Moi. — Non, mademoiselle.

Sophie. — C'est le traité de la danse par M. Blasis.

Moi. — Eh bien! que m'importe M. Blasis? je ne traite point la théorie.

Sophie. — Lisez toujours la note de la page 8, et jugez-vous.

Moi. — Voyons. « La majeure partie des écri-
» vains dont je parle sont, à la vérité, de très-
» bons littérateurs, mais qui n'ont jamais été
» danseurs : ce sont des gens, comme dit plai-
» samment Berchoux,

« . . . . connus par leur science,
Qui, sans être danseurs, parlent beaucoup de danse. »

» Je crois que les écrits de ces hommes qui ont
» employé tant de veilles pour l'art de Terpsi-
» chore, qu'ils ignoraient, nous sont parfaitement
» inutiles. Il aurait bien mieux valu pour nous,
» que ces ouvrages composés pour la simple poé-

» tique de l'art, eussent été remplacés par quelque
» bon traité théorique sur le mécanisme de la
» danse, écrit par un Dauberval, un Gardel, un
» Milon, ou par quelqu'autre grand maître. Je
» voudrais, dit le sage Montaigne, que chacun
» écrivît ce qu'il sait, et autant qu'il en sait. »

Sophie. — Eh bien! qu'en dites-vous?

Moi. — Vous avez raison, mon amie, j'emporte mes notes, et jamais je ne dirai mot de la danse à qui que ce soit.

Sophie. — Non, non, je ne vous en tiens pas quitte à si bon compte. Vous continuerez à parler de la danse, et seulement, vous voudrez bien, de plus, apprendre à danser.

Moi. — Je prends un maître demain : sommes-nous d'accord?

Sophie. — Parfaitement : reprenons maintenant l'histoire du grand ballet. Dans votre dernière lettre, il allait passer d'Italie en France. Ce fut, je crois, sous le règne de Louis XIV qu'il y fut introduit.

Moi. — D'où savez-vous cela?

Sophie. — Je l'ai lu, ce me semble, dans M. Blasis.

Moi. — « Je voudrais, dit le sage Montaigne,
» que chacun écrivît ce qu'il sait, et autant qu'il

» en sait. » Parbleu, je ne suis pas fâché de prendre sitôt M. Blasis en défaut. Je lui gardais rancune, et, ne pouvant l'attaquer sur les pirouettes, au moins prendrai-je ma revanche en histoire. Ce fut Catherine de Médicis qui mit le grand ballet à la mode. Avant elle, les tournois étaient les seules fêtes où les cavaliers pussent déployer l'adresse et la galanterie, et les dames les grâces et la beauté : mais depuis le tournois fatal où Henri II perdit la vie en 1559, ces dangereux divertissemens furent très-rares. Il n'y en eut que quatre jusqu'en 1612, et l'un d'eux fut encore ensanglanté par la mort de Henri de Bourbon, marquis de Beaupréau. Catherine de Médicis aimait les plaisirs par goût et par ambition : il fallait occuper l'humeur turbulente d'un Charles IX et d'un Henri III, et cacher sous la riante apparence des fêtes les noirs et tortueux projets de la politique italienne. Aussi les réjouissances de toute espèce furent prodiguées sans mesure. Une des plus brillantes fut celle qui eut lieu en octobre 1581, pour le mariage du duc de Joyeuse avec Marguerite de Lorraine, belle-sœur du Roi. Sans parler des promenades, des festins, des habillemens dont plusieurs coûtaient plus de 10,000 écus de ce tems, ce qui fait bien 80,000 francs du nôtre, je m'arrêterai à deux ballets qui furent représentés en cette occasion. L'un fut donné le jeudi 19 octobre. « On le

» nomma, dit le journal de l'Etoile, le ballet des
» chevaux, auquel les chevaux d'Espagne, cour-
» siers et autres, en combattant, s'avançaient, se
» retournaient, contournaient au son et à la ca-
» dence des trompettes et des clairons, y ayant
» été dressés cinq mois auparavant. »

Sophie. — J'ai vu chez Franconi des chevaux
danser le menuet et la gavotte, suivre la mesure
avec exactitude, et tracer régulièrement toutes
les figures ; mais je ne croyais pas que ces danseurs-là fussent aussi habiles, il y a deux cent
cinquante ans.

Moi. — Il y a bien plus long-tems, ma chère
amie ; les Romains connaissaient ces sortes de spectacle : ils se donnaient même le plaisir de voir
danser la gavotte à des éléphans, ce qui paraît
plus difficile, mais enfin,

« .... en son histoire
Pline le dit, il faut le croire. »

Il attribue l'invention des ballets de chevaux aux
Sybarites. Les Florentins en donnèrent, en 1608
et en 1615, de magnifiques. Le carrousel de
Louis XIII, en 1662, et ceux de Louis XIV, furent fameux par des danses de cette espèce. Le
pas, pour un cheval, se compose d'un *saut*, d'une
cabriole et d'une *courbette* [1].

---

[1] Je lis dans un journal hollandais, cette note sur une
espèce de danseurs encore plus singulière. « Parmi la foule

Sophie. — Ils en sauront bientôt autant que nous; heureusement qu'il nous reste la pirouette

» de gens qui vivent de leur industrie à Joanna dans l'Inde,
» ceux qui excitent le plus d'étonnement, et en même tems
» la terreur des Européens, sont les hommes qui font dan-
» ser les serpens. Cette terreur augmente encore lorsqu'on
» apprend que les serpens qui servent à cette sorte de spec-
» tacle, sont de la classe la plus venimeuse, leur morsure
» étant suivie d'une mort certaine, dans l'espace de quinze
» minutes. Ces serpens, qui se trouvent en abondance à la
» côte de Coromandel, ainsi que partout dans l'Inde, sont
» appelés *cobra capello*, ou serpens coiffés : leur longueur est
» de trois à quatre pieds, et leur couleur est jaune avec des
» taches noires; leur forme ressemble à celle des autres ser-
» pens en Orient, excepté qu'ils ont sur la tête une espèce
» de poche qui n'est guère visible lorsque l'animal est dans
» un état de tranquillité, mais qui s'enfle lorsqu'il est excité
» par la colère ou par le plaisir. La qualité qui distingue ce
» serpent de toutes les autres espèces, est sa passion pour la
» musique. Les Indiens qui gagnent leur vie en les montrant
» au public, sont aussi ceux qui les prennent; et comme la
» méthode qu'ils emploient pour cet effet n'est pas généra-
» lement connue, le récit de ce qui s'est passé à la maison
» du gouverneur de Pondichéry peut présenter quelqu'intérêt.
» Pendant qu'on était à dîner, un domestique vint pour
» avertir la famille qu'un grand *cobra capello* était entré dans
» la cave; on donna aussitôt les ordres pour chercher un de
» ces hommes qui font profession de prendre des serpens;
» chacun s'étant rendu à la cave, lorsqu'il arriva, il com-
» mença par examiner le lieu, et s'assura que le reptile était
» caché; puis s'accroupit, et se mit à jouer d'un instrument
» ressemblant à un flageolet. Il ne se passa pas une minute

et l'entrechat. Mais, mon ami, s'il n'y eut que des chevaux qui dansèrent aux noces du duc de Joyeuse, il n'y a encore rien à dire à M. Blasis.

Moi. — Oh! point du tout; les hommes et les dames de la cour dansèrent aussi. Il paraît même qu'en ce tems-là, on ne se fatiguait pas aisément;

» qu'un *cobra capello*, d'environ trois pieds de long, sortit
» de dessous une natte, et se plaça près de l'homme en se
» levant et donnant un mouvement de vibration au haut de
» son corps, ainsi qu'en enflant sa poche, signe évident du
» plaisir que l'animal ressentait. Lorsque tous les assistans
» eurent satisfait leur curiosité, le Malabar, saisissant l'animal
» par le bout de la queue, le prit avec rapidité, et le mit
» dans un panier vide. Avant de l'admettre dans la troupe des
» danseurs, il fut nécessaire de lui ôter les moyens de nuire.
» Pour cet effet il fut mis en liberté par terre, et ensuite pro-
» voqué par des coups qu'on lui donnait avec un morceau de
» de drap rouge au bout d'un bâton, jusqu'à ce qu'à la fin
» il sauta en fureur sur le drap, qu'on secoua avec tant de
» force, que ses dents furent arrachées, ensuite on le prit
» par la queue, et on le mit dans le panier. Les paniers
» dans lesquels on garde les serpens, et dont les Indiens
» portent ordinairement six, sont plats et ronds, et attachés
» comme des échelles à chaque bout d'un bambou qui est
» porté sur les épaules. Celui qui les expose en public,
» commence par ranger les paniers devant lui en demi-cercle,
» et fait sortir les serpens l'un après l'autre. Au son de l'ins-
» trument, l'animal se dresse, en se reposant avec un tiers
» de son corps par terre; sa poche s'étend, et il se balance;
» un œuf dur est la nourriture qu'il reçoit journellement. »

car le ballet de *Circé et des nymphes*, représenté au Louvre dans la grande salle de Bourbon par la reine, les princesses et tous les seigneurs de la cour, commença à dix heures du soir, et n'était pas fini le lendemain à trois heures du matin. L'abbé de la Chenaye fut chargé des vers, Beaulieu de la musique, et Jacques Patin des décorations. Mais l'homme qui se distingua le plus dans cette fête, et dans toutes les autres de ce siècle, fut Balthazar de Beaujoyeux. La description imprimée du ballet de Circé, en trois actes, dont il fut l'auteur, prouve qu'il avait du goût et de l'imagination. C'était un Italien nommé d'abord Baltazarini, un des meilleurs violons de l'Europe. Le duc de Brissac l'envoya à Catherine de Médicis, qui en fit son valet-de-chambre. On ne parlait que de lui à la cour. Je trouve dans mes notes un compliment que lui adressa un poète du siècle.

« La rime n'est pas riche, et le style en est vieux ; »

mais il prouve la gloire qu'avait acquise le plus ancien de nos maîtres de ballets :

« Beaujoyeux, qui, premier, des cendres de la Grèce,
Fais retourner au jour le dessin et l'adresse
Du ballet composé, en son tour mesuré ;
Qui d'un esprit divin toi-même le devance,
Géomètre inventif, unique en ta science,
Si rien d'honneur s'acquiert, le tien est assuré. »

On est bientôt forcé de détourner les yeux des

divertissemens de la cour d'Henri III ; sa mère avait mis au nombre de ses moyens de politique la corruption du cœur de son fils. Le roi, dans les fêtes, se déguisait en femme, les femmes en hommes ; et dans un bal donné par la reine à Henri III, les plus belles dames de la cour servirent la gorge découverte et les cheveux épars.

SOPHIE. — Mon ami, je vais vous faire une réflexion bien sérieuse ; mais nous autres femmes, nous prenons toujours des nuances plus ou moins fortes du caractère de ceux avec qui nous vivons. Vous finiriez par me rendre aussi grave que vous. Pour en venir à ma réflexion, je crois, en vérité, que nous valons mieux que nos pères. Au moins, savons-nous mettre dans nos fêtes plus de galanterie qu'eux, et autant de volupté, sans déguiser les marquises et les comtesses en bacchantes.

MOI. — Vous avez raison, mon amie ; et le pire de tout, c'est quand les bacchanales servent à couvrir les Saint-Barthélemi, quand on médite des crimes au milieu des fêtes ; quand on désigne de l'œil, parmi les danseurs, les victimes et les bourreaux, et c'est ce que des historiens du tems reprochent à Catherine de Médicis [1] ; il n'y eut à

---

[1] Voyez le premier volume des *Essais de Traduction*, par Aignan. Il y a un passage curieux traduit de l'italien sur les préparatifs de la Saint-Barthélemy.

la cour d'Henri IV ni Saint-Barthélemy ni bacchanales, ce qui n'empêcha pas d'y danser beaucoup. Vous savez que les Béarnais ont eu de tout
tems la réputation d'excellens danseurs ; car on en
voit six, dès le siècle d'Isabeau de Bavière, exécuter aux noces de cette princesse, une danse du
pays, laquelle, au rapport de Froissart, fut
trouvée fort plaisante ; je puis même joindre
le nom du guerrier et galant Henri à ceux du
saint roi David et du philosophe-empereur Julien,
dont je vous parlais dans mes premières lettres.
Henri égala, surpassa peut-être, ces deux danseurs couronnés. Un avantage, au moins qu'il
eut sur eux, c'est qu'une de ses productions a
paru à l'opéra. Henri était fameux dans les *tricotets ;* il ajouta un pas qui a conservé son nom ;
c'est un trépignement de pieds qu'il fesait en
dansant la fin du dernier couplet des tricotets,
qui est sur l'air : *Vive Henri IV.* Ce trépignement marque exactement la valeur de ces mots :
de boire et de battre. Il fut introduit par Gardel
l'aîné dans le ballet de *Ninette à la cour,* donné
en 1780, et y fut fort applaudi. C'est par la danse
que ce bon roi se délassait des fatigues de la
guerre. On trouve dans les mémoires du tems
qu'on exécuta plus de quatre-vingts ballets depuis 1589 jusqu'en 1610, sans compter les bals
et les mascarades. Sully, le grave Sully, était l'ame

de ces divertissemens. Il dit lui-même que le roi
trouvait toujours qu'il y manquait quelque chose
quand Sully n'y était pas. « Il ne fut question,
» dit-il dans ses mémoires, pendant tout le tems
» du séjour de Henri en Béarn, que de réjouis-
» sances et de galanteries. Le goût de Madame
» sœur du roi, pour ces divertissemens, lui était
» d'une ressource inépuisable. J'appris auprès de
» cette princesse le métier de courtisan, dans lequel
» j'étais fort neuf. Elle eut la bonté de me mettre
» de toutes les parties; et je me souviens qu'elle
» voulut bien m'apprendre elle-même le pas d'un
» ballet qui fut exécuté avec beaucoup de magni-
» ficence.... L'hiver de 1608, dit-il ailleurs, se passa
» tout entier en de plus grands divertissemens en-
» core que les autres, et dans des fêtes préparées
» avec beaucoup de magnificence..... L'arsenal
» était toujours l'endroit où s'exécutaient ces jeux
» et ces spectacles, qui demandaient quelque
» préparation.... J'avais fait construire à ce sujet
» une salle spacieuse, ... etc. » Ce fut pendant
un de ces ballets qu'on apprit au roi la prise d'A-
miens par les Espagnols. « Ce coup est du ciel,
» dit Henri; c'est assez fait le roi de France, il est
» tems de faire le roi de Navarre; » et se tournant
vers la belle Gabrielle, « Ma maîtresse, lui dit-il,
» il faut quitter nos armes, monter à cheval pour
» commencer une autre guerre. »

SOPHIE. — Tous ces mots d'Henri IV sont charmans; il est vraiment le roi des femmes, et croyez que ce n'est pas un petit éloge que je lui donne là. C'est lui supposer de la bravoure, de la générosité, de la galanterie, de la fidélité à sa parole; enfin tout ce qu'une femme aime à trouver dans son amant. Au reste, il paraît que décidément on ne peut être un grand roi sans être un bon danseur. Nous avons déjà bien des exemples pour nous; et tenez, je ne sais ce qui va suivre, mais quelque chose me dit que Louis XIV était un danseur parfait, et qu'au contraire la danse doit fort peu de chose à son prédécesseur et à son successeur, dont vous ne m'avez pas souvent fait l'éloge.

MOI. — Je vois que vous adopteriez volontiers une maxime chinoise qui dit « Qu'on peut juger » d'un souverain par l'état de la danse durant son » règne. » Il faut avouer cependant que Louis XV a laissé un nom estimable dans le menuet. Pour Louis XIII, sa cour fut sombre comme il l'était lui-même; et, comme les extrêmes se touchent, la tristesse ne fut interrompue que par la plus grossière bouffonerie. Voici le titre d'un des ballets où dansa Louis : XIII *Le ballet de maître Galimathias, pour le grand bal de la douairière de Billebahaut et de son fanfan de Sotteville.* Le duc de Nemours, qui était l'ordonnateur de toutes ces belles choses, s'avisa de donner, en 1630, le ballet *des Goutteux;* et, ayant lui-même la goutte, mais à un point qui l'empêchait de remuer, il se fit apporter dans son fauteuil au milieu de la danse, dont il marquait la mesure avec son bâton. Cependant il y avait alors un maître à danser de quelque mérite, celui d'Anne d'Autriche, qui s'appelait *Boccane*, et qui inventa la danse de son nom. Ce fut Louis XIII qui établit des maîtrises pour les maîtres de ballet et joueurs de violon; mais cette institution nuisit plutôt qu'elle ne servit à la danse. Un nommé Durand fut chargé de la direction des ballets; c'était un courtisan sans talent et sans goût, qui n'eut d'autre mérite que la faveur du cardinal de Richelieu. Ce cardinal, protecteur ardent, mais souvent peu éclairé, des arts; qui, tout en créant l'Académie, protégeait *Mirame* et persécutait *le Cid*, voulut aussi donner au grand ballet une physionomie plus sérieuse : mais il ne fit que substituer aux plates bouffonneries du duc de Nemours, une affectation ampoulée. Jugez-en par le ballet de *la Prospérité des armes de France*. L'enflure paraît dès l'avertissement du programme.

« Après avoir reçu tant de victoires du ciel, » dit-il, ce n'est pas assez de l'avoir remercié » dans les temples, il faut encore que le ressen- » timent de nos cœurs éclate par des fêtes publi-

» ques. C'est ainsi qu'on célèbre les grandes fêtes:
» une partie du jour s'emploie à louer Dieu, et
» l'autre aux passe-tems honnêtes. Cet hiver doit
» être une longue fête après de longs travaux;
» non-seulement le roi et son grand ministre,
» qui ont tant veillé et travaillé pour l'agrandis-
» sement de l'État, et tous ces vaillans guerriers
» qui ont si valeureusement exécuté ses nobles
» desseins, doivent prendre du repos et des
» divertissemens; mais encore tout le peuple doit
» se réjouir, qui, après ces inquiétudes dans l'at-
» tente des grands succès, ressent un plaisir aussi
» grand des avantages de son prince, que ceux-
» mêmes qui ont le plus contribué pour son service
» et pour sa gloire. » Tout le reste du programme
répond à l'avertissement. Le premier acte se passe
en enfer. L'Orgueil, l'Artifice, le Meurtre, la
Tyrannie, le Désordre, l'Ambition, Pluton, avec
quatre démons, Proserpine et les trois Parques,
les Furies, un aigle, deux lions, Mars, Bellone,
la Renommée, la Victoire et l'Hercule français,
paraissent et dansent tour-à-tour. Au deuxième
acte, on revient sur la terre. On voit d'abord les
Alpes, Casal et un camp; des Fleuves italiens,
français et espagnols se battent, se fuient et se
poursuivent les uns les autres. Tout à coup, la
scène change; c'est Arras emportée par les Français; les Flamands les reçoivent, tenant à la

main des pots de faro et de lambic[1]. Pallas célèbre cette conquête. Au troisième acte, nous sommes sur mer ; voyez-vous les Sirènes, les Néréides, les Tritons, l'Amérique et tous ses peuples ? voyez-vous les vaisseaux français et espagnols ? Le combat s'engage ; la victoire est à nous, et tout finit par une pompe triomphale. Le ciel s'ouvre au quatrième acte ; Vénus, Mercure, Apollon, les Grâces, l'Amour, Bacchus, Momus, dansent ensemble, sans oublier l'aigle et les lions du premier acte, qui reviennent pour se faire assommer par Hercule, si Jupiter ne s'y opposait. Le cinquième acte nous ramène sur la terre. Nous y voyons les plaisirs, les jeux, l'abondance et la bonne chère ; et au milieu de tout cela, un arlequin de ce tems, nommé *Cardelin*, fesant des exercices périlleux sur la corde et sur des rhinocéros assez apprivoisés probablement pour le supporter. Au sixième acte....

SOPHIE. — Ah ! mon ami, j'espère qu'il n'y en a que cinq. Je suis étourdie de votre ballet ; quel mélange indigeste ! quel fatras ridicule ! que de gens sont étonnés de se voir ensemble ! Mais une représentation pareille devait durer un siècle, et coûter des sommes immenses ?

---

[1] Espèce de bière fort commune en Flandre.

Moi. — Pour le tems, chère amie, il ne fait rien à l'affaire ; quant à l'argent, on employa dans ce ballet les décorations et les habillemens de la tragédie de Mirame, représentée, en 1639, et pour laquelle on avait dépensé plus de 900,000 liv. Au reste, quoi qu'en disent les historiens de la danse, les Anglais et les Italiens ne valaient pas mieux que nous alors. Vous pouvez avoir une idée des ballets italiens par celui *des Montagnes* dont je vous ai parlé dans ma dernière lettre. En Angleterre, les danseurs étaient dès-lors des Français, comme ils l'ont toujours été, et les programmes de leurs ballets intitulés : *Le Temple de l'Honneur, dont la Justice est établie solennellement la prêtresse ; la Religion réunissant la Grande-Bretagne au reste de la terre*, ne nous donnent pas une grande idée de leur talent, ni pour la composition ni pour l'exécution ; mais nous voici au règne de Louis XIV ; samedi prochain nous parlerons du grand roi tout à notre aise. Peut-être même cette sérieuse conversation n'a-t-elle déjà que trop duré : ce ne sera pas auprès de vous cependant que je m'excuserai de l'avoir prolongée. Ici, comme à la répétition, vous vous faites un jeu de ce qui serait pour d'autres une fatigue, et tous les jours vous donnez un démenti aux méchans qui veulent que tout l'esprit d'un danseur soit dans ses jambes ; sans doute, vous en avez beaucoup dans le coude-pied ; mais il vous en reste encore assez dans la tête pour faire tourner celle de quelques gens qui ne se laissent pas prendre à un entrechat.

SOPHIE. — Eh! mon vieil ami, est-ce auprès de John Bull que vous avez appris ces galanteries ? Je veux vous prouver cependant que je mérite vos éloges, en ne vous laissant pas aller que vous n'ayez épuisé vos notes. J'y vois encore des choses que vous ne m'avez pas expliquées. Qu'est-ce ceci, *Benserade , prince de Poix....* Et plus bas : *années* 1641 , 51, 61, 71, 81.

MOI. — Benserade, mon amie, était un poète de la cour de Louis XIV. Il mit en rondeau les Métamorphoses d'Ovide. On y trouve des vers assez singuliers ; c'est lui qui disait, en parlant du déluge :

« Dieu lava bien la tête à son image. »

Quoi qu'il en soit, c'était un homme d'esprit, et qui excellait dans la composition des ballets de ce tems. Le prince de Poix, qui avait fait quelques jolis vers, crut pouvoir lutter contre Benserade, parce qu'il était prince, et que toute la cour lui annonçait d'avance un triomphe assuré. Le 13 février 1664, on joua le ballet *des Amours déguisés,* de la composition du prince de Poix. Le roi et toute la cour y dansèrent ; le ballet n'en parut pas meilleur, et l'on revint à Benserade. Alors, selon l'usage de la race irritable des auteurs, Benserade se moqua du prince, et le prince répondit aigrement à Benserade; c'est probablement à l'occasion de ce ballet que fut rédigée la liste des danseurs de la cour de France, dont M. Despréaux possédait le manuscrit original, et qu'il a publiée sous ce titre : *État des sujets de la danse employés aux fêtes de la cour en 1664.* On y retrouve les plus grands noms de la noblesse française; je ne m'étonne pas que plusieurs regrettent le tems passé; on n'y dansait pas bien, mais on y dansait beaucoup. Voyez, mon amie, *les sujets de la danse* d'alors; ce ne sont pas seulement les artistes de profession qu'on y trouve, comme Beauchamps, Molière, Lully, etc.; c'est le roi, la reine, Monsieur, Mme la comtesse de Soissons, Mlle de Nemours, les ducs de Sully et de Saint-Aignan, les marquis de Rassan, de Saucourt, de Genlis; les duchesses de Foix, de Sully, de Créqui, de Luynes, Mme de Montespan, Mlles de Montansier, d'Elbeuf, d'Arquien, depuis reine de Pologne, de Brancas, de Caraman, de Sévigné, et une foule d'autres.

Sophie. — Je crois que M. Gardel, qui nous trouve déjà si difficiles à gouverner, aurait eu bien une autre peine avec un pareil corps de ballet. Je me le figure, lui qui nous fait trembler toutes, s'avançant le chapeau à la main, d'un air mielleux, et avec trois révérences, dire : Si Sa Majesté daignait battre un entrechat à six? Mme la comtesse de Genlis voudrait-elle se dessiner un peu mieux? Oserais-je prier Mlle de Caraman d'arrondir un peu le bras? Mais enfin l'ancien tems peut encore revenir.

Moi. — Je ne le souhaiterais pas à notre noblesse; car si les talens de Benserade ont fait passer de si mauvais momens au prince de Poix, une seule roturière comme vous ferait donner au diable toutes les marquises et les comtesses. Vous savez d'ailleurs que le fameux Marcel, qui était infiniment au-dessous de M. Gardel, sous tous les rapports, ne se gênait guères en pareil cas avec des écolières titrées. On prétend qu'il disait à l'une d'elles : « Madame, vous venez de faire la révé- » rence comme une servante. » A une autre : « Madame, vous venez de vous présenter en » poissarde de la halle. Quittez, Madame, ce » maintien délâbré; recommencez votre révé- » rence ; n'oubliez jamais vos titres de noblesse, » et qu'ils vous accompagnent dans vos moindres » actions. » Voilà l'effet de l'engagement du public sur le charlatanisme et la vanité. La plupart de ces messieurs sont de même; témoin ce maître de danse du duc d'Oxford, qui, apprenant qu'E- lisabeth venait de nommer son élève grand-chan- celier, s'écriait : « En vérité, je ne sais quel

» mérite la reine peut trouver à ce Barlay ; je l'ai
» eu deux ans entre les mains, et je n'en ai jamais
» pu rien faire. »

Sophie. — Vous voilà bien irrité contre les danseurs. Au reste, je suis assez de votre avis ; je n'aime pas que nous nous donnions dans la société une ridicule importance. Je laisse volontiers à vos pantomimes romains l'honneur, assez dangereux, à ce qu'il paraît, d'exciter des guerres civiles. J'aime à rester dans mon obscurité : tout le monde cependant ne pense pas comme moi. Mlle Noblet, par exemple, est une excellente danseuse ; mais faire un poème à sa gloire, et intituler ce poème l'*Albionade*, comme si on allait chanter toute l'Angleterre depuis la création jusqu'au lord Wellington, c'est un peu trop fort.

Moi. — Ah! chère Sophie, il y a de la jalousie dans votre fait.

Sophie. — Non vraiment, mon ami, personne ne rend plus que moi justice au rare talent de Mlle Noblet; je m'estimerais heureuse de pouvoir seulement en approcher ; mais, si jamais mes admirateurs voulaient communiquer au public leurs sentimens pour moi, je les prierais de me faire respirer un encens un peu moins fort et moins épais que celui qu'on brûle en son honneur dans la brochure que vous voyez sur ma toilette.

Moi. — Le titre m'en paraît bien long.

Sophie. — Oh ! ce n'est pas là le titre de l'ouvrage, mais les titres de l'auteur. Voyez un peu :
« Auteur des tragédies de Darius, de la Saint-
» Barthélemi, de la comédie du Médecin libéral,
» ainsi que de plusieurs opéras et productions
» politiques, et d'un projet d'hygiène et de sta-
» tistique médicale et universelle, approuvé par
» l'académie de médecine de Paris; inventeur du
» polydrame, espèce de tragédie à grand spec-
» tacle, d'un système d'application du télégraphe
» à l'usage du commerce, ainsi que de nouveaux
» ordres d'architecture, et d'une manière incon-
» nue de bâtir les maisons et les villes ; auteur
» enfin de plusieurs ouvrages en prose sans *hia-*
» *tus,* en vers de seize et de quatorze syllabes, en
» vers blancs, en vers de huit et de douze syl-
» lables cadencés, etc., etc., etc., » dix pages
d'etc.

Moi. — C'est vraiment là un homme universel.
Boileau disait de son tems :

« Soyez plutôt maçon, si c'est votre métier. »

mais aujourd'hui nous sommes tout à la fois maçons, médecins, et poètes par-dessus le marché.
Au fait, quels sont donc dans tous ces vers-là les
éloges qui vous fâchent si fort ?

Sophie. — Quels ils sont, mon ami ? Eh, presque tous. Si vous me disiez avec emphase, lorsque j'aurais donné à quelques indigens une partie du produit d'une représentation à bénéfice :

« Honneur à ta grande ame, honneur au nom français,
Quand on l'illustre ainsi par de nobles bienfaits ! »

je supposerais que vous voulez vous moquer de moi ; à plus forte raison, si, me comparant tout bonnement à Napoléon, vous me donniez modestement l'avantage en vous écriant :

« Ton joli bras, du moins, n'a pas versé de sang ! »

Et qu'enfin vous ajoutiez, pour m'achever, que « vous m'épargnez, » que « je suis modeste, » et que « un compliment m'offense ». Si vous vous contentiez de dire que :

« Même en dormant, toujours avec grâce je pose. »

comme le dit notre auteur de Mlle Noblet, quoique ce fût un peu indiscret, je ne ferais pourtant que vous gronder de votre fatuité ; mais si, comme lui, vous assaisonniez tout cela de grossières et iusultantes plaisanteries contre mes camarades, alors je me fâcherais tout de bon.

Moi. — Que voulez-vous, chère amie, ce sont là les inconvéniens attachés au mérite. Pour moi, si jamais je chante vos louanges, ou si je fais la guerre aux envieux de votre talent, je tâcherai,

je vous le promets, de ne point, comme dit La-
Fontaine,

« Casser la tête à l'homme en écrasant la mouche. »

Mais il me semble qu'il se fait tard; l'heure de la
répétition approche; adieu. Allez faire part à
M. Gardel de vos réflexions à propos de danses
royales, et à Mlle Noblet de votre avis sur ses
adorateurs.

ENTRETIEN II.

———

Eh bien ! chère Sophie, dis-je à ma jeune élève en l'abordant, nous voici au règne d'un roi que vous aimerez sans doute autant qu'Henri IV. Il s'appelle *le Grand* comme lui ; il fut le meilleur danseur, et en outre le plus bel homme et le plus galant de sa cour. Ajoutez à cela qu'il a créé l'opéra.

Sophie. — Oh ! pour cette dernière œuvre, je l'en tiens quitte ; ce n'est pas là son plus grand titre à mon estime. Avouez, tout Gluckiste que vous êtes, que rien n'est ennuyeux par fois comme l'opéra. Ce nom seul ne vous fait-il pas frémir ?

Moi. — Par fois, je n'en disconviens pas ; mais on a eu tort de lier inséparablement ensemble, comme l'a fait depuis La Bruyère, l'idée d'ennui et celle d'opéra. L'opéra gagne à être connu ; souffrez donc que nous nous y arrêtions un peu, que je vous parle de Quinault et même de Lamothe.

Sophie. — Allons donc ! ne pourriez-vous pas vous dispenser de parler de l'opéra, comme on se dispense d'y aller; il y a tant de gens qui n'arrivent que pour le ballet.

Moi. — Oui, comme cet abbé qui ne trouvait que deux défauts à l'opéra, savoir : que les ballets n'étaient pas assez longs, et les jupes des danseuses pas assez....

Sophie. — Je connais votre impertinente anecdote ; il est vrai que depuis on s'est peut-être un peu trop corrigé de ces deux défauts-là ; mais avouez que, pour le premier chef au moins, on avait bien raison. Ainsi, voyons, faites comme tout le monde.

Moi. — Impossible, chère amie ; c'est aujourd'hui comme dans les grandes représentations, où la peur de ne plus trouver de place vous oblige à arriver à la première pièce. Il faut retarder vos jouissances, et vous êtes condamné à entendre pendant deux mortelles heures la délicieuse mélodie des Gluck et des Piccini. Que faire ? Tout plaisir s'achète ; ainsi, commençons notre opéra, et allons tout droit sans digressions et sans épisodes.

Sophie. — Pour cela, je ne vous en réponds pas ; et d'abord, me croyez-vous assez peu de curiosité pour oublier vos 4i, 5i, 6i, etc., que vous deviez m'expliquer samedi dernier. Il faut commencer, s'il vous plaît, par me rendre compte de ces nombres mystiques.

Moi. — Rien de moins mystique, chère amie, que ces nombres-là, quoiqu'au fait un danseur superstitieux pourrait bien attacher quelqu'idée de bonheur à la finale *un*. Le hasard a voulu que les premières années de chacune de ces dixaines aient été, pour la danse, des époques remarquables. En février 1641, fut joué le ballet de *la Prospérité des armes de la France*, dont je vous ai parlé, et qui, tout mauvais qu'il fut, eut du moins l'avantage de mettre un terme aux plates boufonneries du duc de Nemours. En 1651, au même mois, Louis XIV, âgé de treize ans, dansa pour la première fois en public dans le ballet de *Cassandre*. Je vous ai déjà décrit tant de fêtes que je ne m'arrêterai pas davantage sur celles qui embellirent la cour de ce prince. Vous pouvez les trouver partout, et entr'autres dans les anciennes éditions de Molière et de Quinault, dont les talens en firent le principal mérite. Tous les intermèdes ou entremêts, comme on les appelait autrefois, des pièces de Molière, *du Bourgeois gentilhomme*, *des Fâcheux*, *de Pourceaugnac*, des pastorales héroïques et comiques, sont des entrées parfaitement semblables à celles qui composaient un grand ballet du tems. La tragi-comédie de *Psyché*, pour laquelle Molière, Corneille et Quinault réunirent leurs talens, et qui, si l'on en excepte quelques scènes admirables, n'en vaut pas mieux pour cela, est coupée à chaque acte par des intermèdes de cette espèce.

SOPHIE. — Je me la rappelle parfaitement; je sais même que quelques-uns de ces intermèdes m'ont paru un peu singuliers. Vous souvenez-vous par exemple, du premier? Molière l'intitule : « Femmes désolées, hommes affligés, chantans » et dansans. » Cette opposition m'a toujours fait rire.

MOI. — Et en effet, elle est assez plaisante; mais il en était souvent de même; vous la trouverez dans bien des pièces de Quinault. On cherchait à rattacher, tant bien que mal, les intermèdes à l'action principale, quoiqu'ils s'en distinguassent assez d'ailleurs; car on y chantait, tandis que les actes se déclamaient; et quelquefois, comme dans celui que vous venez de citer, on y employait une autre langue que dans le reste de la pièce; mais on était habitué à ces bizarreries, et elles n'étonnaient personne. Au reste, Louis ne parut pas dans les intermèdes de Psyché; il ne dansa en public que jusqu'à l'âge de trente ans; le dernier ballet qu'il exécuta fut celui de *Flore*, donné en 1669. Il avait été, dit-on, frappé de ces vers de Racine dans Britannicus :

« Pour toute ambition, pour vertu singulière,
Il excelle à conduire un char dans la carrière,
A disputer des prix indignes de ses mains,
A se donner lui-même en spectacle aux Romains,
A venir prodiguer sa voix sur un théâtre..... »

Mais je doute de la vérité de l'anecdote. Racine, qui mourut du chagrin d'avoir été disgracié, était trop courtisan pour donner des avis à Louis XIV; et Louis, qui exila l'auteur de Télémaque, trop fier pour les suivre. Son âge plus mûr, son caractère, devenu plus grave avec l'âge, et les soins du gouvernement, plus multipliés depuis la mort de Mazarin, furent sans doute les seules raisons qui le déterminèrent à renoncer à la danse.

Sophie. — C'était sans doute à Versailles ou à Saint-Germain que Louis XIV donnait ses fêtes; j'imagine que la cour dansait rarement à Paris.

Moi. — Pardonnez-moi, Mademoiselle, on représentait souvent des ballets aux Tuileries, sur un théâtre remarquable par les sculptures et les tableaux qu'il contenait. Ce théâtre subsista jusqu'en 1793. On l'abattit alors pour construire une salle où s'assembla la Convention nationale; il devait être fort vaste, car la partie seule destinée aux spectateurs a suffi, pendant plusieurs années, à la Comédie française; l'autre partie servit six ans de suite aux représentations de l'Opéra.

Sophie. — Comment! nous avons été aux Tuileries; j'avoue que je ne soupçonnais pas tant d'honneur; j'avais bien entendu dire que l'opéra n'avait pas toujours occupé la salle de la rue de Richelieu, sans me douter qu'il fût entré dans le Carrousel. Mais dites-moi donc, par quel hasard nous sommes-nous trouvés aux Tuileries?

Moi.—Oh! ce n'est pas là votre seul changement de domicile. L'opéra est comme les danseurs, il ne garde pas long-tems la même place. Son histoire au reste n'est pas étrangère à celle de la danse. Comme il n'est point d'endroit au monde où l'on danse mieux qu'à l'opéra de Paris, comme l'opéra de Paris est la terre natale de tous les héros de la danse, et qu'elle s'est répandue de là dans toute l'Europe, l'édifice même devient précieux aux yeux d'un amateur, et acquiert tout l'intérêt qui s'attache à la patrie d'un art. Vous avez peut-être vu dans la rue Mazarine, vis-à-vis la rue Guénégaud, les débris d'un théâtre, qui lui-même avait succédé à un jeu de paume? Toutes les fois que vous passerez par là, Sophie, faites la révérence; c'est un hommage que la reconnaissance vous impose. C'est là votre berceau; c'est là que fut planté, en 1669, cet arbre dont les branches se sont étendues jusqu'à Pétersbourg et Rio-Janeiro. Mais les commencemens ont été pénibles. Avant d'atteindre cette hauteur où il est maintenant placé, il eut à lutter presque

pendant un siècle contre des obstacles et des difficultés de toute espèce. Souvent même il fut près
de sa ruine.

«....... Tant dut couter de peine
Ce long enfantement de la grandeur romaine! »

En 1669, l'abbé Perrin, introducteur des ambassadeurs auprès de Gaston, duc d'Orléans, ayant
obtenu du roi un privilége exclusif, s'associa le
marquis de Sourdac pour les machines, et Cambert pour la musique. Un certain Champeron
avança les fonds, et le 28 mars 1671, parut sur
le théâtre de la rue Mazarine, *Pomone*, pastorale
en cinq actes, paroles de Perrin, musique de
Cambert, et danse de Beauchamps. Tout cela
était pitoyable, ce qui n'empêcha pas la foule de
s'y porter pendant huit mois, si bien qu'au bout
de ce tems, Perrin retira 30,000 liv. pour sa
part; mais nos chasseurs, qui avaient été d'accord
pour poursuivre la proie, se divisèrent quand il
s'agit de la partager. Lully profita de ces divisions, expulsa Perrin et consorts, et quitta la rue
Guénégaud. Un autre jeu de paume....

SOPHIE. — Pardon, si je vous interromps, mon
cher maître; mais il me semble que les jeux de
paume tiennent une grande place dans l'histoire
de l'opéra.

MOI.—Certainement, mon amie, et dans d'autres
histoires aussi. Une jeune personne de votre nom

a été immortalisée par l'amour d'un homme qui alluma dans un jeu de paume un terrible incendie politique, je vous assure. Le chapitre des jeux de paume dans l'Histoire de France ne serait pas sans intérêt sous une plume habile. Le jeu où Lully s'établit était celui du *Bel air*, situé rue de Vaugirard près le Luxembourg. Il s'était associé Quinault pour les poèmes, et pour les machines Vigarani, un des hommes les plus habiles de l'Europe en ce genre. On y représenta les *Fêtes de Bacchus et de l'Amour*, où dansa ce noble corps dont je vous parlais samedi dernier. Molière étant mort l'année suivante, la salle du Palais-Royal, qu'il occupait, fut donnée à Lully. Voilà donc l'opéra transporté de la rue de Vaugirard dans la rue Saint-Honoré ; mais cette fois le bail fut plus long, car il y resta depuis le mois de juillet 1673 jusqu'en l'année 1763, où un incendie terrible consuma la salle. Ce malheur n'en fut pas un pour l'opéra ; la salle du Palais-Royal, gothique, obscure, bâtie dans un siècle où l'on n'avait aucune expérience de l'architecture théâtrale, n'était nullement propre à la magnificence de machines et de décorations que comportent les drames lyriques et les ballets. Ce fut après cet incendie que 'opéra occupa la salle des Tuileries ; on y joua *Castor et Pollux* en janvier 1764. Cependant on s'occupait de l'établissement d'une nouvelle salle ;

l'architecte Moreau en bâtit une aux frais de la ville sur un terrain du Palais-Royal donné par le duc d'Orléans. Elle était beaucoup plus vaste et plus riche que la première; mais, comme elle fut consumée en 1781, on ne se découragea point; la population de Paris ne pouvait plus se passer d'un Opéra. Lenoir, lieutenant de police, fit bâtir, en soixante-quinze jours, la belle salle qu'on nomme aujourd'hui le théâtre de la Porte-Saint-Martin. Elle servit aux représentations jusqu'en 1794, où le Gouvernement s'*empara* de celle que la demoiselle Montansier avait fait construire rue de Richelieu. L'Opéra y prit alors le nom de *Théâtre de la République et des Arts;* mais quelques années après, Napoléon lui rendit son nom d'*Académie de musique*, en y substituant, comme de raison, l'épithète d'*impériale* à celle de *royale*, qu'il a reprise depuis par suite des vicissitudes humaines.

Du théâtre Richelieu, vous fûtes, à l'occasion de l'assassinat du duc de Berry, transféré provisoirement, comme vous savez, au théâtre Favart, et provisoirement encore dans la rue Le Pelletier, sur lesquelles translations je m'abstiens provisoirement de faire aucune remarque, et pour cause.

Sophie. — Voilà toujours comme vous êtes;

s'agit-il de quelqu'événement passé il y a quatre
où cinq cents ans, et dont je ne me soucie guères ; vous me faites des commentaires à perte de
vue. Faut-il me donner votre avis sur quelque
anecdote toute fraîche, et qui m'intéresse, vous ne
dites mot. Je vous ai écrit en Angleterre, et sur
la rue de Richelieu, et sur la rue Favart, et sur
le nouvel Opéra, vous n'avez rien répondu.

Moi. — Vous savez, chère Sophie, qu'aujour-
d'hui, plus que jamais, trop parler nuit. J'en ai
vu tant d'exemples ! je connais entr'autres un
honnête vigneron, grand amateur de danse
comme moi, qui, s'étant avisé de réclamer pour
quelques paysans la permission de danser le dimanche, fut envoyé danser en prison (1). De
telles leçons, données à propos de tems en tems,
forment le cœur et l'esprit des jeunes gens, d'une
façon toute particulière, et les corrigent singulièrement de la manie des réflexions indiscrètes.
Restons donc encore à la cour de Louis XIV ;
nous pouvons parler librement de l'année 1661,
dire même un peu insolemment notre façon de
penser, sans crainte d'irriter la classe des danseurs
qui pirouettaient à cette époque.

' M. Paul-Louis Courrier, vigneron, ancien canonnier de
la garde, au sujet d'une brochure intitulée *Réclamations en
faveur de quelques paysans qui voulaient danser le Dimanche.*

Cette année 1661 est fameuse par la représentation de *la Toison d'or*, tragédie, ou plutôt opéra, de Corneille, où les machines inventées par le marquis de Sourdac, et les danses, se mêlèrent pour la première fois à la musique et à la poésie. Elle l'est encore plus par la fondation de l'Académie de danse, dont les membres jouissaient de tous les droits d'officier de la maison du roi; il n'y avait alors en France d'autre Académie que l'Académie française. La vôtre est la seconde en date; j'ai trouvé les *considérants* des lettres-patentes portant création de l'Académie de danse, assez curieux pour les transcrire; voici comment le roi s'y exprime :

« Bien que l'art de la danse ait toujours été
» reconnu l'un des plus honnêtes et des plus né
» cessaires à former le corps, et lui donner les
» premières et les plus naturelles dispositions à
» toutes sortes d'exercices, et entr'autres à ceux
» des armes, et par conséquent l'un des plus
» utiles à notre noblesse et autres qui ont l'hon
» neur de nous approcher, non-seulement en tems
» de guerre, dans nos armées, mais encore en
» tems de paix, dans les divertissemens de nos
» ballets; néanmoins il s'est, pendant le désordre
» et la confusion des dernières guerres, introduit
» dans ledit art, comme dans tous les autres, un
» grand nombre d'abus capables de les porter à

» leur ruine irréparable…. Beaucoup d'ignorans
» ont tâché de la défigurer et de la corrompre en
» la personne de la plus grande partie des gens
» de qualité ; ce qui fait que nous en voyons peu
» dans notre cour et suite, capables et en état
» d'entrer dans nos ballets, quelque dessein que
» nous eussions de les y appeler. A quoi étant né-
» cessaire de pourvoir, et désirant rétablir ledit
» art dans sa perfection, et l'augmenter autant que
» faire se pourra, nous avons jugé à propos d'é-
» tablir dans notre bonne ville de Paris une Aca-
» démie royale de danse, composée des treize des
» plus expérimentés dudit art, savoir :

MM. Galant du Désert, maître à danser de la reine.
     Prévot, maître à danser du roi.
     Jean Renaud, maître à danser de Monsieur.
     Guillaume Raynal, maître à danser du Dauphin.
     Guillaume Guéru.
     Hilaire d'Olivet.
     Bernard de Manthe.
     Jean Raynal.
     Nicolas de Lorges.
     Guillaume Renaud.
     Jean Picquet.
     Florent Galant du Désert.
     Jean de Grygny. »

SOPHIE. — Voilà donc les noms des pères de la
danse ! Mais savez-vous que Louis XIV était un

homme admirable; je serais d'avis que chaque danseur, à son début, fût obligé de prononcer publiquement l'éloge de ce prince.

Moi. — Comme autrefois, chaque académicien, à sa réception, fesait celui de Richelieu, n'est-ce pas? Mais vous oubliez, chère amie, que les danseurs, même académiciens, ne parlent jamais aussi bien avec leur langue qu'avec leurs pieds. Aussi votre Académie, la plus sémillante de toutes, comme dit Noverre, sauta légèrement sur ce glorieux titre. On n'y connaissait ni mémoires, ni discours, ni complimens, ni éloges. Les réceptions mêmes ne se fesaient point dans les salles du Louvre qui lui étaient destinées. L'*Épée de bois*, mauvais cabaret, était le lieu favori où se réunissaient les candidats. La mort enlevait-elle un membre de cette illustre Académie, on s'assemblait, on dînait bien, et l'on buvait gaîment au grand voyage du défunt.

Sophie. — Tout cela est charmant, et pouvait être très-gai, mais si j'osais, chétive écolière, me permettre de gronder nos maîtres, je leur témoignerais combien je suis étonnée de voir que leur Académie n'ait jamais cherché, comme cela semblait être le but de son institution, à nous laisser quelqu'ouvrage, quelque monument qui perpétuât les bonnes traditions en danse, et assurât, jusqu'à un certain point, l'existence des compositions de nos prédécesseurs. Car, autant que je puis voir, elles ne se conservent que par ouï-dire ; nous sommes obligés de croire sur parole ceux qui nous en parlent, et rien ne nous est parvenu qui puisse nous permettre de juger avec connaisrance de cause.

Moi.—On ne conçoit pas en effet que l'Académie n'ait rien publié qui ait pu justifier aux yeux du public l'utilité de son institution ; quelques-uns de ses membres, cependant, avaient eu le dessein d'avoir des espèces de mémoires à l'exemple des autres sociétés de littérateurs et d'artistes. Noverre proposait un plan qui n'a jamais été mis à exécution, et qui eût fait, au moins jusqu'à un certain point, passer à la postérité le mérite des maîtres de ballet et des danseurs habiles, qui ne laissent jamais, après qu'ils ont abandonné le théâtre, qu'un souvenir confus des talens qui faisaient l'admiration de leur siècle. Il eût désiré qu'un académicien chorégraphe eût été chargé du soin de tracer le chemin que parcouraient les danseurs sur la scène, et de dessiner les pas. Celui de la compagnie dont le style eût été le plus remarquable, eût expliqué tout ce que le plan géométrique ne pouvait présenter distinctement, eût analysé les pas, leurs enchaînemens successifs, les positions du corps, les attitudes, la pantomime, le jeu muet, etc. Enfin, quelque bon dessinateur, quelque graveur habile, eût fixé sur le papier et sur le cuivre les principaux groupes et les situations vraiment intéressantes des meilleurs ballets. Ce plan me semble utile et bien conçu.

Sophie. — Ne trouvez-vous pas qu'au moins la dernière idée de Noverre vient d'être exécutée en partie par M. Blasis, à la fin de son ouvrage sur la danse, que je vous montrais samedi dernier? On y voit dessinés les positions, les pas et quelques groupes de ballets.

Moi. — Sans doute, et j'approuve beaucoup sa méthode d'indiquer aux élèves les principales positions et la vraie manière de se dessiner dans les diverses attitudes, par des lignes droites auxquelles il donne, ainsi qu'à leurs combinaisons respectives, les dénominations adoptées par les géomètres, de *perpendiculaires, horizontales, obliques,* etc.; car d'ailleurs les dessins de groupes qu'il a donnés, outre qu'ils sont en trop petit nombre, ne sont pas parfaitement exécutés. Quoi qu'il en soit, l'intention est bonne, et en appliquant ce travail aux compositions de nos grands maîtres, il rentrerait à peu près dans le plan de Noverre; mais il ne faudrait pas oublier l'explica-

tion développée par écrit , et le dessin chorégraphique des chemins et des pas.

Sophie. — Mais qu'appelez-vous dessin *chorégraphique ?* Y a-t-il, pour mettre sous les yeux
un pas quelconque, un autre moyen que de
représenter le danseur dans la position exacte où
il se trouve en exécutant ce pas ?

Moi. — Je doute qu'il pût y en avoir, aujour-
d'hui que la danse s'est si prodigieusement compliquée ; mais on en a tenté, et il s'est formé une
sorte d'art , nommé *chorégraphie*, avec lequel on
écrivait la danse à l'aide de différens signes,
comme on écrit la musique. Les Égyptiens
avaient , dit-on, inventé des caractères hiérogly-
phiques pour représenter la danse. Les Romains
avaient découvert une méthode dont je vous ai
parlé dans mes lettres, pour peindre le geste et
l'espèce de danse nommée *saltation.* Les modernes
perdirent cet art ; mais , en 1588, il fut retrouvé,
au moins à ce que prétend Furetière , dans son
Dictionnaire historique , par un nommé Thoi-
net Arbeau , que quelques-uns disent avoir été
chanoine à Langres, et qui y fit imprimer un Traité
qu'il intitula *Orchésographie.* Je ne sais si ce livre
existe encore quelque part ; je n'ai jamais pu me
le procurer. D'autres assurent que la chorégraphie
nous est venue de Hollande. Quoi qu'il en soit ,

Beauchamps, danseur sous Louis XIV, lui donna une nouvelle forme, et en fut déclaré l'inventeur par arrêt du parlement. Le seul traité de chorégraphie que j'aie lu, a été composé par MM. Feuillet et Desaix, maîtres de danse, et gravé à Paris en 1709 et 1713. Le hasard me fit tomber un jour ce volume sous la main; quand je l'ouvris, je le pris pour le grimoire de quelque livre de magie. D'une cinquantaine de danses qui s'y trouvent gravées, j'en ai détaché seulement deux, et les ai mises dans mes notes, pour vous les montrer, si l'occasion s'en présentait; les voici [1]; l'une est une danse de Pécourt, qu'on nomme *la Conty*, et l'autre un couplet *des Folies d'Espagne*, avec un accompagnement de castagnettes.

Sophie. — Ah, mon Dieu! qu'est-ce que c'est que toutes ces lignes les unes dans les autres; ces ronds, ces points, ces petites barres?

Moi. — Je serais fort embarrassé de vous expliquer le tout bien précisément; je tâcherai cependant, tant bien que mal, de vous en donner une idée. Prenons *la Conty*, qui est la plus simple; cette page représente la salle de danse elle-même. L'air noté tient, pour ainsi dire, la place de l'orchestre.

[1] Voyez-en, au commencement du volume, les *fac simile*.

Dans le fond de la salle, sont la danseuse, sous la
figure de deux demi-cercles, et le danseur, indi-
qué par un seul que vous voyez en-bas de la page.
Ces demi-cercles sont coupés par une petite ligne
horizontale qui marque de quel côté est tourné le
visage de la personne. Ici, par exemple, les deux
acteurs regardent l'orchestre. Les grandes lignes
perpendiculaires ou courbes qui parcourent toute
la page, tracent le chemin que doivent parcourir
dans la salle le danseur et la danseuse : ce chemin
est coupé par autant de petites lignes qu'il y a
de mesures dans l'air. Les pieds des deux personnages doivent se trouver, en commençant, à la
quatrième position ; c'est ce que désignent ces
petits cercles placés sur le chemin ; ils représentent les talons, et le bout de la ligne qui est jointe,
la pointe du pied. Dans la danse qui nous occupe,
la mesure est à 6/4 ; mais, comme vous voyez, la
première mesure est incomplète ; et, pour faire
entendre que l'on ne doit entrer en danse qu'avec
la seconde, on indique près du chemin, par un
soupir, le tems, et par une petite ligne oblique,
la mesure, pendant lesquels on ne danse point.
Si la ligne oblique traversait entièrement le chemin, il faudrait rester une mesure entière sans
danser. Viennent ensuite les pas ; leur figure est
exprimée par ces lignes diverses qui coupent le
chemin. Ils commencent au point noir, et finis-

sent par une petite ligne, qui forme avec eux un angle plus ou moins aigu, et qui marque en même tems, par sa position, comment le pied droit est placé en terminant le pas. Quand les deux pieds doivent agir en même tems, ou que deux ou trois pas sont tellement liés ensemble qu'ils paraissent n'en former qu'un, ces pas sont alors réunis par une ligne courbe.

SOPHIE. — J'entends très-bien. Maintenant, que signifient toutes ces petites lignes droites, obliques, circulaires qui semblent se détacher du pas ?

MOI. — Elles signifient que, tout en exécutant les pas, vous devez plier, glisser, sauter, élever le talon ou la pointe du pied, faire un demi-tour, un quart de tour à droite ou à gauche, etc. Ainsi l'on indiquait par des figures particulières, non-seulement toutes les espèces de pas dont on se servait alors ; les droits, les ouverts, les ronds, les tortillés, les battus, les croisés, les emboîtés, les coupés, les jetés, les chassés et tant d'autres, mais aussi tous les mouvemens de la jambe, du genou, du pied qui devaient accompagner ces pas ; les grands et les petits ronds de jambe, les sauts, les cabrioles, les pirouettes mêmes, et les entrechats, quand il y en avait, ce qui était extrêmement rare.

SOPHIE. — Fort bien ; mais la danse ne com-

prend pas seulement l'action des pieds, elle s'occupe encore de celle des bras. La laissait-on au
goût du danseur, ou l'exprimait-on par quelqu'autre signe?

Moi. — On l'écrivait comme celle des pieds;
on écrivait les mouvemens du poignet, ceux du
coude et ceux du bras; comme vous le voyez dans
le couplet des Folies d'Espagne, où tous ces mouvemens sont tracés à droite et à gauche du chemin. Ce couplet a même quelque chose de plus
singulier; on y a marqué, par des notes placées
au-dessous de l'air, le battu et le roulé des castagnettes, que cette danse exige. Je voudrais vous
expliquer ces signes des bras; mais, outre que
mon explication pourrait bien n'être pas fort lu-
cide, il y en aurait pour une journée entière.

Sophie. — Mais en effet, il me semble qu'il fallait
des années pour apprendre cette langue-là, et que
même le plus expert devait passer trois ou quatre
heures à déchiffrer vingt mesures, qu'un élève
ordinaire saisirait aussitôt si on les exécutait deux
ou trois fois sous ses yeux.

Moi. — C'est ce dont on s'aperçut bientôt; je
me rappelle qu'un certain M. Guillemain, maître
de danse, auteur d'une *Chorégraphie* ou *Art de
décrire la danse*, dédiée à Mlle Crillon, se plaint
dans son livre que déjà de son tems l'on avait

abandonné l'ancienne chorégraphie. On y a substitué, dit-il, une chorégraphie bâtarde, où il n'y a ni bras ni jambes, où l'on se contente d'indiquer le dessin de quelques pots-pourris ou contredanses figurées. Depuis M. Guillemain, le mal a si bien empiré, que l'on a même renoncé à cette chorégraphie bâtarde. Noverre, qui était un juge compétent dans ces matières, dit qu'il avait bien su la chorégraphie; qu'ensuite il l'a oubliée entièrement, et que jamais il n'a eu occasion ni de se féliciter de l'avoir apprise, ni de se repentir de l'avoir oubliée. L'Encyclopédie donne une autre chorégraphie trouvée dans les manuscrits d'un sieur Favier; l'idée première est à peu près la même que celle de Feuillet; mais, pour décider quelle est la meilleure dans les détails et l'exécution.... Eh bien! mon amie, qu'avez-vous donc à rire? Rien n'est aimable, sans doute, comme le sourire d'une jolie femme; mais je ne vois pas que MM. Guillemain ou Feuillet soient des personnages fort plaisans.

Sophie. — Je ris d'une pensée qui me vient à l'esprit.

Moi. — Et peut-on chercher, sans indiscrétion à connaître cette pensée?

Sophie. — Je me rappelle que vous me disiez si fermement en entrant ici, que vous alliez me parler malgré moi de Quinault et de Lamotte, sans épisode ni digression, et au fait, voilà notre heure écoulée, sans que vous m'en ayez dit un mot.

Moi. — Très-bien, Mademoiselle; sans doute vous pouvez rire, mais venez me répéter ensuite, comme vous le faites si souvent, que je devrais donner au public les lettres que je vous ai écrites sur la danse, et même nos conversations ! Et de quel front voulez-vous que je lui présente des conversations décousues, sans suite ni liaison; où l'on ne va jamais au fait, où l'on ne dit pas un mot de ce qu'on a promis de dire, et que vous vous plaisiez vous-même à bouleverser? Croyez-vous que mon lecteur, quand il s'ennuiera, pourra se donner, comme vous, la distraction de fouiller dans des notes, de faire sa toilette, ou d'essayer un pas devant une glace?

Sophie. — Et qui l'en empêchera?

Moi. — Oh! si rien ne l'en empêche, j'en vois d'ici plusieurs qui prendront la pâte d'amande ou l'eau de Cologne, quand ils seront arrivés à notre conversation d'aujourd'hui; il serait fort possible qu'elle ne les amusât guère.

Sophie. — Et même qu'elle les ennuyât beaucoup, car nous avons été bien sérieux.

Moi. — S'il est ainsi, permettez-moi au moins,

en finissant, de me reconcilier avec eux par quelques petits mots sur Quinault; je ferai tous mes efforts pour être plaisant.

Sophie. — Impossible, cher maître, il est trop tard aujourd'hui; il faut garder vos plaisanteries, et les aiguiser jusqu'à samedi prochain.

Moi. — Eh bien! cruelle, puissent retomber sur vous toutes les malédictions que me donnera le plus ennuyé de mes lecteurs!

« C'est ainsi qu'en partant je vous fais mes adieux. »

ENTRETIEN III.

Cette fois Sophie n'était pas seule ; deux personnages, âgés d'environ soixante ans, causaient
avec elle. Une mise élégante jusqu'à l'affectation,
un pantalon que Potier lui-même n'aurait pas refusé ; un bas de soie fin, un escarpin qui couvrait
à peine l'orteil ; les pieds parfaitement en-dehors ;
et sur la physionomie, une expression de sourire
habituel qui semblait fixée là comme par la main
d'un peintre, pour y rester tant que la figure sub-
sisterait, tout m'apprit en un instant que j'avais
l'honneur de saluer deux danseurs.

Messieurs, leur dit Sophie, je prends la liberté
de vous présenter un expert dans notre art. Monsieur est mon maître, et c'est à ses conseils que je
dois le peu de talent que vous avez bien voulu
quelquefois remarquer en moi.

Mon air lourd, mes grosses bottes et mes lunettes démentaient tellement l'espiègle, que ces
Messieurs ne purent s'empêcher de jeter sur moi
ce regard de doute désobligeant que Chicaneau
jette sur l'Intimé, lorsqu'il lui dit :

> « Mais je ne sais pourquoi, plus je vous envisage,
> Et moins je me remets, Monsieur, votre visage ;
> Je connais force huissiers.... »

13*

Je les tirai bientôt d'embarras. Sophie, leur
dis-je, en m'appelant son maître de danse, donnait un nom beaucoup trop honorable à quelques
aperçus que je lui avais communiqués sur la pan-
tomine. Un compliment en exige un autre. Ces
Messieurs voulurent aussi être mes élèves, et
m'entendre développer mes idées sur leur art. Je
parlai, ils répliquèrent ; nous ne fûmes pas toujours d'accord, comme on peut le penser ; nous
nous revîmes plusieurs fois ; on disputa, on plai-
santa ; de toutes ces conversations, laissant de
côté ce qui n'intéresserait guère le lecteur, ou
sortirait de mon sujet, j'ai extrait ce dialogue-ci
et les trois suivans. Je n'ai su que par la suite le
nom de mes interlocuteurs ; mais je leur conserverai celui que je leur prêtai d'abord dans mon
esprit, et qui rend assez bien l'idée que leurs
discours me donnaient de leur caractère. L'un se
nommera *Héraclite*, homme de sens, profond
dans la théorie comme dans la pratique de son
art, mais un peu lourd et diffus ; médiocrement
prévenu d'ailleurs en faveur de son siècle, et
paraissant frondeur par tempérament. J'appellerai
l'autre *Démocrite*, fou de la danse actuelle, sau-
tillant, fredonnant, pirouettant, riant aux
éclats, parce qu'il avait encore toutes ses dents,
qu'elles étaient passablement blanches, et qu'il
était bien aise qu'on le sût ; ne prononçant pas

les *r*, comme Alcibiade, qui était un fort joli garçon, et comme un fameux chanteur de notre siècle, qui n'avait de commun avec Alcibiade que le grasseyement.

Sophie commence *ex abrupto.*

SOPHIE.—Eh bien! maître, nous étions, ce me semble, samedi dernier à l'opéra, et vous vouliez me parler de Quinault.

DÉMOCRITE. — Quinault, chère enfant! j'ai vu souvent son nom sur l'affiche, un feseur de paroles d'opéra; *il signor poeta* de la troupe, n'est-ce pas?

La raison dit Vestris, et la rime Quinault.

Je ne sais où j'ai lu cela, mais j'en ai conclu que notre art ne lui doit pas grand'chose, et qu'il ne devait pas être un fort bon danseur.

HÉRACLITE. — Toi, tu ferais mieux de te taire, quand il s'agit de littérature. Tu danses bien, ou, pour mieux dire, tu as bien dansé; restes-en là. Ici pourtant tu as raison, quant au fond. Quinault, loin d'avoir bien mérité de la danse, me semble la cause de l'état stationnaire où elle est si long-tems restée. Je ne vois pas dans ses opéras l'ombre d'un ballet d'action. On y danse fort peu, si ce n'est quelques divertissemens çà et là, dont la plupart même ont été ajoutés long-tems après lui.

SOPHIE. — Prenez garde, Monsieur ; vous attaquez un des favoris de notre maître, il aime singulièrement Quinault, et il allait dernièrement
m'en faire un pompeux éloge, n'eût été qu'il n'a
pas trouvé le tems d'en dire un mot.

MOI. — Vous êtes bien railleuse aujourd'hui,
ma belle amie, mais vous y serez attrapée ; et si
je n'ai pu parler de Quinault samedi dernier,
cette fois-ci je prends la balle au bond, et vous
ne l'échapperez pas. Sans doute Quinault est un
des hommes habiles qui ont illustré le siècle de
Louis XIV. Il a tous les caractères du génie ; d'a-
bord il a créé un genre ; car l'opéra n'est ni la
tragédie grecque, ni la française, ni l'anglaise :
le nom même de tragédie lyrique, qu'il lui donna,
n'est pas juste, et a égaré les critiques ; l'opéra
est un genre à part comme la tragédie et la comédie ; ensuite le genre qu'il a créé est vaste et
fécond ; car son idée fut de réunir, dans un spectacle brillant et bien ordonné, tous les arts capables de toucher le cœur, et d'enchanter l'imagination et les yeux ; la poésie, la musique, la danse,
la peinture ; enfin, le genre qu'il a créé, il l'a
perfectionné, ou du moins, aucun de ses successeurs n'a été plus loin que lui. Il devina, par un
instinct de génie, ce que les autres, et surtout
Métastase, n'ont pas compris, c'est que le véritable domaine de l'opéra est la féerie, la mytho-

logie, l'idéal, et non pas l'histoire, le positif et la réalité. Quant au feseur de paroles, comme vous l'appelez, nul poète, si l'on excepte Racine, n'a mieux coupé et disposé le vers lyrique pour le chant ; j'avoue qu'on trouve chez lui de la fadeur et du mauvais goût : et bien des passages qui rappellent le mot de Figaro : « Ce qui ne vaut pas la peine d'être dit, on le chante ; » mais il y a des morceaux pleins de verve, et presque partout une douceur exquise qu'on chercherait vainement ailleurs. Boileau lui fit, dans son siècle, une fort mauvaise réputation ; mais lorsqu'il parle

> « De tous ces lieux communs de morale lubrique,
> Que Lully réchauffa des sons de sa musique ; »

il se trompe doublement, et je me rappelle des vers où Laharpe se montre bien meilleur critique et comme poète et comme musicien :

> « Boileau crut que Lully, qu'on a tant surpassé,
> Faisait valoir Quinault, qu'on n'a point effacé ;
> Il fallait que le tems vengeât l'auteur d'Armide ;
> Ce juge du talent en sa faveur décide,
> Chaque jour à sa gloire il paraît ajouter.
> Aux dépens du poète on n'entend plus vanter
> Ces accords languissans, cette faible harmonie
> Que réchauffa Quinault du feu de son génie. »

HÉRACLITE. — Ce n'est pas sous le rapport de la poésie que je vous disputerai le mérite de Quinault ; ce n'est pas là mon affaire ; mais je persisterai à soutenir que la danse ne lui doit rien du tout. Je serais plutôt de l'avis de Noverre, que j'ai beaucoup connu, et que je suis fier d'avoir eu pour maître; en tout ce qui regardait la danse d'opéra, il préférait Lamotte à Quinault : il pensait que le *ballet-opéra*, genre nouveau, créé par Lamotte, en 1697, prêtait beaucoup plus à la danse que tout ce qu'avait fait l'auteur d'Armide.

Moi. — Vous m'excuserez de ne point partager là-dessus l'avis de votre maître. Lamotte, l'homme le plus anti-poétique qui ait jamais écrit en vers, ne saisit le genre de Quinault que pour le gâter; et d'abord, ne croyez pas que le ballet-opéra soit un genre nouveau; c'est tout bonnement le genre de Quinault, qui rétrograde. Quinault avait mis dans l'opéra l'unité d'action ; Lamotte fit reculer l'opéra, en créant un spectacle de chant et de danse, formé de plusieurs actions, toutes indépendantes, et n'ayant entr'elles d'autres liaisons qu'un rapport vague et indéterminé. Sans doute, on y dansait; mais cette danse doit être considérée plutôt comme le rétablissement du grand ballet que comme la création du ballet moderne. Aussi fit-on justice de la musique et des paroles.

« On voit sur tous les quais les notés innocentes
Des *Noces-de Thétis* et des *Indes galantes*. »

Il en fut de même des *Élémens*, des *Amours des*

Dieux, de l'*Europe galante*, d'*Issé*, du *Carnaval* et la *Folie*, etc. Je sais bien que dans ces sortes d'ouvrages, c'est la danse qui est l'objet principal; mais est-ce un mérite pour un opéra?

HÉRACLITE. — Ce n'est pas non plus ce que je demande de Quinault; je n'aurais pas exigé qu'il s'occupât exclusivement de la danse; mais j'aurais voulu du moins qu'il ne l'eût pas entièrement oubliée.

MOI. — Et croyez-vous donc qu'il l'ait oubliée en effet, et que, voulant réunir tous les arts par un lien commun, il eût fait cette injure à celui de tous qui parle le plus aux yeux? On a remarqué avant moi tous les passages qui, dans Armide et ailleurs, peuvent prêter à la danse; mais il n'est pas un opéra de Quinault où l'on n'en trouve de semblables. N'est-ce pas un vrai tableau de danse, et même des plus animés, que celui qui termine le premier acte d'Alceste, quand, sous les ordres d'Éole, les zéphirs et les aquilons dissipent les orages? Le premier acte de Thésée est terminé par une danse guerrière d'une vive et brillante expression : celle des démons autour d'Églé au troisième acte, l'île enchantée du quatrième nous rappellent les scènes les plus terribles et les plus gracieuses du joli ballet de Psyché; ce qui ajoute au mérite de ces dernières danses, c'est qu'elles sont mêlées de chants.

SOPHIE. — C'est aussi, mon ami, une chose que j'aime beaucoup que cette union du chant et de la danse, quand la musique est simple et mélodieuse. Vous rappelez-vous, par exemple dans Fernand-Cortez, ces danses de sauvages prêts à immoler les prisonniers espagnols, accompagnées par un double chœur ? elles me semblent du meilleur effet.

MOI. — Imitation des Grecs, ma chère amie.

SOPHIE. — Oh! j'étais sûre que vous trouveriez encore cela chez les Grecs ; car vous y trouvez tout.

MOI. — Mais c'est qu'on y a trouvé bien des choses, à commencer par le poème épique, et à finir par le noble jeu de l'oie. Quant à mes chœurs, je rencontre dans Eschyle, le plus ancien des tragiques, des modèles de pareils ballets d'action ; celui des furies dans les *Euménides*, celui des Danaïdes s'approchant de l'autel avec des rameaux dans les *Suppliantes*, sont de vrais ballets dans le genre de ceux dont vous parlez. Ce qui me semblera assez original, c'est que souvent une partie du chœur dansait ou gesticulait ce que l'autre chantait. Il en était de même à Rome dans plusieurs pantomimes ; et, tout singulier que, dans nos habitudes de scène, puisse nous paraître un tel partage, je le concevrais assez.

Héraclite. — Pour moi, je le conçois d'autant mieux que je me rappelle parfaitement en avoir vu un exemple à Vienne. Gluck, dans un opéra italien, eut besoin d'un grand nombre de choristes ; et, à défaut d'autres, il voulut employer les chantres de la cathédrale. Mais il fut impossible de les déterminer à accompagner leur chant du moindre geste ; on leur aurait plutôt cassé bras et jambes que de leur faire plier le coude ou tendre le jarret. Gluck désespéré, communiqua son embarras à Noverre ; celui-ci lui proposa de distribuer les chanteurs, et de les placer derrière les coulisses, en sorte que le public ne pût les apercevoir ; et de les remplacer sur le théâtre par l'élite de son corps de ballet, auquel il fît faire tous les gestes propres à l'expression du chant. La chose était si bien combinée que le public resta persuadé que les personnages agissant sur le théâtre, étaient les mêmes que ceux qui chantaient. Étant alors fort jeune, il n'est pas surprenant que j'y aie été trompé comme les autres ; j'en parlai depuis à Noverre, qui m'apprit tout le secret, et je l'ai souvent, par la suite, entendu conter cette anecdote [1].

---

[1] En 1786 il y avait à Paris, au Palais Royal, dans la

DÉMOCRITE. — Mais, pour en revenir à nos moutons, car quand tu es sur Noverre, tu ne taris pas, il me semble extraordinaire que tous les beaux ballets que Monsieur trouve dans Quinault n'aient pas été aperçus pendant qu'il vivait, et que même long-tems après lui, il n'en fût pas question ; c'est pourtant ce qu'on m'a assuré.

Moi. — Je l'avoue ; mais cela tient à deux raisons. La musique lourde et traînante de ce tems, ne se prêtait nullement à la danse. Le petit Molière et Lully avaient voulu donner un peu de vivacité à celle de leurs prédécesseurs ; mais leurs essais ne furent pas heureux. Rameau, qu'on a

salle occupée plus tard par la troupe Montansier, puis par les Variétés, et aujourd'hui par le Café de la Paix, un théâtre élevé sous le nom de *Petits Comédiens* DE BOIS *de M*ᵍʳ *le comte de Beaujolais.* Le directeur ayant obtenu de jouer, en outre de ses marionettes, des pantomimes avec des personnages *vivans*, imagina de représenter de petits opéras, par le même moyen, c'est-à-dire par de doubles acteurs qui parlaient et chantaient dans les coulisses. L'illusion était si complète, qu'il se fesait journellement des paris dans la salle, que c'était de l'acteur en scène que l'on entendait la voix. On y représenta des pièces qui eurent beaucoup de vogue ; bien des personnes peuvent se rappeler *le Vieux Soldat, la Ruse d'Amour, l'Heureux Dépit, la Noce Béarnaise*, dont la musique était délicieuse. Ce théâtre ne périt que par la faute de celui qui le dirigeait, et par suite de la liberté illimitée dont jouirent bientôt les entrepreneurs de spectacles.

tant vanté, ne réussit guères mieux. La musique française ressemblait toujours, comme disait Jean-Jacques, à une vache qui batifole; et plus d'un siècle se passa avant que nous eussions ce qu'on pût appeler une musique dansante. Et puis, en supposant qu'on eût de la musique, il n'y avait pas de danseurs. Jusqu'au moment de la création de l'opéra, la danse était un spectacle uniquement réservé pour la cour; les personnes de qualité seules savaient danser. L'opéra en fit un spectacle public; mais on eut pour toute ressource au commencement quelques maîtres de danse en si petit nombre, et tellement médiocres qu'on ne pouvait monter aucun ballet sans s'adresser aux danseurs de la cour. C'est ainsi qu'au ballet des *Fêtes de l'Amour et de Bacchus*, donné, en 1672, par Lully et Desbrosses, on vit le grand écuyer, les ducs de Montmouth et de Villeroy, et le marquis de Rossen, danser en public devant Louis XIV, et ils choisirent pour leurs partners Beauchamps, Saint-André, Faviere et La Pierre, danseurs fort insignifians, quoique les premiers de leur siècle.

HÉRACLITE. — Mais il me semble, Monsieur, que vous parlez bien légèrement d'hommes qui n'étaient pas dénués de toute espèce de mérite. J'ai recueilli avec soin tout ce qu'on a dit ou écrit sur les anciens de notre art; ce sont mes grands hommes à moi.

DÉMOCRITE. — Oh! là-dessus, vous pouvez l'en croire ; il est d'une science prodigieuse. Il vous dira exactement l'année, le mois et le jour de là naissance, du début et de la mort du moindre danseur de corde, à partir du règne de Dagobert, et peut-être combien de pirouettes chaque danseur a pu faire dans sa vie.

MOI. — Mais j'aime beaucoup cette science des faits; c'est auprès des personnes qui ont ainsi embrassé tous les details, et acquis des connaissances positives qu'on trouve à s'instruire davantage. Je vous écoute, Monsieur, avec le plus grand plaisir. Vous vouliez, ce me semble, nous parler de Beauchamps.

HÉRACLITE. — Beauchamps, directeur de l'Académie de danse, compositeur et surintendant des ballets du roi, en 1661, maître des ballets de l'Opéra, en 1671 ; mort en 1704 ou 5, n'était pas un homme ordinaire. La Bruyère, en le critiquant dans ses *Caractères,* prouve, par sa critique même, qu'il fesait des pas difficiles pour le siècle où il vivait. « Voudriez-vous, dit-il, en s'adres-
» sant aux femmes de son tems, voudriez-vous le
» sauteur *Cobus*, qui, jetant ses pieds en avant,
» tourne une fois en l'air avant que de tomber à
» terre ? Ignorez-vous qu'il n'est plus jeune ?.... »

Moi. — Je ne sais pas trop si c'est à Beauchamps ou à Lebasque, autre danseur de l'Opéra,
que La Bruyère applique ces paroles. Mais puisque nous en sommes sur ce chapitre, quel est
l'autre danseur dont La Bruyère parle un peu plus
haut sous le nom de *Bathylle* ?

Héraclite. — Oh ! celui-là c'est Pécour, premier danseur et maître des ballets de l'Opéra, qui
débuta, en 1674, et mourut en 1729. Il était supérieur à Beauchamps. Voici le passage : « Où trou-
» verez-vous, dit La Bruyère à *Lélie*, je ne dis
» pas dans l'ordre des chevaliers, que vous dédai-
» gnez, mais même parmi les farceurs, un jeune
» homme qui s'élève si haut en dansant, et qui
» fasse mieux la cabriole ?.... Pour celui-là, ajouta-
» t-il un peu plus bas, la presse y est trop grande,
» et il refuse plus de femmes qu'il n'en agrée. »

Sophie. — Il paraît, Messieurs, que si vos prédécesseurs n'étaient pas si habiles que vous, ils
étaient beaucoup plus heureux ; et je doute
qu'aucun moraliste pût dire de nos danseurs ce
que La Bruyère a dit de Pécour.

Moi. — C'est encore une réforme de notre
siècle. En général, nos danseurs d'aujourd'hui,
comme nos acteurs, vivent tranquillement et
honorablement ; et si quelqu'un d'eux a des bonnes

fortunes, au moins ne font-elles pas autant de bruit.

DÉMOCRITE. — Ma foi, moi, je vote pour les mœurs du bon vieux tems. Comment! mais savez-vous que Pécour était l'amant, et l'amant favorisé, de Ninon? rien que cela. C'était d'ailleurs un garçon d'esprit, à ce qu'il paraît. Il avait pour rival le maréchal de Choiseul, grand seigneur que Ninon estimait beaucoup, tout en lui préférant Pécour. On dit qu'un jour le maréchal rencontra chez leur maîtresse commune le danseur vêtu d'un habit équivoque qui ressemblait assez à un uniforme. « Ah! ah! lui dit-il d'un ton railleur, et » depuis quand militaire, M. Pécour? dans quel » corps servez-vous donc? — Maréchal, répondit » Pécour, je commande dans un corps où vous » servez depuis long-tems. »

MOI. — Le calembourg est assez bouffon; au reste, je ne vois guère, après Pécour, aucun danseur qui ait acquis une réputation bien méritée jusqu'au grand Dupré, qui parùt, je crois, en 1720.

HÉRACLITE. — Oh! vous allez beaucoup trop vite. Entre Pécour et Dupré, n'avons-nous pas Blondy, neveu de Beauchamps; Feuillet et Desais, qui firent paraître la chorégraphie; Ballon, qui fut maître à danser de Louis XV; Baudiery-

Laval, neveu de Ballon; son fils, Michel-Jean Baudiery-Laval, maître à danser des enfans de France, et maître des ballets de la cour et de l'Opéra? J'en pourrais nommer encore d'autres. Tous ces gens-là ne manquaient pas de talens; le dernier surtout, qui était non-seulement un fort bon danseur, mais un excellent machiniste.

Sophie. — Mais en tout ceci, Messieurs, permettez-moi de vous dire que vous n'êtes pas fort galans; vous avez déjà nommé huit ou dix danseurs et pas encore une danseuse. Est-ce la faute de notre sexe, ou celle de votre mémoire? Je pardonnerais cet oubli à mon cher maître, il arrive de Londres; mais à vous, Messieurs!

Moi. — Nous n'avons tort, mon aimable élève, ni les uns ni les autres. Les seuls coupables en tout cela, ce sont nos pères, et encore furent-ils moins coupables que malheureux. Ils étaient privés de ce qui fait tout le charme des ballets modernes; ils n'avaient point de danseuses : vous concevrez difficilement des représentations où M. Gardel remplirait les rôles de sa femme, où Paul remplacerait Mlle Clotilde, et Albert Mlle Bigottini; où l'on ne verrait point les délicieux trios des Noblet, des Fanni Bias, des Masrélié; où Aladin, premier personnage de l'opéra *la Lampe merveilleuse*, changerait en soldats toute l'armée enchanteresse qu'il commande. Eh bien ! nos pères en étaient là, et ils s'imaginaient avoir des ballets : des danseurs déguisés en femmes en remplissaient les rôles, et ce ne fut qu'en 1681, remarquez l'influence des unités, que l'on vit danser pour la première fois quatre femmes dans le ballet du *Triomphe de l'Amour*, exécuté à Saint-Germain devant le roi et toute la cour. Aussi faut-il descendre jusqu'en 1730 ou 40, pour trouver une danseuse de quelque renom.

Héraclite. — On cite, vers 1710, Mlle Subligny et Mlle Prévot, qui courait assez joliment le passe-pied ; plus tard Mlles Carville et Le Breton ; mais, comme vous le dites, il n'y a point de danseuse vraiment remarquable jusqu'à Mlles Sallé et Camargo.

Sophie. — Enfin voilà deux noms qui ne me sont pas inconnus. Vous m'avez cité sur elles de jolis vers qui, autant que je puis me les rappeler, distinguaient bien leur genre opposé.

Moi. — Ils sont de Voltaire, et furent adressés à Mlle Sallé :

> Ah ! Camargo, que vous êtes brillante !
> Mais que Sallé, grands dieux ! est ravissante !
> Que vos pas sont légers, et que les siens sont doux !
> Elle est inimitable, et vous êtes nouvelle :
> Les Nymphes sautent comme vous,
> Et les Grâces dansent comme elle. »

Héraclite. — C'est bien là le portrait des deux

danseuses. Mon père, qui débuta en 1740, avait vu Mlle Camargo, qui ne se retira que dix ans après; c'était une femme d'esprit; fort gaie sur la scène et fort triste à la ville, qui n'était ni jolie ni bien faite, mais légère, et la légèreté était alors un mérite fort rare. Elle exécutait avec une extrême facilité *la royale* et *l'entrechat* coupé sans frottement, tems fort agréables, qui ensuite passèrent de mode, je ne sais trop pourquoi. Mlle Sallé, au contraire, était pleine de grâces; une figure noble, une belle taille, une danse expressive et voluptueuse sans sauts ni gambades; elle n'a jamais fait un entrechat ni une pirouette.

DÉMOCRITE. — Allons donc, et c'est-là ce que tu appelles une jolie danseuse! Et de quoi, diable, se composait sa danse s'il n'y entrait ni pirouette, ni entrechat! Elle devait être d'un froid glacial. Pas un entrechat, c'est à n'en pas revenir.

HÉRACLITE. — Non, Monsieur, pas un entrechat. Et qu'y a-t-il donc là qui vous paraisse si étrange? Savez-vous qui battit les premiers entrechats? c'est Mlle Camargo, en 1730, et elle ne les battit qu'à quatre. Trente ans plus tard, Mlle Lamy, excellente danseuse d'ailleurs, les battit à six, ensuite on les battit à huit. Et où s'arrêtera-

t-on maintenant ? J'ai vu dernièrement un danseur les frotter à seize en avant. Mais croyez-vous
que j'admire beaucoup tous ces tours de force ? Il
en est de même de vos pirouettes. On n'en avait
pas vu une seule sur notre théâtre avant 1766.
C'est Mlle Heinel, élève de Lépy, et ensuite
épouse de Gaëtan-Vestris, et un nommé Ferville,
qui les apportèrent alors de Stuttgard à Paris.
Depuis, les pirouettes sont devenues une fureur:
c'est à qui fera les plus rapides, et les prolongera
davantage. Et cependant, tel est l'empire du bon
goût, qu'on applaudit M. Gardel de n'en avoir
pas admis une seule dans son ballet de *Paul et Virginie*, en 1806. Je passe à un danseur d'orner son
exécution de quelques pirouettes, pourvu qu'il
ne les prodigue pas. Mais pour nos dames, je ne
connais rien qui leur donne un air plus gauche.
Notre scène ressemble quelquefois à une table
sur laquelle des enfans s'amuseraient à jouer au
tonton. Noverre avait calculé, et son calcul est
bien modeste, qu'en supposant dans un grand
ballet tous les sujets employés, et chacun d'eux
fesant seulement six pirouettes, trente multiplié
par six, donnera cent quatre-vingts pirouettes qui,
évaluées à six tours chacune, produisent mille
quatre-vingts tours. Il y a de quoi fatiguer les
meilleurs yeux.

Sophie. — Il est vrai que quand je vois deux ou trois danseuses pirouetter à la fois, je me rappelle ces derviches dont vous me parliez dans une de vos lettres, et qu'on aurait pris pour des parapluies ouverts tournant sur leurs manches.

Héraclite. — Exactement. Ne croyez pas au reste que l'absence des entrechats et des pirouettes empêchait Mlle Sallé d'être extrêmement applaudie : elle alla deux fois à Londres; on se battit à la porte du théâtre pour la voir. On lui jetait sur la scène des bourses pleines d'or et des billets, et l'on prétend que le jour de sa représentation à bénéfice, elle gagna plus de 200,000 francs.

Démocrite. — 200,000 francs! c'est beaucoup. MM. les Anglais se sont bien corrigés d'un enthousiasme si expansif. Et puis tout cela ne prouverait encore rien en faveur de Mlle Sallé. On dansait si mal alors que quelques pas un peu mieux dessinés fesaient crier au miracle; aujourd'hui, si l'on voulait faire justice à tout le monde, toutes les bourses d'Angleterre n'y suffiraient pas; le génie court les rues.

Héraclite. — Sois sûr, malgré tout cela, que nous ne sommes pas tellement supérieurs à nos pères que nous n'ayons plus rien à apprendre d'eux; et, sans Noverre, le vrai restaurateur de la danse....

SOPHIE. — Eh bien! que faites-vous donc ? vous cherchez votre chapeau ; mais vous nous quittez bien brusquement.

DÉMOCRITE. — Belle Sophie, il y a bien quarante ans que nous nous connaissons, monsieur et moi, quoiqu'il soit mon aîné de dix bonnes années pour le moins : mais pendant ces quarante ans, il m'a si souvent parlé de Noverre, son maître, le plus grand génie qui ait jamais illustré la danse, l'inimitable modèle des maîtres de ballets, que depuis long-tems j'ai l'habitude, dès qu'il entame ce sujet-là, de le laisser pérorer tout seul.

En finissant ces mots, Démocrite s'approcha de Sophie, et lui effleura d'un baiser très-léger le dos de la main ; puis, élevant son chapeau à la hauteur de son épaule droite, et abaissant ensuite sa tête vers le chapeau par un mouvement oblique répété deux ou trois fois, avec vivacité et familiarité, ce qui est une salutation du dernier goût, « Enchanté, me dit-il, d'avoir fait » votre connaissance ; nous aurons le plaisir de » nous revoir, et de continuer notre conversation » quand il ne sera plus question de Noverre. Et

» toi, cher ami, adieu, sans rancune : viendras-tu
» ce soir à l'opéra ? » Et là-dessus, sans attendre
la réponse, Démocrite en deux sauts se trouva
au bas de l'escalier.

ENTRETIEN V.

J'étais depuis quelque tems chez Sophie, quand je vis entrer Héraclite, fidèle à la parole qu'il nous avait donnée le samedi précédent. Je le croyais seul, mais son sémillant confrère ne tarda pas à paraître.

Comment, lui dis-je, je ne vous espérais pas aujourd'hui. D'après votre profession de foi de samedi dernier, je ne pensais pas que vous viendriez vous exposer à une oraison funèbre de Noverre.

Démocrite.—Que voulez-vous? ce sera peut-être la centième; une de plus ou de moins ne fera rien sur le nombre. D'ailleurs, j'ai bien entendu celle de Quinault, j'en entendrai bien une autre.

Sophie. —Bien répondu, et vous le méritiez, cher maître.

Moi.—Ma foi! je passe condamnation; chacun les siens; je suis pour le poète; Monsieur, pour le maître de ballets : son ami ne se soucie guères plus peut-être de l'un que de l'autre. Tout cela est très-bien; pour ma part, d'ailleurs, sans faire de **Noverre** mon héros, il me semble que je lui ai toujours rendu justice.

SOPHIE. — Toujours, c'est beaucoup dire; avouez que vous conservez un petit levain de rancune contre un homme qui s'avise de nous croire supérieurs aux Grecs et aux Romains, et d'appeler leurs savans amis les *Don Quichottes de l'antiquité.* Oh! vous ne le lui avez jamais pardonné.

MOI. — Excusez-moi, et je le lui pardonne de tout mon cœur; quant à son éloge, si je ne le fais pas, c'est qu'il l'a fait assez souvent lui-même dans son livre pour dispenser les autres de recommencer. Avouez que quand un homme écrit: *J'ose dire, sans amour-propre que j'ai ressuscité l'art de la pantomime,* on n'a pas besoin de rien ajouter, et on peut bien lui reprocher même un peu de vanité.

HÉRACLITE. — Cette vanité-là, Monsieur, n'était qu'une justice qu'il se rendait; que Voltaire ne dédaigna pas de proclamer, et que la France et toute l'Europe répétèrent avec lui. Car, pour sentir tout le mérite de Noverre, il faut se reporter au moment où il parut, et se représenter quelle était la danse d'alors. Vous nous avez parlé du peu de progrès de la musique pendant le règne de Louis XIV, et presque tout celui de Louis XV; il est hors de doute que la faiblesse de l'une fut la cause de celle de l'autre. On ne peut dessiner des pas légers sur des airs lourds, ni des mouvemens animés sur des motifs sans expression; la musique entraîne la danse. Un autre mal c'était l'obstination à suivre toujours le même chemin sans vouloir s'en écarter d'un pas. Je ne prétends point qu'il faille s'éloigner trop promptement de la route tracée par l'expérience de nos pères; mais quand un homme de génie se présente, on a tort, ce me semble, de ne pas essayer au moins ses idées de perfectionnement.

Moi. — Sous ce rapport, Monsieur, je suis parfaitement de votre avis, et voici une remarque que j'ai eu souvent occasion de faire. Il n'y a point au monde de peuple plus inconstant que nous en certaines choses, et d'une immobilité plus obstinée en d'autres. Les constitutions et les modes, les lois et la forme des chapeaux varient à chaque moment. Quelquefois même nous avons aimé à faire table rase, à détruire jusqu'aux fondemens, et à les jeter loin de nous pour bâtir sur nouveaux frais. Mais dans les arts, c'est tout autre chose. Que de peines pour substituer la mélodie italienne aux hurlemens de l'ancien opéra français!

Au milieu de quels sifflemens et de quels combats se sont hasardées les modifications que des hommes habiles ont voulu faire subir à notre système dramatique, aussi fécond peut-être en erreurs de théorie, qu'il l'est en chefs-d'œuvre d'exécution ! On aimait les vers de Quinault, et l'on était las de la musique de Lully; mais, comme cette musique avait été primitivement attachée aux pièces de Quinault, on ne souffrait pas qu'aucun compositeur s'exerçât sur ces pièces, et il ne fallut pas moins que tout le génie et l'adresse de Gluck pour faire rapporter cette loi.

HÉRACLITE. — Eh bien ! il en était de même pour la danse. Le ballet d'action n'était pas encore créé, mais on avait le ballet-opéra et les divertissemens des opéras ; on aurait pu les perfectionner. Point du tout, ces divertissemens étaient fixés, et l'on ne sortait jamais de la routine consacrée. En tout opéra, on avait des passe-pieds au prologue ; des musettes au premier acte ; des tambourins au second ; des chaconnes et des passacailles au troisième et au quatrième ; et, pour varier, des passacailles et des chaconnes, et des tambourins, et des musettes et des passe-pieds. En tout cela, ce n'était pas la marche de l'opéra qui décidait, mais des considérations qui lui étaient tout-à-fait étrangères. Tel danseur excellait dans les chaconnes, telle danseuse dans les musettes. Or, comme il fallait que dans chaque opéra, tous les premiers sujets dansassent chacun dans leur genre, et que le meilleur dansât le dernier; c'était d'après cette loi, et non d'après l'action du poème, que les pas etaient réglés; et cela était d'autant plus inévitable que jamais le poète, le musicien, le maître des ballets, le costumier, le décorateur ne se consultaient sur rien. Les lignes étaient tracées; chacun de son côté parcourait éternellement les mêmes, sans s'inquiéter qu'elles aboutissent au même point; aussi avait-on la plus grande peine à déraciner le mal. Pour qu'un seul eût quitté ses habitudes de routine, il aurait fallu que tous les quittâssent en même tems; qu'on s'entendît, qu'on se concertât; et c'était demander l'impossible.

DÉMOCRITE. — *Bravo, bravissimo!* tu parles comme un livre. Ce qu'il y a de curieux, c'est que samedi dernier tu voulais nous faire admirer tout cela.

HÉRACLITE. —Prends garde; samedi dernier je ne t'ai parlé que des danseurs; et les danseurs de ce tems, je le soutiendrai toujours, n'étaient pas à dédaigner. Fossan était un comique fort agréable et très-spirituel. Tu ne lui reprocheras pas à celui-là de manquer de légèreté; il tombait plutôt dans l'excès contraire, car c'est à lui qu'on doit la manie de sauter. Je pourrais te citer encore Javilliers, qui doublait Dupré, et Dumoulin, qui était parfait dans les musettes ; et enfin le grand Dupré lui-même. Il y a maintenant cent ans juste qu'il débuta à l'opéra, et il y brilla pendant trente années. Un homme superbe, belle figure, formes admirables, taille de cinq pieds sept à huit pouces ; magnifique dans les chaconnes et les passacailles, il prépara Gaëtan Vestris.

Sophie.— Avec tout cela, je crois avoir lu dans Noverre que c'était une belle statue à qui il manquait une ame.

Moi. — Oui, mais Dorat n'est pas de cet avis-là ; dans son poème de la Déclamation, il le comble d'éloges, et d'éloges sans restriction.

Héraclite.—Quoi qu'il en soit, tous ces danseurs-là n'étaient dépourvus ni de légèreté ni de grâce, et s'ils semblaient n'avoir ni mouvement, ni expression, accusez-en l'absence de musique, l'absence de ballets d'action ; la répétition perpétuelle des mêmes gestes et des mêmes figures, et puis le corps de ballet était détestable ; et la chose ne pouvait être autrement avec une administration telle que celle de l'opéra. On compte depuis sa naissance plus de cinquante directions et autant d'associations. Mon père, comme je vous l'ai dit, débuta en 1740. Eh bien ! dans l'espace d'une vingtaine d'années, il vit se succéder tour-à-tour, en qualité de directeurs, Bontems, Berger, Saint-Germain, Très-fontaine, Thuret, Rebel, Francœur, et bien d'autres encore. L'opéra était comme une lanterne magique, où les objets ne font que paraître et disparaître. Et pourtant cette direction n'était pas bien compliquée. Savez-vous à quelle somme se montait annuellement les appointemens en 1740 ?

Moi. — Mais pour bien juger, il faudrait peut-être savoir à combien ils se montent aujourd'hui : je vous avoue que je ne m'en doute guères.

Démocrite. — Sans pouvoir la préciser, je sais que la somme est énorme ; au reste lorsque j'entrai à l'opéra, Devismes était directeur, et alors on payait, ou du moins on devait payer (car les paiemens n'étaient pas fort exacts, quoique nous fussions accablés de travail), à peu près 500,000 livres ; ainsi je suppose qu'en 1740 les appointemens pouvaient bien être de 300,000 liv.

Héraclite. — Beaucoup moins que cela ; tout était payé moyennant 144,000 livres. Les premiers sujets recevaient cent louis par an, et les figurans chanteurs ou danseurs s'estimaient heureux avec 400 livres ; le reste était à proportion. Les grands corps de ballets n'excédaient pas seize personnes ; on jouait deux opéras par an, un d'hiver et un d'été; les recettes étaient fort minces, excepté les vendredis. Lorsque mon père entra, les chanteurs portaient depuis huit ans les mêmes vêtemens, aussi leurs paillettes d'or et d'argent n'étaient plus que de l'étain et du cuivre.

DÉMOCRITE. —Et pourquoi aussi s'obstinaient-ils à porter des paillettes et un tas de misérables colifichets! Long-tems l'opéra n'a offert que des caricatures ridicules. Je me rappelle, quoique je fusse fort jeune alors, le ballet *des Horaces et des Curiaces ;* c'était précisément une composition de Noverre; il fallait voir la grimace qu'il fesait le jour de la première représentation. Pendant les trois ou quatre semaines qui précédèrent, il s'était mille fois disputé avec le costumier pour obtenir que les habillemens s'accordassent un peu mieux avec le sujet. Toutes les demandes furent inutiles; le costumier dit à Noverre de se mêler de dessiner ses pas, et suivit tranquillement sa routine. On voyait paraître Camille, la sœur des Horaces, avec deux monstrueux paniers de chaque côté; sur la tête, une coiffure de deux ou trois pieds de haut, farcie d'une prodigieuse quantité de fleurs et de rubans. Les six frères n'étaient pas en reste avec leur sœur; ils s'avançaient avec leurs tonnelets sur les hanches; les Horaces en habit de drap d'or et les Curiaces en habit de drap d'argent ; tous ayant d'ailleurs de chaque côté de la tête cinq boucles de cheveux poudrés à blanc, et un toupet prodigieusement exhaussé, qu'on appelait alors *toupet à la grecque ;* or si Monsieur aime les Grecs, il se serait fort bien trouvé dans ce tems-là. Je me rappelle que dans ma jeunesse tout était à la grecque, depuis le toupet du danseur jusqu'au sermon du prédicateur.

Sophie.—Mais en vérité je ne conçois pas comment les danseuses pouvaient exécuter avec le costume ridicule et fatigant dont elles étaient chargées. Je trouve excessivement difficile de bien danser, même avec des vêtemens lâches, et qui n'imposent au corps aucune espèce de contrainte ; mais s'il me fallait porter sur mes hanches ces énormes paniers qu'on nous représente dans les gravures, sur ma tête un édifice de cheveux à deux ou trois étages, et des talons hauts à mes pieds, il me serait impossible, je ne dis pas de danser, mais même de me mouvoir.

Moi. — En tout cas, ce n'est pas Noverre qui bannit du théâtre les paniers et les tonnelets ; Mlle Clairon quitta la première les paniers, et ce fut, je crois, Chassé et ensuite Le Kain qui renoncèrent aux tonnelets.

Héraclite. —Je l'avoue, mais Noverre intro-

duisit ce perfectionnement à l'opéra. Dans le
ballet de *la Toilette de Vénus*, ses faunes parurent sans tonnelets et habillés en vrais faunes, et
ce fut le moindre service qu'il rendit à la danse.
Sa vraie gloire, comme il le dit lui-même, c'est
d'avoir créé le ballet d'action, le ballet pantomime.

DÉMOCRITE. — La première action en danse
dont j'aie entendu parler, c'est un pas de deux
dans l'opéra de *Sylvie*, et il est de Dauberval.

HÉRACLITE. — Oui, mais Dauberval est un
élève de Noverre. C'est de l'école de Stuttgard,
dont Noverre était le chef, que sont partis tous
les grands danseurs de ce siècle, ou c'est-là qu'ils
sont venus se perfectionner : on y trouvait les
Dauberval, les Vestris, et cette foule de figurans qui, les ballets de Noverre en main, se répandirent ensuite en Europe, et multiplièrent la
danse en action, telle que nous la voyons aujour-
d'hui. Noverre renonça d'abord à l'uniformité
consacrée par la routine, pour imiter la vraie
nature. Autrefois les figurans n'étaient qu'une
copie servile du maître de ballets ; tous, comme
un troupeau de moutons, fesaient exactement la
même chose ; il suffisait que l'un levât le bras ou
la jambe, pour que tous les autres levassent aussi
le bras ou la jambe. Noverre changea tout cela.

Un ballet, disait-il, n'est qu'une suite de tableaux disposés par un grand peintre, où l'ordonnance varie d'un cadre à l'autre, et où, dans le même tableau, chaque groupe, et chacun des acteurs qui le composent, doit prendre des positions, et exécuter des mouvemens différens. Il disait aussi, car il me semble encore entendre ses préceptes, que la danse pouvait se comparer à un discours; que les pas et les figures en étaient, pour ainsi dire, les lettres et les mots, mais que l'action seule, ou pathétique, ou gracieuse, ou riante, en était les phrases et les périodes. Il développait déjà les règles du ballet qu'il écrivit ensuite. Il voulait que le ballet, comme toute autre composition dramatique, eût son exposition, son nœud, son dénouement. Les anciens, ajoutait-il, exigeaient de grandes connaissances dans un maître de ballets; je ne leur en demanderais pas moins aujourd'hui. Il doit dabord être excellent danseur, et connaître à fond toutes les ressources matérielles de son art. Il faut qu'il sache la musique, assez au moins pour distinguer, parmi les motifs que lui présente le musicien, ceux qui conviennent le mieux à ses idées, et pour les y adapter, et là-dessus il citait l'exemple de M. Gardel l'aîné, et de son frère,

« Brillant d'un triple éclat dans la *dansomanie*, »

comme compositeur, danseur et maître de ballets ; il désirait une connaissance au moins générale de la peinture, pour dessiner les groupes, et de la mécanique pour disposer les machines et les décorations ; il appuyait beaucoup sur l'étude de l'anatomie ; par elle, disait-il, le maître décidera si la nature a accordé à l'élève les qualités physiques nécessaires pour bien danser, et déterminera ensuite le genre de danse auquel il est appelé. Le maître de ballets ne négligera point l'histoire et la fable, et surtout, il observera la nature dans toutes ses parties ; rien ne doit échapper à ses remarques, ni la paix, ni la guerre, ni la ville, ni la campagne, ni les chefs-d'œuvre des tragiques et des comiques ; car il n'est rien qui ne soit du domaine de la pantomime.

Moi. — Pardon si je vous arrête, mais je ne puis partager ici l'opinion de Noverre. A force de vouloir créer dans son art, il a poussé les choses beaucoup trop loin. Assurément ses lettres sur la danse sont pleines d'excellens préceptes ; mais le ton dogmatique avec lequel il débite ses sentences, prête trop souvent au ridicule. Pourquoi, par exemple, vouloir dépouiller Racine et Molière de leur style enchanteur, pour les faire entrer dans le cercle des pirouettes? Un maître de ballets ne s'est-il pas avisé dans ces derniers tems;

de traduire en entrechats et en *jetés-battus*, les pointes et les épigrammes de Beaumarchais! Chénier pensait fort juste dans son poème sur les arts :

> « Noverre, sur un art qu'il crut universel,
> Du ton le plus auguste endoctrinant l'Europe,
> Eût fait danser Joad, Phèdre et le Misanthrope. »

C'est encore à Noverre qu'il fait allusion, quand il dit un peu plus bas :

> « Jusques dans les ballets il faut de la raison ;
> Je n'aime point à voir les enfans de Jason,
> Égorgés en dansant par leur mère qui danse,
> Sous des coups mesurés expirer en cadence. »

Il y a dans ces vers plus que de la bonne plaisanterie, il y a de la vérité. *Médée*, malgré tous les applaudissemens que ce ballet a reçus, quand Vestris le transportait de Stuttgard à Paris, de Paris à Vienne, de Vienne à Varsovie, était un sujet mal choisi pour la danse. Je comprends dans la même proscription tous les sujets par trop tragiques, *la Mort d'Ajax*, *les Misogyniens*, *la mort d'Agamemnon*, ... et tant d'autres de même nature.

DÉMOCRITE. — Ma foi, j'avoue avec vous que plusieurs des ballets de Noverre, sont d'une tristesse mortelle ; c'était un homme par lui-même fort sérieux et très-emphatique, c'est ce qui m'en dégoûtait. Il écrit quelque part à Dauberval, qu'il

craignait qu'on ne l'appelât *l'homme aux poi-*
gnards, comme on appelait je ne sais plus qui
l'homme aux rubans verts.

Moi. — Il y a une autre remarque à faire : si je
n'aime pas dans les ballets le tragique sombre,
j'aime encore moins peut-être le tragique admi-
ratif. Il est des sujets tellement sérieux qu'ils excluent toute idée de danse, et je m'appuie encore
ici de l'autorité de Chénier :

> « Si le sort a choisi les trois frères romains
> Pour combattre en champ clos les trois frères albains,
> Sied-il qu'en terminant cette lutte homicide
> Du sort d'Albe et de Rome un entrechat décide ?

Sophie. — Permettez cependant, cher maître,
que je vous arrête à mon tour. Il me semble, si
je me rappelle bien certaine lettre de Londres,
que les Romains représentaient en ballets toutes
leurs tragédies, et vous ne paraissiez pas trouver
mauvais que Pylade et Bathylle eussent dansé
toute l'histoire romaine. Avaient-ils raison uniquement parce qu'ils étaient anciens, et Noverre
a-t-il tort uniquement parce qu'il est moderne ?

Moi. — Sans doute, belle amie, ils avaient raison, parce qu'ils étaient anciens ; mais ce n'est
pas dans le sens que vous donnez à la phrase.
Nous ne concevons pas un ballet sans danse ; ainsi
tout personnage qui ne danse pas, est déplacé

dans un ballet, comme sont déplacés dans un grand opéra tous ceux qui ne chantent pas, et dans une tragédie tous ceux que nous ne saurions concevoir parlant en vers. *Télémaque* est un ballet délicieux, mais le personnage de Mentor, si essentiel à l'action, n'y est pas à sa place, parce qu'on est forcé de le revoir trop souvent, et qu'il ne danse jamais. La *clémence de Titus* n'est pas un sujet d'opéra, parce qu'on ne peut se faire à l'idée de voir Titus, Sextus et tous ces graves Romains délibérer, conjurer, pardonner, le tout en faisant des roulades. L'histoire des cent jours a sans doute toutes les qualités requises pour une action tragique : le nœud, les péripéties, le dénouement, les mœurs, les passions, tout y est; mais de long-tems encore, on ne pourra faire une bonne tragédie de l'histoire des cent jours, parce que nous avons vu tous les personnages qui doivent y figurer; qu'à notre connaissance tous ces gens-là ne parlaient pas en vers, et qu'il n'est pas d'artifice du poète qui puisse nous faire accroire que ce qui a duré cent jours sous nos yeux, se passe en vingt-quatre heures. Shakespeare, dira-t-on, a donné la tragédie d'Henri VIII, sous Élisabeth sa fille; mais son langage, ses vers sans rimes, sa prose ne blessent pas l'illusion; et d'ailleurs, dans Shakespeare, vous n'êtes pas plus obligé à croire que l'action représentée commence et finit en vingt-quatre heures, que vous ne l'êtes, quand vous parcourez un livre d'histoire, à penser que les événemens n'ont pas occupé dans la réalité plus de tems que vous n'en mettez à les lire. Soyez en persuadée, ce n'est pas sans y avoir bien réfléchi que Corneille, Racine, et tous nos grands maîtres allaient choisir dans l'antiquité le sujet de leurs fables. Ceux qui ont voulu puiser dans notre histoire, ou dans les événemens passés presque sous nos yeux, tout en s'astreignant aux règles reçues, se sont absolument égarés. Il fallait tout conserver ou tout détruire à la fois. Une tragédie anglaise ou allemande n'est pas plus une tragédie française, qu'un ballet pantomime moderne n'est une pantomime ancienne. Il faut, de toute nécessité, danser chez les modernes; il ne fallait, chez les anciens, qu'exprimer les passions par les gestes et les mouvemens du corps, ce qui est tout différent. Noverre a d'ailleurs un autre défaut; toujours dominé par les fausses idées de son siècle sur l'illusion théâtrale, il voulut introduire jusques dans le ballet, qui est si essentiellement du domaine de l'imagination, tout le prosaïsme de Diderot et de ses drames. Dans son *Jaloux sans Rival*, par exemple, la scène s'ouvre par une partie d'échecs, comme la partie de trictrac du *Père de Famille*. J'admets votre partie d'échecs, puisque vous voulez nous représenter l'intérieur d'un salon, absolument tel qu'il est; mais soyez conséquent; et, si vous voulez danser ensuite, préparez votre bal, et écrivez vos billets d'invitation; car il n'est pas d'usage dans nos salons, quand les deux amans, qui ont joué aux échecs, reçoivent une bonne nouvelle, qu'ils témoignent leur joie en se prenant par la main, et en dansant dans toutes les règles une bourrée ou une walse.

SOPHIE. — En tout cela, mon ami, vous pouvez avoir raison, mais vraiment vous êtes trop sévère pour un homme qui a rendu tant de services à la danse.

HÉRACLITE. — Et la sévérité de Monsieur est d'autant plus mal placée qu'il ne veut pas considérer que Noverre avait tout à créer. Qu'on juge, par leurs titres seuls, des ballets qui ont précédé les siens. C'étaient *les Savoyards*, *le Casseur de vitres*, *les Sabotiers*, *les Charbonniers*, *les Pierrots*, *le Suisse Dupré*, etc. Il n'est pas étrange que, dégoûté de ces plates bouffonneries, Noverre ait donné dans l'excès contraire; il n'est pas étrange qu'il se soit soumis à des idées générales dans son siècle, et soutenues d'ailleurs par les plus grands noms; en supposant qu'il se soit trompé, ce que vous ne m'avez pas encore prouvé complètement, on peut se tromper après Voltaire et Diderot. Et puis Noverre n'a pas fait seulement des ballets sérieux; songez qu'il a composé plus de cent ballets, parmi lesquels il n'y en a guères que trente de tragiques : il y en a plusieurs pleins de grâces comme *Orphée*, *Renaud et Armide*, *les Caprices de Galathée*, *la Toilette de Vénus*, *la Bergère des Alpes ;* d'autres qui, loin d'être trop sérieux, se rapprochent trop peut-être de l'ancien genre bouffon comme *les Métamorphoses chinoises*, *les Réjouissances flamandes*, *la Mariée de village*, *les Fêtes du Vauxhall*, *les Recrues prussiennes*, *la Fontaine de Jouvence*, etc. Songez que l'idée de quelques-unes des plus charmantes compositions de M. Gardel appartient à Noverre ; que Noverre les avait traitées avant M. Gardel, et que, pour moi du moins, je n'oserais décider lequel des deux rivaux est supérieur. Noverre avait créé le sujet du *Télémaque*, et avait donné avec un grand succès les ballets de *Psyché et l'Amour* et du *Jugement de Pâris*, qu'a traités ensuite M. Gardel.

DÉMOCRITE. — En fais-tu un reproche à M. Gardel? N'est-il pas permis aux maîtres de ballet d'orner les sujets anciens de danses nouvelles, comme Gluck ou Paesiello ornaient d'une nouvelle musique les opéras de Lully ou de Pergolèse, et comme fait Rossini à l'égard de Mozart?

Moi. — D'ailleurs les deux sujets que cite Monsieur ont été puisés à une source commune. Tout le monde sait que la jolie fable de *Psyché et l'Amour*, traitée tant de fois et sous tant de formes diverses, se lit originairement dans Apulée. C'est aussi au dixième livre de l'Ane d'or que Noverre et M. Gardel ont trouvé le jugement de Pâris; les anciens avaient traité ce sujet en pantomime, et j'ai dans mes notes le programme que nous a transmis Apulée. « Le théâtre représentait le » mont Ida, tel qu'Homère l'a dépeint, couvert » de bois et de verts ombrages : du sommet on » voyait jaillir une source d'eau vive qui for- » mait un ruisseau. Sur ses bords, des chèvres » paissaient sous la conduite d'un berger magni- » fiquement vêtu à la phrygienne; sa robe était » ornée d'une broderie de diverses couleurs, et » sur sa tête était une tiare d'or; c'était Pâris, » fils du roi Priam. Un autre jeune garçon, re- » présentant Mercure, avec de beaux cheveux » blonds, deux petites ailes dorées et un caducée » à la main, s'avançait en dansant vers Pâris, et » lui présentait une pomme d'or, lui faisant en- » tendre par signes l'usage qu'il devait en faire. » Les trois déesses paraissaient ensuite; Junon, » le sceptre à la main et la tête ceinte d'un dia- » dème qui n'était autre chose qu'un bandeau » blanc; Pallas avec le bouclier, la pique et un

» casque couronné d'oliviers; Vénus, presque
» nue, un voile transparent de couleur d'azur,
» et qui flottait au gré du vent, couvrait à peine
» ses beautés les plus mystérieuses. Junon s'of-
» frait à Pâris, accompagnée de deux jeunes
» Grces, représentant Castor et Pollux, avec un
» casque rond sur la tête, surmonté de deux
» étoiles. La déesse, par ses gestes, promettait au
» berger l'empire de l'Asie, s'il lui adjugeait le
» prix de la beauté. Pallas s'avançait à son tour,
» suivie de deux jeunes guerrières, l'épée nue à
» la main; elle dansait au son des instrumens mi-
» litaires, et faisait entendre au juge que, s'il lui
» accordait la victoire, elle le rendrait le plus
» fameux des conquérans. Enfin Vénus, environ-
» née des Amours et des Grâces, qui sèment des
» fleurs sur son passage, s'approchait de Pâris au
» son des flûtes lydiennes; elle prenait devant
» lui les attitudes les plus voluptueuses, lui lan-
» çait les regards les plus passionnés, et, par les
» mouvemens les plus expressifs, fesait connaître
» au berger que, s'il la déclarait la plus belle des
» déesses, elle le rendrait possesseur de la plus
» belle des femmes. Le jeune Phrygien, séduit
» par cette promesse, lui présentait la pomme. »

HÉRACLITE. — Je vois, d'après ce programme,
que ce que M. Gardel a véritablement imité de

Noverre, c'est le tableau des noces de Thétis, qui ouvre le ballet.

DÉMOCRITE. — Mais avoue que l'exécution est aujourd'hui bien supérieure.

HÉRACLITE. — Quant à l'exécution, au tems de Noverre, il me suffira, pour en faire l'éloge, de dire que le principal rôle était dansé par Gaëtan Vestris.

SOPHIE. — Le fameux Vestris, le dieu de la danse ?

DÉMOCRITE. — Non, Mademoiselle, le dieu de la danse se nommait Auguste. Gaëtan est son père.

SOPHIE. — En vérité, on aurait dû faire, pour les Vestris, ce qu'on a fait pour les rois, les Henri, les Louis, leur donner un numéro d'ordre qui servit à les distinguer, Vestris I, II, III ; car il y a tant de Vestris, et tous si fameux danseurs que je me perds dans cette famille-là, et ne sais le plus souvent s'il s'agit du père, du fils, ou du petit-fils.

HÉRACLITE. — Leurs noms de baptême auront pour votre mémoire le même avantage que des chiffres. La famille des Vestris est originaire de Florence : le premier d'entr'eux qui s'illustra dans la danse, fut Gaëtan, surnommé *le beau*

Vestris, pour le distinguer de ses quatre frères.
Peu de danseurs ont été aussi favorisés de la
nature. C'était un homme d'à peu près cinq pieds
six pouces, la jambe fine, la figure noble et expressive. Il débuta en 1748, et se retira en 1781;
mais, ayant eu, comme l'acteur Baron, le rare
privilége de conserver, jusques dans la plus extrême vieillesse toute sa vigueur et toute sa grâce,
il reparut par intervalles en 1795, 1799 et 1800,
et fut toujours excessivement applaudi. Au tems
de Vestris, les limites des trois genres de la danse,
le sérieux, le demi-caractère et le comique, étaient
scrupuleusement observés, et l'on ne se permettait pas, comme on le fait aujourd'hui, de fran-
chir impunément les barrières qui les séparent,
licence qui, j'ose le dire, amènera bientôt la décadence de notre art. Un homme qui surpassait
alors tous les autres dans le genre comique, c'était
Lany. Entré à l'Opéra en 1750, il se retira en
1769. Lany était surtout inimitable dans les pâ-
tres; devenu maître de ballets, il débarrassa la
danse de la musique de Lully, y introduisit des
airs nouveaux et plus vifs, et lui donna une pureté et une régularité jusqu'alors inconnues au
théâtre.

Moi. — C'est l'éloge qu'en fait le danseur-poète
Despréaux, dans ces vers, où il a parodié avec

assez de bonheur, quoiqu'un peu durement, un passage de son homonyme :

> « Dans les pâtres, Lany fut le premier en France
> Qui fit sentir jadis une juste cadence ;
> D'un tems mis à sa place enseigna le pouvoir,
> Et soumit Terpsichore aux règles du devoir.
> Par ce maître savant la danse réparée
> N'offrit plus rien de rude à la scène épurée ;
> Les danseurs, en mesure apprirent à tomber,
> Et le pas sur le pas n'osa plus enjamber.
> Tout reconnut les lois de ce guide fidèle.
> Gardel et Dauberval, il fut votre modèle !
> Marchons donc sur ses pas ; imitons sa clarté,
> Et de son tact précis aimons la pureté. »

HÉRACLITE. — Il est certain que Lany fut le premier danseur comique de France ; mais sa gaîté fut toujours de bon ton, et ne descendit jamais à la bouffonnerie et à la trivialité. La supériorité de Vestris, dans le sérieux, fut plus grande encore que celle de Lany dans le comique. Il songea à succéder au grand Dupré, et le surpassa de beaucoup : la danse de Vestris était un chef-d'œuvre de noblesse et de grâce.

DÉMOCRITE. — Je suis comme toi un des admirateurs du vieux Vestris, mais confesse aussi que tous les anciens danseurs, ton Noverre, de tems en tems, ton Marcel, ton Vestris, mettaient dans leur danse un peu de la pédanterie qui était dans leur caractère. Ce Gaëtan était d'une fatuité et d'une vanité uniques.

Moi. — Il est vrai qu'on cite quelques mots de lui tout-à-fait curieux. On sait que, comme dit Berchoux ,

> « Ses yeux ne daignaient voir de son tems sur la terre
> Que trois grands hommes: lui, Frédéric et Voltaire.
> Quand il fallait entr'eux déterminer son choix,
> Il se mettait toujours à la tête des trois. »

Lui-même nomma son fils « le dieu de la danse », et c'est en parlant d'Auguste qu'il dit cette gasconnade si connue : « C'est par pitié pour ses » camarades que mon fils consent à toucher la » terre. »

Héraclite. — Je n'en disconviens pas, et c'est peut-être cette admiration excessive pour Auguste qui l'a gâté; car remarquez que la danse d'Auguste n'est pas sans reproches, et celle de son père, quoique beaucoup moins brillante, était certainement plus pure, et approchait plus de la perfection que la sienne.

Démocrite. — Et moi, je mets Auguste bien au-dessus de son père, et je connais tel danseur de notre siècle que je préfère encore à Auguste.

Héraclite. — Oh! par exemple, voilà qui est tout-à-fait absurde. Qu'en dit Monsieur?

Moi. — Pour moi, Messieurs, je vous avouerai franchement que, lorsqu'il s'agit du mécanisme de votre art, je suis toujours fort embarrassé.

Mon embarras, je le sais, vient d'abord de mon ignorance dans cette partie, mais il est beaucoup augmenté par la lecture des ouvrages sur la danse. Tous les auteurs, à quelque moment qu'ait paru leur écrit, prétendent qu'on ne peut mieux danser qu'on ne fesait de leur tems, et que tout changement apporté à la danse, sous prétexte de perfectionnement, ne pouvait qu'en altérer la pureté, et la faire dégénérer.

Démocrite. — Impossible. Qui pourrait soutenir, excepté mon cher confrère, qu'on a jamais mieux dansé qu'aujourd'hui?

Moi. — Si vous voulez me faire l'honneur de déjeûner avec moi samedi prochain, je mettrai sous vos yeux les textes mêmes des auteurs qui, de demi-siècle en demi-siècle, depuis cent cinquante ans, soutiennent que, dans le moment où ils écrivent, la danse est parvenue à son point de perfection possible.

Sophie. — Eh bien donc! cher maître, à samedi : mais tenez-vous ferme, et préparez vos preuves; car si vous attaquez notre siècle, je me range d'avance parmi vos ennemis.

Héraclite. — A samedi donc, et vous voyez, Monsieur, quelles menaces on nous fait!

« La valeur et la beauté même,
Se réunissent contre nous. »

ENTRETIEN IV.

Ce déjeûner, dit Démocrite, en se renversant sur sa chaise, et en remuant son café pour accélérer la fusion du dernier morceau de sucre ; ce déjeûner me rappelle ceux de ma jeunesse, ou plutôt de mon enfance ; car c'était vers 1775 ; nous avions pour convives Maximilien Gardel, le vieux Vestris, Dauberval, les deux Malter....

HÉRACLITE.—Tu peux bien dire les trois Malter.

SOPHIE. — Comment! encore trois danseurs du même nom ! mais il est donc des races où la faculté dansante se transmet de génération en génération, comme un meuble de famille. Nous avons vu les Bandiery-Laval, les Vestris, les Gardel, et voici maintenant les Malter. On les distinguait sans doute, comme les Vestris par le nom de baptême ?

DÉMOCRITE.—Non, belle Sophie ; cette fois ce n'est plus le prénom, c'est le surnom qui distingue. Nous appellions l'un Malter *l'oiseau,* pour son extrême légèreté ; l'autre Malter *le diable,* parce qu'il excellait dans les rôles de démons, quoique Noverre dit de lui qu'il avait toujours l'air épouvanté, et n'épouvantait personne. Quant au troisième, car je me rappelle maintenant qu'en effet ils étaient trois, c'était un original assez plaisant, qui avait été maître des ballets, et qu'on distinguait de ses frères par un sobriquet aussi bouffon que sa personne : on l'appelait Malter *la petite culotte.*

Moi. — Voilà un homme singulièrement désigné ; je serais curieux de savoir l'origine d'un pareil surnom.

Démocrite. — Ma foi, je ne m'en souviens plus. D'ailleurs, ces questions-là sont plutôt de la compétence du cher confrère que de la mienne, et, s'il veut s'en donner la peine, il aura bientôt satisfait votre curiosité.

Héraclite. — Du moins le ferai-je quelque jour ; mais en attendant, j'ai à t'adresser un grave reproche pour avoir oublié, malgré la galanterie dont tu te piques, de nommer, avant tout autre convive, les dames dont la présence égayait nos déjeûners, Mlle Pélin, Mlle Allard, qui était bien près alors de quitter le théâtre, car elle n'y resta guères que dix-sept ans, et se retira en 1777. C'était une danseuse admirable dans le comique : te souviens-tu des plaintes, des réclamations, des murmures qui s'élevèrent lorsque son talent lui fit accorder un privilége qu'aucune femme jusqu'alors n'avait obtenu à l'opéra, celui de composer elle-même ses entrées ? Toi, qui es si enthousiaste des modernes, as-tu jamais rien vu de si gracieux sur nos théâtres que les pas de quatre dansés par Mlle Pélin, Mlle Allard, Lanny et Dauberval ? C'était vraiment le chef-d'œuvre du genre.

DÉMOCRITE. — Je me rappelle encore une bien jolie danseuse, et une danseuse bien jolie de ce tems-là ; c'est Mlle Théodore, qui fut depuis Mme Dauberval.

HÉRACLITE. — Oh ! charmante dans le demi-caractère ; mais à l'époque dont nous parlons elle devait être fort jeune, car elle mourut, en 1798, à peine âgée de trente-neuf ans ; c'est, je crois, Mme Pérignon qui lui a succédé.

MOI. — Je n'ai pas vu Mme Pérignon. D'après ce qu'on m'en a dit, elle devait avoir du talent ; mais j'ai vu celle qui l'a remplacée, et vous conviendrez, sans doute, malgré vos souvenirs de jeunesse, que Mlle Chevigny fut supérieure à toutes celles qui l'avaient précédée : quelle verve ! quelle gaîté dans le comique ! dans les rôles sérieux, quelle chaleur ! quel pathétique ! Tout le feu d'une véritable actrice brillait dans ses beaux yeux. Il fallait la voir dans le rôle d'Octavie du ballet d'*Antoine et Cléopâtre*, dans *les Noces de Gamache*, et dans tant d'autres rôles où elle a enchanté tout Paris.

SOPHIE. — Je crois, cher maître, que Mlle Chevigny vous fait oublier qu'entre hommes d'honneur, malgré la mode d'aujourd'hui, un déjeûner ne doit pas toujours tenir la place d'un duel. Vous avez jeté le gant samedi dernier, on l'a relevé : il s'agissait, ce me semble, de prouver que chaque auteur regardait la danse de son tems comme le comble de la perfection ; eh bien ! levons-nous, Messieurs, et passons sur le champ de bataille : qui m'aime, me suive.

DÉMOCRITE. — J'y suis, ma foi, le premier. Oh ! oh ! nous voilà dans la bibliothèque.

MOI. — Oui, Messieurs, ainsi, en cas que la discussion s'anime comme entre les chantres et les chanoines de Boileau, nous avons les armes sous la main. Vous êtes précisément, Monsieur, devant le rayon destiné aux écrivains qui ont traité de la Danse.

HÉRACLITE. — Permettez ; voici un livre en parchemin qui doit bien avoir deux ou trois siècles.

MOI. — C'est le traité latin de Meursius sur les danses anciennes, intitulé *Orchésigraphie*, nomenclature assez sèche, où l'auteur cite à chaque danse qu'il nomme tous les passages des anciens qui y ont rapport, compilation d'érudit par ordre alphabétique, sans critique ni vues générales. Les vraies sources pour bien connaître l'essence de la danse ancienne, c'est le traité que Lucien a écrit *ex prefesso* sur cet objet, l'ouvrage d'Athénée et l'*Ane d'or* d'Apulée : parmi les modernes, le traité de Delaunaye, *de la saltation théâtrale,* imprimé à Paris en 1790; celui *des Mimes* par Ziggler, *la Théorie des beaux-arts* de Sullzer, plusieurs articles du *Dictionnaire des beaux-arts* de Millin, et surtout le troisième volume des *Fêtes et courtisanes de la Grèce,* par Chaussard, et le premier du *Traité historique de la danse,* par Cahuzac. C'est ce dernier surtout, chère amie, que je mettais à contribution dans les lettres que je vous écrivais de Londres.

Sophie. — Voilà donc votre secret trahi ! Et moi, qui, à l'arrivée de vos lettres, me prenais de pitié pour vous, en songeant au travail énorme qu'elles devaient vous coûter, tandis qu'avec deux ou trois volumes peut-être, vous en veniez à bout! Je fesais là une dépense de compassion bien inutile, n'est-il pas vrai ?

Démocrite. — A propos, Mademoiselle, quand donc nous ferez-vous lire ces fameuses lettres de Londres dont vous nous avez si souvent parlé ?

Il se fait tems, ce me semble, de remplir une si vieille promesse.

Moi. — Oh! Messieurs, il sera toujours trop tôt, puisque me voilà dûment atteint et convaincu de plagiat, et que vous pouvez me lire en lisant Cahusac. Au fait; chère amie, j'avoue que j'ai presque fondu dans mes lettres le commencement de son ouvrage, et que le reste a passé en grande partie dans les notes que je vous apportais les semaines dernières. Mais aussi, comme il faut se rendre justice, je dois vous faire observer que j'ai parcouru avec la plus scrupuleuse attention tout ce qui avait précédé Cahuzac même; que jamais je n'ai rien dit, d'après lui seul, mais beaucoup de choses avec lui d'après d'autres. Il a sans doute sur moi un grand avantage, mais que je ne lui envie guères, c'est d'avoir vécu, il y a soixante-dix ans. Et puis, croyez bien que toute votre pitié n'était pas perdue; ne m'en deviez-vous pas pour toutes les anecdotes que j'ai ajoutées au siennes, pour toutes celles que j'ai rectifiées, et puis pour mes réflexions, qui du moins m'appartiennent, et qui m'appartenaient avant que j'eusse ouvert Cahuzac? Cahuzac est un écrivain dont le style est correct, et souvent embelli de pensées fines, toujours élégamment exprimées; mais son livre, et c'est le sort de tous ceux qui racontent des faits dont ils ne sont pas contemporains, son livre est une compilation de tout ce qui avait précédé. Les vols que je lui ai faits, il les avait faits lui-même à l'abbé Dubos et à Bonnet, qui les avaient faits au père Ménétrier, qui les avait faits à Rinaldo Corso à Caroso Fabricio, à Tuccaro et à tant d'autres, qui les avaient faits aux anciens. Pour tout dire, cependant, car je veux vous achever ma confession sans accuser plus long-tems Cahuzac, son livre devient assez rare, et j'étais à peu près certain que mes larcims littéraires seraient toujours cachés, à moins que le hasard ne vous les découvrît; j'ai été d'assez bonne foi pour me trahir moi-même.

Démocrite. — Quoi qu'il en soit, Monsieur, que vous ayez copié Cahuzac ou non, comme je ne l'ai pas lu, je serais fort curieux de voir vos lettres. Je ne crois pas non plus avoir jamais rencontré le petit volume qui est là debout près de Cahuzac, et qui a l'air au moins aussi vieux que lui. Dites-moi donc quel est cet ouvrage-là ?

Moi. —C'est précisément celui par lequel je veux entamer la question qui nous occupait samedi dernier; c'est l'*Histoire de la Danse*, par Bonnet, payeur de gages au parlement. Son ouvrage, dédié au duc d'Orléans, a paru il y a un siècle. J'ai marqué le passage où il loue la supériorité de la danse de son tems ; lisons-le.

« Quelques idées, dit-il, que l'on puisse avoir
» de la danse des anciens, ... j'ai peine à croire
» qu'ils l'aient emporté sur ceux que nous avons
» vus *depuis quarante ans* en France, et sur les
» danseurs et danseuses que nous voyons aujour-
» d'hui à l'Opéra. Il ne faut que voir danser une
» entrée de Chaconne par Ballon, une entrée
» des Vents et des Furies par Blondy ; une entrée
» grave et sérieuse par Lestang ; une de paysans
» par Dumoulin, et la danse *du Caprice* par La
» Prevost, pour juger *qu'on ne peut porter plus*
» *loin la perfection de la danse théâtrale.* »

Voilà donc déjà les limites possibles de la danse fixées en 1723. Vingt ans plus tard, l'abbé Dubos, dans un petit écrit à la suite de ses *Réflexions sur la Poésie et la Peinture*, affirme que, de son tems, la danse *était parvenue au point de perfection qu'il est possible d'atteindre.* En 1754 paraît l'ouvrage de Cahuzac.

« L'art de la danse simple, y est-il dit, pag. 145
» du tome III, *a été porté aussi loin qu'il soit pos-*
» *sible de le porter.* Nul homme ne s'est mieux
» *dessiné* que Dupré, nul *ne fera* les pas avec plus
» *d'élégance*, nul n'*ajustera* ses attitudes avec
» plus de noblesse. N'*espérez pas de surpasser* les
» grâces de Mlle Sallé. Vous vous flattez si vous

» croyez *arriver jamais* à une gaîté plus franche,
» à une précision plus naturelle que celles qui
» brillaient dans la danse de Mlle Camargo. »

Mais peut-être voudra-t-on récuser l'opinion
de ces Messieurs, qui n'étaient que des littérateurs. Du moins on n'en dira pas autant de Noverre; celui-ci est un danseur-pratique. Eh bien !
il parle à peu près comme les autres.

« Je conviendrai, dit-il, que l'exécution méca-
» nique de cet art est portée *à un degré de perfec-
» tion qui ne laisse rien à désirer.* » Il est vrai
qu'à l'exemple de Cahuzac, il reconnaît qu'il reste
encore beaucoup à faire dans cette partie de la
danse, qui dépend davantage de l'ame et de l'intelligence, dans la pantomime. Terminons ces
citations par un pasasge de M. Blasis, dont le livre
est tout moderne :

« L'art de la danse a été porté par Dauberval,
» Gardel, Vestris et quelqu'autre grand artiste à
» un si haut degré de perfection qu'elle a dû sur-
» prendre Noverre lui-même. Les artistes du siècle
» passé sont inférieurs à ceux des dernières années
» de la même époque, et à tous ceux du com-
» mencement de celui-ci. On ne peut s'empêcher
» d'admirer la rapidité des progrès qu'a faits l'art
» moderne. Nos danseurs possèdent un goût plus
» épuré; leur danse est remplie de grâces et de
» charmes, qualités qui n'*ont jamais existé* chez

» les anciens artistes'; les plus beaux tems d'a-
» plomb , d'équilibre étaient ignorés, les *poses*
» *gracieuses*, les *belles attitudes*, les séduisans
» arabesques n'étaient pas en usage..... »

DÉMOCRITE. — Eh bien ! que prouve tout ceci ?
Je conclus que M. Blasis seul a raison, et que tous
les autres ont tort. Il fallait, en effet que nos
pères fussent bien aveugles pour ne pas prévoir
une perfection possible à leurs pauvres essais.

SOPHIE. — Cependant, Messieurs, soyons de
de bonne foi. Le rapprochement que vient de
faire notre cher maître est assez curieux. Il est
singulier que depuis plus de cent ans, on répète
la même chose presque dans les mêmes termes ;
que gens du parlement, abbés, littérateurs, maîtres de ballets, danseurs, soutiennent tous à diffé-
tes époques que la partie mécanique de la danse
ne laisse plus rien à désirer. Et moi aussi j'étais
d'avis que nous avions atteint toute la perfection
possible ; mais, puisque nos pères ont toujours
pensé de même, chacun à leur tour, il est à pré-
sumer que, dans cent ans d'ici, nos enfans nous
trouveront fort plaisans de nous être crus si
parfaits.

HÉRACLITE. — Pour moi, je crains bien que
cette prétendue perfectibilité, qui s'accroît de

siècle en siècle, ne soit au fond que le commencement de la décadence de l'art. Plus on avance,
plus l'artiste, encouragé par les applaudissemens
du public, aiguillonné par la crainte de céder
à des rivaux qui se multiplient autour de lui,
cherche à ajouter à son exécution ; une belle
simplicité ne lui suffit plus ; le public en a l'habitude, et de cette habitude naît une délicatesse
superbe et dédaigneuse, qui ne peut plus être
réveillée que par l'extraordinaire. Il s'agit plutôt
d'être neuf que d'être réellement beau. Paul est
plus étonnant, tourne plus long-tems sur lui-
même, se balance plus hardiment dans le vague,
au moins je le suppose ; mais danse-t-il mieux
que le vieux Vestris ? danse-t-il mieux que
Dupré ?

Moi. — Une chose remarquable, Messieurs,
c'est que tout ce que nous avons dit de la danse
semble devoir s'appliquer à la musique. Boileau
et son siècle déclaraient que jamais on n'irait plus
loin que Lully ; Voltaire s'extasiait devant Rameau ; Diderot croyait Jomelli le *nec plus ultrà*
de l'art musical : ainsi Pergolèse fut détrôné par
Paesiello ; Paesiello par Mozart ; Mozart par Rossini, qui les écrase tous, jusqu'à ce que quelqu'autre le détrône à son tour. Et notez que les
vrais et purs *dilettanti* ne partagent point leur

admiration entre plusieurs rivaux ; ils n'admirent pas à la fois Homère et Virgile, Raphaël et Michel Ange ; il faut être aujourd'hui Rossini ou rien : j'ai vu aussi de ces *dilettanti* de la danse ne jurer que par Mlle Noblet, et tout le reste était oublié, méprisé, conspué. Cette manie de préférence exclusive a toujours régné, surtout en France ; les partisans de Rameau ne trouvaient pas une note supportable dans Lully ; les Piccinistes marchaient à pieds joints sur Rameau et sur Gluck. Pour moi, qui ne suis ni danseur, ni musicien, quoique passionné pour la musique et la danse, je me demande souvent s'il est donc impossible de déterminer l'idée du beau dans ces deux arts ; s'ils sont, comme la mode, l'éternel jouet du caprice des siècles. Encore pourrait-on concevoir un point de ralliement pour les modes. Leur beauté consistera dans l'harmonie des formes corporelles, de l'âge, du sexe, du teint, des saisons, de la fortune, avec la forme, la matière, les ornemens, la couleur du vêtement. Mais où seront en danse et en musique les limites du beau ? Si vous admirez une pirouette de six tours, uniquement en qualité de pirouette, on vous en fera à huit, à dix, à vingt tours ; et celui qui saura la filer à vingt, mettra dans un oubli complet tous ses prédécesseurs, jusqu'à ce que lui-même soit vaincu par un pirouetteur à trente tours. Si vous appelez bon chanteur celui qui vocalisera cent triples ou quadruples croches en dix secondes, quel nom donnerez-vous à celui qui en prononcera deux cents dans le même espace de tems? Le musicien qui composera un septuor soutenu de cent instrumens ne sera-t-il pas, à votre avis, au-dessus de celui qui n'aura su faire que des quatuors accompagnés seulement de vingt instrumens? Il en sera de même partout, toutes les fois qu'on ne mettra la perfection que dans la difficulté vaincue, dans le merveilleux de l'exécution matérielle, ou dans la nouveauté et la singularité des combinaisons, sans rapport avec nos passions et les mouvemens de notre ame. Mais si la musique s'attache spécialement au chant, c'est-à-dire à cette partie qui doit exprimer par des sons artificiels les accens habituels de notre voix; si la danse regarde comme son essence la pantomime, c'est-à-dire cette partie qui doit rendre, par des gestes étudiés, nos gestes et les ébranlemens de notre corps, lorsque nous sommes agités de sentimens doux ou violens, alors nous aurons une règle à appliquer à la musique et à la danse; nous pourrons y définir le beau, nous y analyserons même le sublime, et nous sortirons de la disgracieuse théorie du *je ne sais quoi.* Celui-là sera parfait, en quelque siècle qu'il ait vécu, qui aura saisi la manière la plus vive et la plus vraie, la voix parlante ou muette des passions. Le musicien ne sera plus éclipsé par le croque-note, ni le pantomime par le danseur de corde.

SOPHIE. — Je crois bien concevoir votre principe; mais voici les conséquences qui résultent de son admission : les fatigues et les tourmens que j'ai soufferts depuis dix ans pour acquérir la souplesse dans le jarret, et la facilité dans le coude-pied, les battemens que j'exécute encore tous les jours pendant des heures entières devant ma glace, les fastidieux exercices que j'ai dû répéter si souvent pour posséder la clé d'*ut* ou de *fa*, tout cela, dis-je, devient à peu près inutile; j'aurais beaucoup mieux fait d'étudier les accens ou les gestes des hommes passionnés.

MOI. — Prenez garde, chère amie, et n'exagérons rien. Dès que je dis *voix artificielles* et *gestes étudiés*, je suppose une science, un art, par lequel est dirigée une imitation qui, sans lui, serait trop grossièrement fidèle. C'est surtout par sa partie pour ainsi dire matérielle, que l'art est interdit au vulgaire, réglé dans sa marche, et retenu dans ses écarts. Sans doute, cette partie ne constitue pas le génie; mais elle en est une condition essentielle, et les plus habiles la cultivent avec le plus de soin. Qui jamais a mieux connu que Racine le langage impétueux, fier, brûlant, tendre des passions ? Qui jamais aussi a porté à une plus haute perfection le mécanisme du vers? Pardon, Messieurs, si je vous redis des choses que vous savez mieux que moi; mais il est nécessaire, dans la théorie des arts, de bien asseoir ses principes. Tous les arts ont donc deux parties distinctes, l'imitation des passions et des sentimens humains qui en fait le fond, et le mécanisme particulier à chacun d'eux, qui en est la forme, et que l'artiste doit posséder avant tout. Avant tout, le peintre doit savoir conduire son pinceau, allier ses couleurs ; le statuaire diriger son maillet et son ciseau ; le poète manier sa langue, trouver facilement sa rime ; le musicien connaître ses valeurs, ses clés, ses accords ; le danseur exécuter parfaitement ses positions, ses pas, ses battemens. Voilà ce qui les distingue du simple amateur. Mais s'ils se bornent là, s'ils ne cherchent pas à parler à l'ame en même tems qu'aux yeux et aux oreilles, ils ne seront que des barbouilleurs, des maçons, des versificateurs, des ménétriers, des baladins. La difficulté vaincue sera tout leur mérite, et le premier venu, avec du tems, de l'exercice et de la patience les égalera. J'attache au reste tant d'importance à la partie mécanique de la danse, que vous trouverez dans ce rayon de bibliothèque, non-seulement ceux qui ont parlé de sa théorie et de son histoire, mais tous ceux aussi qui n'ont traité que le mécanisme.

HÉRACLITE. — En effet, voilà l'ouvrage de Gourdoux, qui est tout récent ; la *Méthode pour exercer l'oreille à la mesure dans la danse*, par Guédon ; voyons celui-ci : les *Élémens de la danse*, par le chevalier Pauli, et jusqu'au vieux *maître à danser* de Rameau. Fort bien, Monsieur, vous avez vraiment une collection d'amateur.

DÉMOCRITE. — Parbleu, je reconnais cet in-quarto, là tout à côté. Je parie que c'est le volume de l'Encyclopédie, qui traite des *arts académiques*. Justement. Et le suivant ? Oh ! c'est ce vilain grimoire de Feuillet et Dessaix. Je me rappelle qu'étant enfant, j'avais un barbon de maître de danse qui prétendait me fourrer tout ce fatras dans la cervelle ; mais je me souviens bien aussi que je ne voulus jamais en apprendre un signe. Pour les volumes suivans, je n'y comprendrais guère plus que dans le grimoire de Feuillet. N'est-ce pas de l'anglais ou de l'italien ?

MOI. — De l'un et de l'autre, et même, je crois, deux ou trois écrits en allemand. Voici d'abord en anglais les *Leçons sur l'art de la danse avec un traité de l'action et du geste*, par John Weaver ; les *Observations sur l'art de la danse*, par Galini ; des *Remarques sur le ballet de Psy-*

ché, publiées à Londres en 1788 ; en italien, le *Traité théorique et pratique de la danse*, par Magri ; en allemand, un *Traité de la pantomime et du ballet*, imprimé à Munich en 1779.

SOPHIE. — Oh! dites-moi donc, cher maître, quel est ce petit volume si étroit, dont la couverture rouge à feuilles noires ressemble aux jupons d'indienne de nos grand'mères? Oh! le beau pa-papier et le joli caractère !

MOI. — Ce petit livre, chère amie, est sorti des presses d'un des premiers imprimeurs de l'Europe, Bodoni de Parme. Voyez le nom de l'auteur ; c'est encore un grand personnage qui s'est occupé de danse, M. le conseiller d'état Moreau de Saint-Méry, un Français, devenu administrateur général des états de Parme, Plaisance et Guastalla.

DÉMOCRITE. — Mais c'est fort aimable à lui. Ensuite? Mon Dieu! encore de l'anglais, je ne croyais pas nos voisins d'outremer si curieux d'entrechats.

MOI. — Oh! ce n'est que du français habillé à l'anglaise ; c'est la traduction de l'ouvrage de Noverre. Auprès de la traduction, est l'original sur lequel nous avons assez discuté. Si vous voulez, chère amie, voir le portrait de l'auteur, il s'est fait graver en taille-douce à la tête du recueil.

DÉMOCRITE. — Oh! c'est bien là sa figure sérieuse. M. J.-G. Noverre, ancien maître des ballets en chef de l'Académie royale de musique, ci-devant chevalier de l'ordre du Christ. Par exemple, voilà une singulière décoration pour un danseur. Ma foi j'ai envie de solliciter cette croix-là?

HÉRACLITE. — Il faut d'abord savoir qui la donne, ou combien elle se vend. Au reste, si les ouvrages du plus illustre de nos maîtres de ballets n'étaient pas un titre pour mériter la croix du Christ, ils méritaient bien les vers du poète Imbert, que vous lisez au bas de son portrait :

> « Du feu de son génie il anima la danse;
> Aux beaux jours de la Grèce il sut la rappeler,
> Et, recouvrant par lui leur antique éloquence,
> Les gestes et les pas apprirent à parler. »

MOI. — Pendant qu'il est question de vers et de poésie, terminons, Messieurs, notre revue par trois ouvrages où, pour parler en poète, Euterpe et Calliope ont accordé la lyre et embouché la trompette en l'honneur de Terpsichore et de Polymnie. Voici d'abord Dorat qui a consacré à la danse un des chants de son poème de *la Déclamation*. Plus loin est Étienne Despréaux, qui, dans le second volume de ses *Passe-tems* , a parodié l'Art poétique avec assez de bonheur , en appliquant à la danse les préceptes de son illustre homonyme.

SOPHIE.—Ce doit être un singulier poème ; laissez-nous en donc lire quelques vers.

MOI. — Une seule citation, ma chère amie , suffira pour vous faire connaître la nature de ces cantons : les vers du danseur rappelleront aisément ceux du poète :

> « Quel que soit votre rôle, évitez la bassesse ;
> Le genre le moins noble a pourtant sa noblesse.
> Au mépris de la grâce, un grotesque effronté,
> Trompa les yeux d'abord, plut par sa nouveauté :
> Bientôt on ne vit plus que danses triviales,
> Terpsichore imita les postures des halles.
> Des danseurs étrangers, de grossiers baladins
> Vinrent à l'Opéra danser les paladins.
> Cette contagion infecta les provinces,
> Elle alla de la foire au spectacle des princes :
> Le grimacier Slyns'byk trouva des amateurs,
> Et L*** en Lapon eut ses approbateurs.
> Mais de ce genre enfin la cour désabusée
> Dédaigna de ces pas l'extravagance aisée,
> Distingua du bouffon l'agréable danseur,
> Et laissa la province admirer le sauteur.
> Que ce genre jamais ne souille votre danse ;
> Imitez de Vestris la badine élégance ;
> Le burlesque honteux, vrai plaisir de valet,
> Ne convient qu'aux tréteaux qu'illustra Nicolet. »

HÉRACLITE. — Despréaux était un homme d'esprit aussi bien que Berchoux, dont je vois un peu plus loin le poème de *la Danse ou les Dieux de l'Opéra*. Je lus ce poème à son apparition, et je me rappelle y avoir remarqué des idées plaisantes et des vers heureux; mais, sans être plus enthousiaste de Vestris que de Duport, je blâme l'auteur de sa partialité outrée pour le second, et de ses sarcasmes injustes contre le premier, qui, s'il ne fut pas le plus parfait, est du moins le plus extraordinaire et le plus universel danseur qui ait paru.

Moi.—Je pense comme vous, et, malgré quelques jolis détails, malgré la bonne facture de vers qui y fait reconnaître l'auteur de *la Gastronomie*, je mets *la danse* bien au-dessous de ce dernier poème. D'ailleurs, sans connaître dans toutes ses parties le fondement historique de l'ouvrage, croyez-vous que les querelles de Vestris et de Duport aient assez occupé le public pour mériter l'honneur d'un poème en six chants?

Héraclite. — Les deux héros fixèrent longtems l'attention. Auguste Vestris, fils de Gaëtan, parut à l'Opéra en 1774. La nature ne l'avait pas moins favorisé que son père; belle figure, taille de Zéphyre, une légèreté et une vigueur extrêmes; il surpassait dans l'exécution tout ce qu'on avait vu jusqu'à lui. On n'avait pas encore battu un

entrechat ni filé une pirouette avec une si rare
perfection ; mais voici une chose qui prouve ce
que vous disiez tout-à-l'heure sur le mérite de
l'exécution lorsque ce mérite est le seul. Le jeune
Duport se présenta dans la lice, et osa lutter avec
celui qu'on proclamait le dieu de la danse. Les
applaudissemens du public semblèrent confirmer
sa hardiesse, et Vestris dut partager le trône avec
son audacieux rival. Les prétentions de Duport
s'accrurent avec ses succès ; il voulut régler lui-
même ses pas, et élever au rang des premières
danseuses sa sœur, qui assurément n'était pas sans
mérite, qui avait de l'à-plomb, de la fermeté, de
l'agilité, mais qui était encore loin des Gardel et
des Chevigny. L'administration ne crut pas devoir
accéder à ses demandes, et de là toute la guerre.

Démocrite. — Eh bien, moi, j'aurais prononcé
en faveur de Duport. Je me rappelle bien aussi
cette guerre de plume qui nous divisa tous en
deux armées ennemies, et qui eut ses généraux,
ses trompettes et ses historiens. Qu'on ouvre les
Courriers des spectacles de 1804 et 1805, on les
trouvera pleins des bulletins des deux partis,
c'est-à-dire des accusations de l'Opéra contre
Duport, et des récriminations de Duport contre
l'Opéra. Les concessions réclamées par Duport
n'avaient rien d'extraordinaire, et de pareilles

faveurs avaient souvent été accordées aux premiers sujets. L'administration eu tort de s'y refuser.

HÉRACLITE. — L'administration eut raison; ces faveurs flattent, il est vrai, la vanité des artistes; elles paraissent même augmenter pour un moment les plaisirs du public, mais elles ne tendent au fond qu'à corrompre son goût ; elles précipitent la décadence de l'art, et doivent par conséquent être accordées avec une extrême retenue. L'artiste qui jouit de la faculté de composer lui-même ses pas, leur donne rarement une convenance parfaite avec le reste du ballet. Plus le chorégraphe aura déployé de talent, mieux il aura su distribuer tous les groupes de ses tableaux , et donner à chacun la couleur qui lui est propre, et plus les conceptions étrangères trancheront au milieu des siennes, et nuiront à l'effet général. Les danseurs ont d'ordinaire des pas, pour ainsi dire, privilégiés, où ils excellent, et qui leur rapportent un infaillible tribut d'applaudissemens. Ils ne manqueront pas de les ramener dans chaque rôle : ou, s'ils sont également supérieurs dans toutes les parties , il en résultera un défaut tout aussi funeste aux progrès de l'art, la confusion des genres, dont les deux premiers talens du dernier siècle, Vestris et Mme Gardel ont donné l'exemple.

Démocrite. —Comment, ne vas-tu pas attaquer aussi Mme Gardel ? Je t'ai laissé mordre sur
tout le monde ; mais pour elle, je me déclare son
champion, et j'irais volontiers, comme Don Quichotte, forcer tous les passans à la reconnaître
pour la première danseuse de l'univers.

Sophie. — Et bien volontiers aussi je me join-
drais à vous. Je prierais Mme Gardel de souffrir
qu'une élève qui l'admire et qui l'aime, célèbre
en elle la réunion des plus précieuses qualités, la
correction, la vivacité, la grâce et cette excellente méthode dont j'ai vu si souvent les heureux
effets.

Moi. — Nous ne pouvons, chère amie, qu'ap-
plaudir à votre reconnaissance et à votre goût ;
mais il n'y a pas grand courage à se faire le champion d'une cause que personne ne combat.
En 1816, comme en 1786, depuis son mariage
comme lorsqu'elle était encore Mlle Miller, à
vingt ans comme à cinquante, Mme Gardel a toujours été l'objet de la plus unanime admiration.
Aussi excellente pantomime qu'habile danseuse,
elle semblait dans chaque nouveau rôle se surpasser elle-même : on disait que de ses pieds
jaillissait des diamans ; on l'appelait la *Vénus de
Médicis* de la danse, et jamais la critique n'est
venue mêler son aigre voix à ce concert d'éloges.

DÉMOCRITE. — Vous voyez cependant que Monsieur lui reproche, comme à Vestris, d'avoir embrassé tous les genres; mais, puisque la nature les avait faits pour exceller dans tous, pourquoi voulez-vous la contrarier, et les renfermer malgré eux dans un seul ?

HÉRACLITE. — Aussi, n'est-ce pas à eux que s'adressent mes reproches, mais aux mauvais imitateurs de ces excellens modèles. Éblouis par des succès auxquels ils ne pouvaient prétendre, ils ont oublié une incontestable vérité, c'est que, si l'on met à part ces rares exceptions dont un siècle offre à peine deux ou trois exemples, les danseurs en général sont destinés chacun à un genre particulier. Ainsi les deux demoiselles Saulnier, dont l'aînée fut si admirée dans les rôles de Vénus, de 1785 à 1794, et dont la cadette méritait si bien le nom de Victoire; ainsi Mlle Coulon, ainsi Mlle Clotilde, dignes de recueillir l'héritage des Saulnier, paraissaient créées pour le genre sérieux. Le demi-caractère semblait convenir exclusivement à Mlle Guimard, depuis Mme Despréaux, qui, vers 1763 et jusqu'en 1789, donna le meilleur modèle de pantomime dans les rôles naïfs, et surtout dans le genre anacréontique; à Lepicq, charmant danseur, principalement dans les pas de deux, que sa grâce et sa beauté firent justement surnommer l'*Apollon de la danse* ; à Laborie, qui, en 1790, créa le rôle de Zéphire; à Deshayes, qui le perfectionna, lorsque M. Gardel eut composé en son honneur le *Retour de Zéphyre*. Le comique, au contraire, réclamait M.me Delille, son embonpoint, sa vigueur et sa gaîté; et M.lle Millière à la jolie figure chiffonnée, à la danse rapide et brillante. Dans le même genre, Beaupré devait porter le ventre de Sancho et le masque noir de l'esclave dans *Paul et Virginie*, et Branchu, la livrée du valet du dansomane. Tous ceux que je viens de nommer obéissaient à la nature dans le choix de leurs rôles. Mais pourquoi Henry, qu'elle avait doué de la grande taille de Dupré et de l'air noble de Gaëtan, pourquoi Henry, qui pouvait être le prince du genre sérieux, va-t-il disputer aux Duport et aux augustes Vestris la palme du demi-cararactère? Quand on a les petites formes, le visage riant et l'œil mutin de M.lle Colomb, pourquoi s'obstiner à vouloir jouer les grands rôles?

Moi. — Quoiqu'au fond d'accord avec vous, j'ai bien quelques objections à vous opposer. J'ai connu des danseurs qui, sans être des Vestris ni des Gardel, étaient fort agréables dans tous les genres; Nivelon, par exemple.

Démocrite. — Oh! oh! Nivelon, l'amant aimé

de la fameuse Isabeau, cette belle mulâtresse qui eut, dit-on, le talent d'attirer sur elle pendant quelques mois tous les yeux de la capitale ; de manger en cinq ans le fonds de deux riches habitations, de ruiner en moins de tems encore trois grands seigneurs, cinq maîtres des requêtes et quatre fermiers-généraux, et qui, avec tout ce talent-là, n'eut pas celui de pouvoir enrichir Nivelon !

HÉRACLITE.—Peu importent les détails de sa vie privée. Monsieur parle de Nivelon comme *homme public*. J'avoue qu'il remplaçait tout le monde à l'Opéra avec une étonnante facilité ; mais ce fut cette facilité même, d'ailleurs estimable et précieuse au théâtre, surtout pour ses camarades, qui l'empêcha de s'élever à la supériorité qu'il aurait pu atteindre, à en juger par ses pas de deux. Remarquez aussi que cette facilité de talent et de caractère est presque toujours accompagnée d'une certaine indolence qui est le plus grand obstacle à la perfection ; car nul art au monde n'exige un travail plus opiniâtre et un exercice plus constant que la danse. Avec un grand travail, des danseuses comme Mlles Laval, Constance, Puvigné, Louise, Laneuville ; des danseurs comme Deschamps, Butteau, Titus, Léon, Léger, eussent été fort loin. Il ne manquait à Beaulieu que de soigner sa danse; à Saint-Amant, celui qui jouait avec tant de grâce le rôle de Paul, dans *Paul et Virginie*, que d'être plus fini, pour se placer au premier rang. Le travail, et un travail obstiné, est peut-être la qualité la plus essentielle au danseur.

DÉMOCRITE. — Sans doute; cependant il ne faut pas pousser les choses trop loin. J'ai travaillé dans ma jeunesse tout comme un autre, mais je n'ai jamais pensé qu'il fallût mourir à la peine : aussi me suis-je toujours parfaitement porté. Je mets souvent sous mes yeux l'image des victimes du travail; voyez cette pauvre demoiselle Gosselin, si légère, si souple, que, pour exprimer sa prodigieuse flexibilité, l'ami Geoffroi avait créé un mot tout neuf, et l'appelait Gosselin *la désossée*. Voyez cette aimable Chameroy, enlevée en 1803, toute jeune encore, à l'admiration des Parisiens. Toutes deux sont mortes épuisées de travail et de fatigues. Te rappelles-tu la mort de cette bonne et jolie Chameroy?

HÉRACLITE. — Parfaitement, et aussi ses funérailles qui nous ont coûté un argent que bien certainement je ne regrette pas, mais qui faillit être perdu. Le curé de Saint-Roch avait refusé d'admettre son corps à l'église, et, sans la complaisance du curé de Saint-Thomas, ou eût vu les mêmes scènes qui signalèrent depuis l'enterrement de Mlle Raucourt.

Moi. —Connaissez-vous sur cette scandaleuse anecdote, le joli *conte* d'un de nos comiques les plus spirituels? Je vous le réciterais volontiers pour finir la séance, mais j'en ai oublié la plus grande partie. En voici seulement deux morceaux qui sont encore présens à ma mémoire; celui qui termine la pièce, et un autre où il vous sera facile, chère Sophie, de vous reconnaître dans le portrait que Mlle Chameroy fait d'elle-même. Saint Roch demande à la jolie défunte ce qu'elle fesait ici bas :

> « Votre métier ? — Mon art était la danse.
> Je m'appliquais à former en cadence ;
> A dessiner mes mouvemens, mes pas ;
> Pour mon pays ces jeux ont des appas :
> Et chaque soir, sur un brillant théâtre,
> Aux yeux ravis d'un public idolâtre,
> Je figurais, dans un ballet charmant,
> Tantôt la reine et tantôt la bergère.
> On s'enivrait de ma danse légère :
> Le magistrat, le guerrier, le savant,
> La fille assise à côté de sa mère
> Venaient goûter un plaisir élégant. »

A la fin de la pièce, on accorde aux danseuses l'entrée du ciel, qui leur avait été fermée jusqu'ici, et le poète ajoute :

> « O vous, soutiens de ce bel Opéra,
> Vous que sur terre on fête, on préconise,

> Qu'on applaudit et qu'on applaudira,
> En attendant que l'on vous canonise,
> Vestris, Miller; Delille, *et cœtera*,
> Troupe élégante, aimable, bien apprise,
> Vous voilà donc en paix avec l'Eglise,
> En paradis chacun de vous ira...,
> Mais que ce soit le plus tard qu'il pourra! »

Nous pouvons, chère Sophie, nous arrêter sur ce vœu du poète ; qu'en dites-vous, messieurs ?

DÉMOCRITE. — Ma foi, il est difficile de mieux finir. Ainsi, Mademoiselle, avec votre permission, nous ferons chorus.

> En paradis, chacun de nous ira...,
> Mais que ce soit le plus tard qu'il pourra !

ENTRETIEN VI.

Fort bien, cher maître, dit Sophie, en me voyant entrer, voilà ce qu'on appelle se présenter les armes à la main. Que nous présage le rouleau de papier que vous nous apportez? Est-ce une thèse que vous me faites la galanterie de m'offrir, comme M. Thomas Diafoirus à sa prétendue?

Moi. — Justement, ma belle espiègle, c'est une thèse. Seulement, au lieu de discuter la position du cœur et du foie, je me suis amusé à jeter sur le papier quelques idées relatives à la nature du ballet et à ses qualités les plus essentielles. C'est une espèce de poétique du genre, qui n'a guères que trois ou quatre pages, et que je soumets en toute humilité au jugement de ces Messieurs. Cela dit, je passe à mon exorde.

Héraclite. — Vous pouvez, Monsieur, être assuré d'avance de l'intérêt de votre auditoire, et vous ne risquez rien, croyez-moi, à aborder de plain pied votre sujet, sans exorde ni préface.

Moi. — Puisque vous le permettez, soit fait comme il est dit : j'entre en matière.

Les anciens, Messieurs, définissaient le ballet une conversation muette, une peinture parlante et vivante, où les passions s'expriment par les mouvemens, les regards et les gestes : les modernes pourraient le définir une action figurée à nos yeux par la pantomime et la danse. Le premier soin du chorégraphe, comme du peintre ou du poète, c'est le choix du sujet. Il doit prendre un sujet connu, une action positive, capable de rappeler à l'imagination du spectateur des idées qui lui soient familières; car, comme il ne peut parler qu'aux yeux ; comme il n'a pas la liberté de développer par le discours les situations précédentes, l'exposition, déjà si difficile dans les poèmes, l'est beaucoup plus encore pour lui. L'aspect des décorations, le costume, l'entrée en scène et les premiers gestes du pantomime, doivent instruire le spectateur aussi clairement que le fait le poète, quand il dit :

« .....Je suis Oreste, ou bien Agamemnon. »

C'est peut-être parce que le sujet était inconnu à la plupart des spectateurs, qu'on reçut si froidement *Daphnis et Pandrose*, le seul des ballets de M. Gardel qui n'ait pas réussi. Les trois sources principales où le maître de ballets peut puiser les sujets de ses compositions, sont l'histoire, la mythologie ou féerie, ce qui est ici la même chose, enfin la nature naïve ou comique ; je n'ajoute pas les traductions qu'il fait en sa langue des pièces représentées sur d'autres théâtres ; car presque toutes appartiennent elles-mêmes à l'une de ces trois divisions. Je crois avoir dit dans une de nos conversations précédentes que j'étais loin de partager l'opinion de Noverre, qui regarde l'histoire comme une mine inépuisable pour le chorégraphe. Rarement les personnages historiques sont des personnages dansans ; et, comme nous en sommes convenus dernièrement, la danse est tellement essentielle à un ballet, que tout acteur qui ne danse point y paraît déplacé, surtout lorsque l'action même appelle sur lui l'intérêt. Il en est du théâtre comme de nos bals de société ; l'attention y est concentrée sur les danseurs : on ne s'occupe point des grand'mamans et des vieillards parce qu'ils ne dansent, point ; et s'ils dansaient, ils seraient ridicules. Faire sauter les héros de l'histoire moderne est tout-à-fait contraire à l'illusion ; la gravité romaine se prêterait encore moins aux pirouettes et aux entrechats : les mœurs qui s'en accommoderaient le mieux, ce seraient les mœurs grecques, et surtout celles des premiers âges ; car l'autorité même de Noverre ne me déterminerait pas à regarder Alexandre comme un personnage de ballet.

HÉRACLITE. — Je crois qu'un des compositeurs qui a montré le plus de sagacité dans le choix des personnages historiques, c'est Aumer, celui qui jouait si bien Don Quichotte dans les *Noces de Gamache* : son ballet d'*Antoine et Cléopâtre* fut fort applaudi autrefois, et il vient de donner *Alfred-le-Grand*.

MOI. — Sans doute, et j'allais vous le citer. Peu de programmes de ballets présentent des idées aussi riantes que le récit de la conquête d'Antoine par Cléopâtre, tel qu'il est dans Plutarque. Antoine attendait Cléopâtre à Tarse pour lui demander raison de sa conduite. Elle descend le Cydnus, et se présente devant son juge, mais dans l'appareil d'une reine ou plutôt d'une déesse qui vient s'assurer l'hommage des mortels. Son vaisseau était entièrement doré, les voiles étaient de pourpre, et des rames d'argent battaient le fleuve en mesure, au son des flûtes et des cimballes. Elle-même était couchée sur un lit semé d'étoiles d'or, vêtue comme les poètes peignent Vénus, entourée de jeunes enfans déguisés en Amours, et de ses femmes sous le costume des Néréides et des Grâces. Antoine était Romain ; mais, esclave d'une reine-barbare, il ne se fesait sans doute aucun scrupule de mépriser les opinions romaines qui défendaient la danse. Antoine danse avec

Cléopâtre, comme Hercule file aux pieds d'Omphale, comme Samson dort sur les genoux de Dalila. Alfred était un roi troubadour; l'histoire nous le montre pénétrant dans le camp ennemi une lyre à la main. Dès que nous reconnaissons un roi musicien, nous n'avons pas grand'peine à le concevoir danseur. Aussi ce ballet a-t-il eu à Londres un succès prodigieux : l'auteur fut appelé sur la scène après la pièce, ce qui n'est pas en Angleterre une faveur ordinaire. Choisissez des personnages historiques, quand vous pourrez le faire avez autant de bonheur, mais reconnaissez en principe que les sujets les plus favorables au chorégraphe, lui sont fournis par la mythologie ou la féerie. C'est là que tout lui devient facile, et que son imagination errante ne connaît d'autres bornes que celles du pouvoir même des dieux et des fées. Il faut pourtant fouiller avec précaution dans cette carrière, et ne pas croire qu'il suffise, pour réussir, d'entasser merveille sur merveille, en dépit, comme dit Boileau, du bon sens et de l'art. Que la raison ne se révolte jamas contre vos miracles : qu'ils aient toujours cette sorte de vraisemblance que l'esprit de l'homme veut trouver jusques dans la vérité. Mais surtout que le sentiment et les passions humaines y occupent toujours une grande place : le sentiment est la qualité essentielle dans un ballet, comme l'expression dans un tableau. C'est la seule qu'aucune ne remplace, et qui peut tenir lieu de toutes les autres. Mes yeux se fatigueront bientôt de vos palais, de vos nuages et des baguettes de vos fées, si mon cœur reste toujours oisif et vide. Le sentiment, c'est là le grand mérite du meilleur ballet de M. Milon, *Nina*, surtout quand il était joué par Mlle Bigottini. La pièce de Feydeau, malgré la suavité de sa mélodie, et l'extrême talent des deux actrices qui y ont brillé tour-à-tour, ne m'a jamais fait la moitié de l'impression que j'ai ressentie en voyant celle de l'Opéra; et j'en sais bien la raison. *OEdipe* et *Nina*, l'avouerai-je? sont les deux seuls ouvrages qui m'aient vraiment attendri à l'Académie royale de musique. Je ne sais guère lesquels je préférerais dans tout le répertoire. Les dilettanti poufferaient de rire, s'ils m'entendaient parler ainsi; mais leurs modes et leurs préjugés passeront : le jugement du cœur est toujours le même; il s'appuie sur la nature, et demeure autant qu'elle. Le ballet de *Nina* appartient au troisième genre dont j'ai parlé, l'imitation de la nature naïve ou comique; c'est à ce genre que se rattachent la plupart des compositions de nos anciens maîtres, tels que Dauberval et Maximilien Gardel, le frère de notre fameux Gardel d'aujourd'hui : nous assistions hier à un joli ballet de cette espèce, l'*Épreuve villageoise*.

SOPHIE. — Puisque vous avez nommé Dauberval et Gardel l'aîné, je prendrai, cher maître, la liberté de vous arrêter pour vous faire observer que vous nous avez fort peu entretenus des chorégraphes fameux, à l'exception de Noverre. D'autres cependant, soit avant, soit après lui, doivent s'être illustrés dans la composition des ballets.

HÉRACLITE. —Je crois, ma belle demoiselle, vous avoir déjà parlé de Lany, qui donna quelques ouvrages, mais de peu de mérite. La chorégraphie ne fit point de grands progrès jusqu'à Noverre et aux deux hommes dont Monsieur vient de parler. Ils débutèrent tous deux en 1760. Maximilien Gardel, né à Munich, et qui périt par accident en 1787, fut reçu d'abord comme double de Vestris le père. Devenu ensuite maître de ballets, il donna une foule de compositions pleines de grâce et de naïveté. Leur premier mérite est une simplicité facile. Elles se rattachent presque toutes au genre appelé *demi-caractère*. Telles sont : *Mirza, la Rosière, Ninette, l'Oracle, la Chercheuse d'esprit, le Déserteur, le Premier Navigateur, le Coq de village,* etc. Dauberval se retira en 1784; c'était un charmant danseur qui eut le rare talent de charmer tout Paris, sans jamais faire un tour de force. Ses ballets sont à peu près semblables à ceux de Maximilien. Ils ne mirent point dans la pantomime la richesse et la magnificence qu'y jeta ensuite le second des Gardel; mais ils sont inimitables dans les tableaux de la nature villageoise. Ils furent pour le ballet ce qu'étaient pour l'Opéra-Comique, encore enfant, les Duni, les Monsigny, les Philidor, les Grétry. Leurs successeurs, les Berton, les Boïeldieu, les Cherubini, les Méhul, en agrandissant le domaine du genre, ont quelquefois vainement tenté de retrouver la mélodie des premiers.

SOPHIE. — Je ne me rappelle pas avoir jamais vu représenter à l'Opéra aucune des compositions de Dauberval.

HÉRACLITE. — Elle ont été bannies avec lui du théâtre; je n'examinerai point si elles le méritaient. Quoi qu'il en soit, vous auriez pu les voir autrefois assez joliment exécutées à la Porte Saint-Martin. Aumer, dont nous venons de parler, y remit *Annette et Lubin*, la *Fille mal gardée*, et quelques autres.

DÉMOCRITE. — Mais savez-vous que ce théâtre a eu un bien beau moment, lorsqu'Aumer ajoutait aux ballets de Dauberval les siens propres, *les Jeux d'Églé*, *Jenny*, *les Deux Créoles*, et d'autres qui attiraient aux boulevards la meilleure société de Paris ? On y remarquait Rhenon, fort joli danseur ; Morand, qui composa un petit divertissement assez agréable pour l'opéra de Mozart, *Così fan tutte*. Ils avaient en danseuses Mlles Sauliquet, Etienne, Aline, l'Italienne Bossi del Caro, Mlle Dumouchelle, et surtout Mme Quériau.

Moi. — Je me rappelle bien cette charmante madame Quériau ; c'est une des meilleurs pantomimes que j'aie vues sur aucun théâtre. Quand elle dansait, on n'examinait pas s'il était possible de s'élever plus haut, de mieux filer une pirouette, de battre avec plus de vigueur un entrechat : subjugué par la supériorité de son talent, le spectateur ne s'occupait plus que de l'action elle-même. On ne pouvait avoir un jeu de figure plus parlant, une expression de physionomie plus riante dans le comique, plus déchirante dans le tragique, partout des mouvemens et des attitudes plus gracieuses.

Héraclite. — Oui, mais il faut avouer que parfois elle prodiguait un peu trop les gestes : ensuite elle eut tort de vouloir devenir une cantatrice ; ce n'était pas là son fait.

Démocrite. — Elle aurait été plus adroite, n'est-ce pas, d'imiter la fameuse Julie des *Jeunes-Artistes*, qui ne jouait dans les pièces chantantes que des rôles semblables à celui de *la Muette de Senès ?*

Moi. — J'ai connu à Londres un homme, alors maître des ballets du théâtre du roi, et qui s'était distingué dans le même emploi à la Porte Saint-Martin ; c'est Hullin, qui a orné de danses originales tous les mélodrames joués à ce théâtre, et entr'autres *les Ruines de Babylone.* Il avait un talent particulier pour donner à des enfans l'apparence d'acteurs consommés. De combien d'applaudissemens ne fut pas couvert le ballet de *la Fille mal gardée,* exécuté de cette manière par des actrices dont la plus âgée n'avait pas treize ans? A la tête brillaient ses propres enfans, tous si jolis qu'ils méritèrent à sa femme le nom de *la Mère des Amours.* Les deux dernières filles d'Hullin étaient d'une extrême gentillesse dans le rôle des petits satyres du ballet de *Flore et Zéphyre,* par M. Didelot.

Héraclite. — Oui, mais ces enfans-là n'ont pas tenu tout ce qu'ils promettaient.

Démocrite. — Virginie et Félicité Hullin sont des sujets agréables ; comme une foule de danseuses, sur lesquelles nous ne nous sommes pas arrêtés, comme Mlles Aimée. Fabre Guiardel, Vestris, Athalie, Courtois et tant d'autres, sans avoir brillé au premier rang, elles ont été fort utiles à l'Opéra et aux divers théâtres sur lesquels elles ont paru. Quoiqu'il en soit, il fut un moment où la Porte Saint-Martin put, à mon avis, marcher de pair avec l'opéra, au moins est-il certain que je m'y amusais davantage.

Moi.—Permettez, Monsieur ; il y a vraiment de l'exagération dans votre opinion, et je la relève, parce que je l'ai entendue à cette époque répéter par plusieurs personnes. Il ne faut point comparer la Porte Saint-Martin avec le premier spectacle de danse qui existe en Europe ; spectacle qui honore la nation aux yeux des étrangers, ni aucun de ses maîtres de ballets avec M. Gardel, le plus habile chorégraphe qui ait encore paru, le seul qui, par le genre élevé et noble de ses compositions, soit à la hauteur du théâtre qu'il dirige avec tant d'habileté. On ne peut se dissimuler que les ballets de la Porte Saint-Martin, au milieu de sa plus grande gloire, n'eussent cette exagération, cette bouffissure qui, en littérature, distingue le mélodrame de la tragédie. La *Jenny* d'Aumer est à la *Psyché* de M. Gardel ce qu'est le *Château de Paluzzi* ou l'*Homme aux trois visages*, rapproché d'*Iphigénie* ou des *Vêpres siciliennes*. Geoffroy a bien fait sentir la distance des deux théâtres, en établissant une comparaison entre *les Deux Créoles*, jouées à la Porte Saint-Martin, et le ballet de *Paul et Virginie* de M. Gardel; c'est le même sujet; mais quelle extrême différence dans l'exécution! Qu'on se rappelle le rôle tout entier de Mme Gardel, qui savait si bien allier la double expression de la pudeur et de l'amour; qu'on oppose à la pantomime si frappante de Goyon dans *le vieux Nègre*, les grimaces des nègres du boulevard; c'est la sensibilité vraie de Bernardin de Saint-Pierre, opposée à la sensiblerie de Ducray-Dumesnil. Mais, Messieurs, nous voilà bien loin de notre sujet; souffrez que je reprenne la discussion dont ces digressions nous ont écartés.

La même sagacité de discernement qui a dû guider le chorégraphe pour choisir un sujet convenable au milieu de tant de scènes que lui offrent l'histoire, le merveilleux ou la nature, ne l'abandonnera pas, quand il s'agira de distinguer encore dans le sujet choisi les parties qui prêtent ou ne prêtent pas à la danse, et de saisir, pour ainsi parler, la face dansante de chaque action; car nous ne sommes pas encore assez avancés dans la pantomime pour concevoir un ballet purement gesticulé, et dont la danse ne soit pas l'objet principal. Qu'on retranche donc impitoyablement tout ce qui est superflu; point de dialogues, et beaucoup d'action; que l'exposition, le nœud et le dénouement, rapprochés l'un de l'autre, laissent voir l'action toujours présente, même au milieu des divertissemens où elle semble dormir. La pantomime ne parlant qu'aux yeux, vous perdrez nécessairement cette finesse de traits, ces réflexions adroitement ménagées, ces gradations insensibles qui préparent les situations. Vous ne vous arrêterez qu'aux circonstances attachantes, vous multiplierez les grands traits et les coups de théâtre, coupant de droite et de gauche tous les accessoires, tous les épisodes, tout ce qui ne va pas directement au but; d'une autre part, vous chercherez à varier vos effets par un changement de tableaux perpétuel. Noverre désire que, pour conserver au sujet toute sa clarté, et ne point fatiguer l'esprit du spectateur, il n'y ait jamais en scène que quatre personnages tout au plus, bien entendu sans compter les chœurs. Je ne répugne pas à cette règle, sans cependant m'y astreindre trop rigoureusement quand la situation exige le contraire, pourvu que les personnages subalternes, lorsqu'il s'en trouve, ne restent pas dans l'inaction, et ne semblent pas uniquement destinés à faire ressortir les autres. Ai-je besoin de dire que le ballet, soumis à la règle universelle de l'unité de dessein, ne l'est pas aux deux autres unités qui, sans doute, ont un grand mérite lorsque, comme dans Athalie, elles se trouvent parfaitement d'accord avec la raison et le sujet qu'on traite, mais sur lesquelles on appuie, ce me semble, avec une rigueur beaucoup trop absolue, en s'autorisant du précepte d'Aristote, qui n'en parle pas, et de l'exemple des tragiques grecs, qui ne les ont presque jamais observées. Si je parle de ces trois unités, c'est parce que M. Gardel, dans la préface du programme de je ne sais quel ballet, s'excuse, autant que je puis m'en souvenir, d'avoir manqué à la règle. Que la conscience littéraire de M. Gardel dorme en repos, et qu'il ne se forge pas des chimères pour le seul plaisir de les combattre; ces règles, qu'elles soient d'Aristote ou d'un autre, n'atteignent pas aux régions vaporeuses de l'imagination, où réside Terpsichore et sa cour, quoique d'ailleurs la plupart des lois vraiment importantes, auxquelles sont soumises les autres compositions dramatiques, soient applicables au ballet.

Voilà donc le sujet trouvé, le programme tracé, les scènes distribuées. Le compositeur va maintenant descendre au détail et, pour ainsi dire, au matériel du ballet. Ce qui fixera d'abord son attention, ce sont les instrumens qu'il doit employer, c'est-à-dire les danseurs. Qu'il connaisse à fond l'étendue de leurs talens, qu'il cherche à faire rendre à chacun d'eux tout ce qu'il pourra dans la sphère de ses moyens, et dans le genre auquel la nature et ses études l'ont destiné. Il est avantageux, dans l'intérêt du public, comme dans le sien, qu'il utilise tous les premiers sujets, mais qu'il n'écoute point leurs vaines prétentions ; que leurs rôles soient tracés et leurs pas réglés d'après l'action même, et non d'après les demandes d'un amour-propre aveugle. Mais c'est surtout sur le corps de ballet que doivent porter tous les soins du chorégraphe. Les premiers sujets, livrés à eux-mêmes, feront rarement des pas faux, mais l'œil du maître ne doit pas perdre un moment de vue le corps de ballet : c'est aussi sur lui que son empire doit être le plus absolu : n'allez pas octroyer à de tels sujets une Charte constitutionnelle ; le despotisme ou l'anarchie, il n'y a pas de milieu. L'auteur doit assister à chaque répétition ; et, quelque compliqués que puissent être les mouvemens et les figures, montrer lui-même chaque pas. Ce ne sont pas, croyez-le bien, les premiers sujets qui font tout le succès d'une composition chorégraphique, c'est en grande partie, le corps de ballet. C'est par lui que l'opéra de Paris s'élève au-dessus de tous les théâtres dansans de l'Europe, autant que l'entrechat de Vestris pouvait s'élever au-dessus de celui des baladins vulgaires. J'ai vu à Londres, à Bruxelles et dans nos villes de province, des ballets exécutés par

Paul, Mlle Noblet et d'autres artistes du plus grand
mérite. Les premiers rôles étaient parfaitement
remplis; mais ce qu'on ne pouvait transporter
parmi nos voisins du continent ou d'outremer ,
c'était l'ensemble de Paris, c'était le corps de
ballet ; et cet ensemble , faites-y bien attention ,
est beaucoup plus nécessaire dans une pantomime
que dans toute autre composition dramatique ,
parce que les personnages y sont plus multipliés ,
et qu'aucune parole ne donnant au spectateur
l'intelligence des faits , tout l'intérêt de l'action
dépend pour lui du talent et du jeu de l'artiste.

HÉRACLITE. — Cet ensemble que vous admirez
est d'autant plus difficile à trouver autrepart,
qu'il dépend en grande partie des spectateurs. Le
parterre de l'Opéra a un tact exquis pour juger et
former un artiste. En général les danseurs per-
dent en voyageant, et malheureusement la manie
des voyages n'est que trop commune parmi eux.
Armand Beauvilliers, beau danseur, élève de
Vestris le père, Taglioni et sa sœur, ont presque
toujours été en Italie ; Deshayes et Duport sont
depuis long-tems plus connus à Londres, à Naples
et en Allemagne qu'à Paris; quelques-uns, comme
Le Picq et Gallet, le même qui donna, en 1791,
le charmant tableau chorégraphique de *Bacchus* ,
ont parcouru l'Europe dans tous les sens. Bor-
deaux, Vienne , Milan , Naples , Londres et

Saint-Pétersbourg ont été tour-à-tour le théâtre de leurs exploits. Quelquefois cependant ils ont senti que Paris manquait au développement de leurs talens : c'est ainsi que Didelot a dû quitter la Russie pour venir monter en France son joli ballet de *Flore et Zéphyre*. Mais pardon, Monsieur, j'interromps trop long-tems votre lecture ; vous en étiez aux soins que réclame du chorégraphe le corps de ballet.

Moi. — Son attention se portera ensuite sur la musique. Nous avons reconnu qu'il doit être musicien lui-même pour pouvoir apprécier et choisir celle qui conviendra davantage à ses compositions. La musique des ballets a son caractère particulier ; elle sera plus accentuée, plus parlante, plus expressive que la musique d'opéra ; car elle n'est pas destinée seulement à accompagner et à rehausser les paroles du poète, mais à être elle-même le poème tout entier. Les machines, les décorations et le costume, doivent encore fixer les regards d'un maître de ballets. C'est surtout sur les théâtres de province que l'on voit combien peut nuire à un ballet un jeu de machines mal combiné ; tantôt c'est une gloire qui descend trop tôt ou trop tard ; c'est la terre qui s'ouvre mal à propos sous les pieds d'un danseur ; c'est la flotte de Fernand Cortez, qui disparaît sous les eaux, tandis que la flamme destinée à l'incendier s'agite et se consume dans le vide. L'exactitude dans les décorations et le costume n'est pas moins indispensable ; et je comprends sous le nom de *costume*, non-seulement les vêtemens des acteurs, mais encore tous les accessoires d'une pièce ; les meubles, les draperies, les armes, les ustensiles, les ornemens : le goût et la vérité, introduits dans cette partie par les auteurs de notre siècle, et principalement par Talma, imposent la loi de la rigoureuse observation du costume à ceux qui travaillent pour un théâtre où tout est fait pour les yeux. Consultez donc avant de monter une pièce les ouvrages qui traitent des mœurs, des habitudes, du vêtement des peuples que vous allez faire paraître sur la scène. Je ne parlerai pas des préceptes ordinaires de la décoration, de la nécessité de la varier, de l'opposer avec les habillemens, en sorte que les couleurs brillantes se détachent sur les teintes obscures, et réciproquement, etc.; ces détails se trouveront dans les ouvrages qui traitent *ex professo* de cette matière. On s'étonnera moins que j'exige tant de qualités dans un maître de ballets, si l'on songe qu'un premier danseur, avant de se livrer à la composition, doit avoir absolument renoncé à l'exécution. C'est vers quarante ou quarante-cinq ans, lorsque l'âge, en lui enlevant une grande partie de sa vigueur, de son adresse et de son brillant, lui a donné en échange une plus grande expérience, un jugement plus sain et des connaissances plus étendues, qu'un artiste doit se hasarder dans la carrière chorégraphique. Un général, dit Noverre, commande, et ne se bat pas ; un maître de ballets dirige, et ne doit pas danser. Sa place est dans les coulisses, et non pas sur la scène ; si Henry eût été moins jeune, son ballet de l'*Amour à Cythère*, eût mérité moins de reproches ; si Duport, cet homme au-dessus de tous les éloges par son exécution, eût attendu que l'expérience mûrît son talent, il n'eût choisi, pour sujets de ballet, ni *Acis et Galathée*, ni *le Mariage de Figaro*.

Deux maîtres, supérieurs à tout ce qui les a précédés, restent encore à ceux qui veulent tenter la carrière de la chorégraphie, et leur présentent tous les jours de nouveaux modèles qu'ils ne peuvent trop étudier, ce sont MM. Gardel et Milon. Outre une foule de divertissemens répandus dans nos opéras, parmi lesquels je rappellerai seulement celui du troisième acte de *la Vestale*, M. Milon a composé *Pygmalion, Héro et Léandre, Ulysse, Nina*, l'*Épreuve villageoise, Clary*, et beaucoup d'autres. Avec de pareils titres, on n'a point de rival à craindre. Boileau n'aimait pas, dans Molière,

« .....ce sac ridicule où Scapin s'enveloppe. »

Oserai-je dire que dans les *Noces de Gamache,* composition remplie d'ailleurs de charmans détails, M. Milon descend un peu de la noblesse du genre, et altère la pureté de son talent? Peut-être me hasarderai-je à faire, avec toute la circonspection possible, le même reproche à l'auteur de la *Dansomanie.* C'est après avoir été seize ans premier danseur et trois ans maître de ballets, que M. Gardel donna, en 1790, Télémaque, son premier ouvrage. Bientôt les chefs-d'œuvre se succédèrent: *Pâris, Psyché, Achille à Scyros, le retour de Zéphyre, Paul et Virginie, une demi-heure de Caprice, l'Enfant prodigue,* et tant d'autres. Pour les louer dignement, il faudrait faire l'analyse de chacun d'eux. Quelques-uns ont déjà eu plusieurs centaines de représentations: c'est le plus bel éloge qu'on en puisse faire. Jamais personne ne posséda, dans un plus haut degré, cette fécondité et cette variété d'imagination qui est un des principaux caractères du génie. Que l'on ajoute à ses ballets, les nombreux divertissemens dont il orne chacun des opéras nouveaux! Ici, c'est le pas des jeunes Romaines, qui jettent des fleurs autour du char de triomphe de Trajan; là, celui des démons déguisés en femmes, du second acte de *la Jérusalem;* les danses des Arabes et des Sarrasins contrastent avec celle des Mexicaines, et ces dernières avec les mouvemens onduleux du schall des Baïadères.Que dirai-je encore? les motifs de danse créés par M. Gardel, occupent chaque soir le public de l'Opéra, et, toujours divers selon le divers génie des peuples mis en scène, ils n'ont rien de commun entr'eux que leur uniforme perfection. Ce serait aux Gardel et aux Milon à nous révéler les secrets de leur art; mais Racine n'a point fait la poétique de la tragédie, et le père Le Bossu, auteur du *Traité sur le poème épique*, n'eût pas écrit *la Henriade*. Je crois cependant pouvoir donner plus d'autorité à mes paroles, en empruntant, pour résumer tout ce que j'ai dit jusqu'ici, les expressions d'un homme qui joignit l'exemple au précepte. Voici comment parle Noverre aux jeunes gens qui veulent tenter la carrière de la Chorégraphie.

« Et vous, jeunes gens, qui voulez faire des
» ballets, et qui, croyez que pour y réussir, il
» suffit d'avoir figuré deux ans sous un homme
» de talent, commencez par en avoir. Vous vou-
» lez composer d'après l'histoire, et vous l'igno-
» rez; d'après les poètes, et vous ne les connais-
» sez pas : appliquez-vous à les étudier; que vos
» ballets soient des poèmes; apprenez l'art de
» faire un beau choix. N'entreprenez jamais de
» grands desseins, sans en avoir fait un plan rai-
» sonné; jetez vos idées sur le papier, relisez-les
» cent fois; divisez votre drame par scènes; que

» chacune d'elles soit intéressante et conduite, sans
» embarras, sans inutilités, à un dénouement heu-
» reux ; évitez soigneusement les longueurs ; elles
» refroidissent l'action, et en ralentissent la mar-
» che : songez que les tableaux et les situations
» sont les plus beaux monumens de la composi-
» tion. Faites danser vos figurans et vos figu-
» rantes, mais qu'ils parlent et qu'ils peignent en
» dansant ; qu'ils soient pantomimes, et que les
» passions les métamorphosent à chaque instant ;
» si leurs gestes et leur physionomie sont sans
» cesse d'accord avec leur ame, l'expression qui
» en résultera sera celle du sentiment, et vivifiera
» votre ouvrage. N'allez jamais à la répétition la
» tête pleine de figures et vide de bon sens ;
» soyez pénétrés de votre sujet ; l'imagination,
» vivement frappée de celui que vous voulez
» peindre, vous fournira les traits, les pas et les
» gestes convenables. Vos tableaux auront du feu,
» de l'énergie ; ils seront pleins de vérité, lors-
» que vous serez affectés et remplis de vos mo-
» dèles. Portez l'amour de votre art jusqu'à l'en-
» thousiasme. On ne réussit dans les compositions
» théâtrales qu'autant que le cœur est agité, que
» l'ame est vivement émue, que l'imagination est
» embrasée. Êtes-vous tièdes, au contraire ;
» votre sang circule-t-il paisiblement dans vos
» veines ; votre cœur est-il de glace ; votre ame

» est-elle insensible; renoncez au théâtre, aban-
» donnez un art qui n'est pas fait pour vous;
» livrez-vous à un métier où les mouvemens de
» l'ame soient inutiles, où le génie n'ait rien à
» faire, et où il ne faille que des bras et des
» mains. »

Démocrite. — Bravo, Noverre! avec un pareil sermon on ferait sortir de terre une légion de chorégraphes, si jamais la race venait à s'éteindre.

Sophie. — Sérieusement parlant, je me sens animée d'une ardeur toute nouvelle; demain, sans plus tarder, je me mets à l'ouvrage. Mais dites-moi franchement, pensez-vous que, pénétrée de vos préceptes, comme je crois l'être, je sois en état de vous présenter sous quelques jours un programme de ballet qui mérite votre approbation?

Moi. — Je suis trop galant, mon aimable amie, pour vous flatter sitôt du succès; car j'ai exigé une condition préalable, que, grâces à Dieu, vous ne serez pas de long-tems en état de remplir. Vous savez qu'il faut avoir quarante ou quarante-cinq ans. Un chorégraphe doit être au moins aussi âgé qu'un député.

Démocrite. — Diable! mais si vous exigez pour

un maître de ballets l'âge d'un éligible, ne demanderez-vous pas à un danseur au moins celui d'un électeur?

Moi. — Oh! un danseur, c'est fort différent; il n'a besoin que d'avoir atteint l'âge de raison; mais j'exige de lui d'autres qualités qui ne dépendent pas plus de sa volonté que l'âge même.

Sophie. — Vous nous les expliquerez, cher maître; car, quoique je sois loin de révoquer en doute la vérité de vos observations, je serais curieuse de voir comment vous, qui n'avez jamais fait un entrechat de votre vie, pourriez nous développer des qualités nécessaires à un danseur, et lui donner les leçons matérielles de son art.

Moi. — Certainement, je ne m'y hasarderai point: je ne me suis engagé envers vous qu'à être l'historien de la danse, et ce n'est pas au moment où j'ai rempli ma tâche, où j'ai atteint le but, que j'irais entrer dans une nouvelle carrière dans laquelle je risquerais de m'égarer à chaque pas.

Sophie. — Comment, *rempli votre tâche, et atteint le but!* Vous faites comme la sultane des Mille et une Nuits; vous vous arrêtez précisément à l'endroit le plus intéressant. Vous nous avez beaucoup parlé des danseurs morts ou retirés du théâtre; mais, en exceptant deux ou trois anciens, vous ne nous avez pas dit un mot de ceux qui en font aujourd'hui l'honneur. Penseriez-vous qu'ils ne méritent pas au moins une mention honorable?

Moi. — Au contraire , je me rangerais plutôt parmi ceux qui sont d'avis que la danse de leur siècle est le point possible de la perfection. Je suppose que nos pères utilisaient parfaitement leurs jambes; mais, dans le fait, j'ai peine à croire qu'ils aient surpassé nos artistes d'aujourd'hui , au moins sous le rapport de l'exécution mécanique. Si je me tais donc sur les artistes dont le public de notre siècle chérit et applaudit les pas, ce n'est de ma part ni oubli ni dédain; j'ai pour cela trois raisons, comme disait M. Pincé. La première, c'est qu'au milieu des éloges que je me plais à leur prodiguer , je crains qu'il ne se glisse, presqu'à mon insu, quelqu'une des épines de la critique qui suffirait pour les piquer au vif; or les dames sont souvent indiscrètes, et les danseurs pourraient bien être comme les poètes, *une race irritable.* En second lieu, comment ne pas oublier quelque candidat à la gloire dans cette foule de concurrens? Or un pareil silence serait pire que la critique. Les noms des Paul, des Albert, des Anatole, des Montjoie, ceux des Bigottini, des Fanny Bias, des Noblet, des Le Gallois,

viendraient tout naturellement se placer sur mes
lèvres ; mais ces noms, qui sont les premiers , ne
sont pas pour cela les seuls. Enfin pour que l'é-
loge des artistes soit complet et mérité, il faut
qu'ils aient quitté la carrière théâtrale, que le
tems ait mis le sceau à la réputation , et qu'un
froid examen ait confirmé des applaudissemens
excités peut-être dans le premier moment, par un
enthousiasme irréfléchi ou par des raisons tout-
à-fait étrangères à l'art. Quant à traiter des qualités d'un bon danseur, ce serait de ma part une
entreprise ridicule devant vous, Messieurs , qui
êtes maîtres-passés dans tout ce qui regarde la
pratique de votre art ; ce serait plutôt à vous à
nous développer vos idées sur ce sujet.

HÉRACLITE. — Je m'étais amusé à rassembler
autrefois quelques notions sur le mécanisme de la
danse , et j'aurais aimé à vous les communiquer ;
mais il est bien tard aujourd'hui , et je crains
d'être obligé de quitter Paris avant notre pro-
chaine séance pour aller retrouver Duport, qui
est maintenant à Vienne ; si pourtant ce départ
peut être retardé, je prendrai la liberté de vous
demander votre avis sur ma *Théorie de l'Art de
la danse.*

ENTRETIEN VII

Moi. — Eh bien , chère Sophie , nous voilà re-
venus au tête-à-tête; nos deux amis sont décidément partis. Je les ai vus monter en voiture hier
au soir, et sans doute, ils roulent maintenant sur
la route de Strasbourg.

Sophie.—Avouez, cher maître, que, malgré la
différence d'opinions, vous les regrettez, et surtout le grave Héraclite, comme vous l'appelliez.
Il vous faut donc à présent descendre de vos su-
blimes théories, et vous abaisser au niveau de
votre écolière, qui ne vous suit pas long-tems,
quand vous vous enfoncez dans vos savantes dis-
sertations. A vous parler franchement, je com-
mençais à me fatiguer un peu des discussions
sérieuses. Aussi, si vous avez encore quelque
chose à me dire sur notre art, permettez-moi de
quitter le théâtre dont nous avons si long-tems
raisonné, et de rentrer dans les salons. J'aimerais
à jeter un coup d'œil sur nos danses de société,
qui sans doute ont aussi leur histoire ; à oublier
pour aujourd'hui les Vestris et les Gardel, et à
m'occuper un peu des Marcel et des Trénitz.

Moi. — Très-volontiers, chère amie ; il me semble même que je pressentais votre idée, car j'ai apporté avec moi le volume de l'Encyclopédie qui traite des arts académiques. Nous y trouverons sur les danses de société tous les détails que nous pouvons désirer. Mais ne vous imaginez pas être dans un salon à l'abri de la théorie, elle vous poursuivra partout. Ici, par exemple, le volume commence précisément par une *théorie de bal*, mais si grave, si profonde, que je ne puis consentir à vous en faire grâce. Je vous la lirai, et, dussiez-vous penser que le danseur, associé aux travaux des Diderot et des d'Alembert, ne s'est guère formé le style en si bonne compagnie ; je ne me permettrai pas d'y changer un seul mot ; écoutez :

« Comme dans un bal réglé, il y a un roi et
» une reine, pour en suivre la règle, ce sont eux
» qui commencent à danser ; et, lorsque leur pre-
» mier menuet est fini, la reine convie un autre
» cavalier de venir danser avec elle, et après
» qu'il ont dansé, il va reconduire la reine, et
» lui demander poliment qui elle souhaite qu'il
» prenne, et après lui avoir fait une révérence,
» il va en faire une autre à la personne avec qui
» il doit danser ; mais, si la personne que vous
» conviez parlait à quelqu'un, et qu'elle ne vienne
» pas aussitôt, il faut se transporter à l'endroit

» de la salle où l'on commence de danser, l'at-
» tendre, et être attentif, lorsque cette demoi-
» selle vient, de la laisser passer devant vous ; ce
» sont des attentions que la vie civile veut que
» l'on observe ; et lorsque vous avez fini votre
» menuet ou votre danse, vous faites de pareilles
» révérences en finissant, que celles que vous
» avez faites avant ; mais, indépendamment de
» celle-là, le cavalier en fait une autre en arrière,
» et se va placer afin de faire place à ceux qui
» dansent ; mais si l'on vient vous reprendre, lors-
» que c'est à vous de prier, il faut aller convier
» la personne qui vous a prié en premier lieu ;
» autrement, ce serait un manque de savoir-vivre
» des plus grossiers. De même que lorsqu'on vient
» vous prier de danser, il faut vous transporter
» à l'endroit où l'on commence, et faire les révé-
» rences que l'on fait avant de danser ; mais si
» vous ne savez pas danser, il faut faire vos ex-
» cuses, soit sur le peu d'usage que vous en faites,
» ou sur le peu de tems qu'il y a que vous ap-
» prenez ; ainsi, vos révérences finies, vous recon-
» duisez cette dame à sa place, et du même tems,
» vous allez faire la révérence à une autre demoi-
» selle, pour la convier de venir faire la révérence
» avec vous pour ne point déranger l'ordre du
» bal ; mais si l'on vous pressait de danser, quel-
» qu'instance que l'on vous fît, ayant refusé une

» fois, il ne faut pas danser dans tout le bal,
» parce que ce serait offenser la personne qui
» vous a prié d'abord, ce qui doit s'observer d'un
» sexe comme de l'autre..... etc. »

SOPHIE. — Oh, par exemple ! cette théorie-ci est
plus ennuyeuse encore que toutes les autres.
L'observation de ces gothiques cérémonies rendrait un bal la chose du monde la plus fastidieuse,
tandis qu'il semble, au contraire, qu'une réunion
dont la danse est le seul but doit être inspirée
par la joie, et n'avoir d'autre règle que le plaisir
et la liberté.

MOI. — C'était là en effet le caractère primitif
des bals de société chez les Grecs et les Romains.
Destinés à célébrer un bonheur public ou privé,
ils gardaient la joyeuse empreinte de leur origine.
« Je veux (dit Horace à Plotius Numide) que,
» pour fêter ton heureux retour d'Hespérie, on
» boive à pleins verres, et que nos pieds, agités
» à la manière des Saliens, ne prennent aucun
» repos. » Et à l'occasion de la défaite de Cléopâtre : « C'est maintenant (dit-il) qu'il faut boire,
» et frapper la terre en cadence d'un pied libre
» et joyeux. » Ces diverses épithètes excluent
toute idée de gêne et de cérémonie. Philostrate,
dans son troisième tableau, nous offre une gracieuse image des bals de l'antiquité. Dans une

salle éclairée et jonchée de fleurs, paraît Comus, le dieu des festins et du plaisir. Couronné de roses, ivre de vin et de joie, le sourire sur les lèvres et dans les yeux, il s'appuie de la droite sur un bâton, et porte de la gauche un flambeau qu'il penche négligemment pour le faire brûler plus vîte, symbole de l'incurie du plaisir. Les autres personnages sont encore assis autour d'une table, ou debout, dans des attitudes de danse : des joueurs d'instrumens remplissent une tribune, et paraissent diriger leurs pas. Tout porte l'idée d'un aimable désordre, et de la riante liberté qui régnait d'abord dans ces sortes de réjouissances. Mais cette liberté ne dura pas long-tems; bientôt s'introduisit la gravité des bals de cérémonie.

SOPHIE. — Croyez-vous donc que les anciens eussent rien de semblable aux gothiques règlemens dont l'Encyclopédie nous offre un échantillon ?

MOI. — Je ne le pense pas; mais, sans avoir été jusqu'à ce point, ils avaient pourtant adopté quelques règles fixes dont personne, pas même les rois, ne pouvait s'écarter. On prétend qu'Antiochus, roi de Syrie, donnant à sa cour un bal de cérémonie, s'avisa d'en sortir secrètement, et de rentrer ensuite déshabillé, enveloppé dans un drap, pour danser ce que M. Bonnet appelle une *entrée d'endormi.* Tout le monde fut indigné de cet oubli de bienséance, et la plupart se retirè- rent pour montrer au roi combien ils désapprou- vaient sa conduite. Il en fut de même, au rapport d'Athénée, d'un certain Plancus Lucius, préfet des Gaules, qui, donnant un bal à Lyon, y parut déguisé en Glaucus, dieu marin à queue de pois- son, et y dansa sur les genoux, d'une façon tout-à-fait extravagante.

Sophie. — J'avoue qu'il est bon d'avoir des réglemens pour réprimer les imaginations sau- grenues des rois et des préfets, qui s'avisent de danser en robe de chambre, ou sur les genoux avec une queue de poisson. Je ne voudrais pas qu'on introduisît dans nos salons les tours de force et les burlesques postures de nos bateleurs, mais je ne sache pas que dans aucun de nos bals, personne se soit jamais permis de telles licences.

Moi. — Je n'en jurerais point ; nos grands sei- gneurs d'autrefois s'en permettaient de tems en tems qui valaient bien celles-là, et les saturnales de Rome, qui, dit-on, sont la première origine des bals masqués, n'offraient rien qui puisse être comparé à quelques-unes de leurs facéties. Voici entr'autres un trait que rapporte Bonnet, dont je conserverai religieusement les paroles ; car je me ferais un scrupule d'habiller à la moderne ces vieux

narrés qui, par leur forme, leur naïveté, et la
manière dont ils se présentent au lecteur, sont
souvent une peinture des mœurs du siècle, aussi
fidèle que peuvent l'être les faits eux-mêmes.

« C'était chez Mme la présidente ***, qui don-
» nait un bal au mariage de sa fille. Quatre jeunes
» seigneurs de la cour, après avoir soupé aux
» *Bons-Enfans*, s'avisèrent d'aller *incognito* à ce
» bal, mais d'une manière fort surprenante, puis-
» qu'ils étaient tout nus, enveloppés de man-
» teaux d'écarlate doublés de velours, de cha-
» peaux garnis de grands bouquets de plumes,
» bien chaussés et sans masque, parce que dans
» tems-là on ne se masquait que pendant le cours
» du carnaval; ils avaient leurs épées cachées
» sous leurs bras, de sorte qu'il ne fut pas diffi-
» cile de les reconnaître pour ce qu'ils étaient.
» La mariée, qui ne savait pas les règles du bal,
» crut qu'il était de la bienséance d'en aller
» prendre un pour danser; elle s'adressa à M. le
» marquis de B...., il s'en excusa autant qu'il put,
» disant qu'il n'était pas en habit décent, et qu'é-
» tant incognito, il ne pouvait répondre à l'hon-
» neur qu'elle lui fesait : plus il s'excusait, plus
» elle redoublait ses instances; il l'avertit même
» que s'il dansait avec elle, elle pourrait se re-
» pentir de ses empressemens; enfin, n'en vou-

» lant point démordre ; le cavalier, ne sachant plus
» que lui répondre, entra dans le centre du bal,
» et, laissant tomber son manteau, il fit voir à la
» mariée un corps de satyre au naturel, ce qui
» scandalisa toute l'assemblée. Les dames eurent
» recours à leurs éventails, et les hommes couru-
» rent à leurs épées, et crièrent qu'on fermât les
» portes ; mais ces jeunes seigneurs, se doutant
» bien de ce qu'il en pourrait arriver, avaient eu
» la précaution d'ordonner à leurs valets de s'en
» emparer ; ils mirent tous l'épée à la main, aussi
» bien que leurs maîtres, de sorte qu'ils se firent
» jour pour sortir sans coup férir. Cette his-
» toire fit grand bruit dans Paris ; le roi la sut,
» et, sans la faveur, il eût envoyé à la Bastille les
» auteurs de cette indécence ; ils s'excusèrent
» néanmoins sur les règles du bal, pour ceux qui
» y vont *incognito.* »

Sophie. — *Incognito* ou non, c'était une fort
vilaine plaisanterie, et je suis convaincue que, si
l'on s'en permettait une pareille aujourd'hui, les
plaisans, fussent-ils les plus grands seigneurs,
n'en sortiraient pas à si bon compte.

Moi. — Leur conduite est sans doute tout-à-fait
impertinente ; si pourtant on voulait atténuer leur
faute, on pourrait dire en leur faveur que l'usage
avait établi pour les masques la plus grande li-

cence, et leur donnait des priviléges tout-à-fait extraordinaires. Les grands avaient inventé, et aimaient fort ce genre d'amusement; ils voulaient pouvoir se livrer ainsi tout à leur aise à des excès dont ils n'avaient pas à rougir. Quand une mascarade entrait dans un bal, elle avait droit d'interrompre la danse commencée, et de faire jouer aux musiciens les airs qui lui plaisaient. Il arrivait souvent que les rois et les princes couraient ainsi les bals. « Le dimanche, 23 fé-
» vrier 1597, qui était le premier dimanche de
» carême (dit le journal de l'Étoile), le roi
» Henri IV fit une mascarade de sorciers, et alla
» voir les compagnies de Paris. Il fut sur la prési-
» dente Saint-André, sur Zamet, et à tous pleins
» d'autres lieux, ayant toujours la marquise à son
» côté, qui le démasquait et le baisait partout où
» il entrait. » L'usage voulait qu'aucun de ceux qui donnaient des bals ne fermât la porte aux mascarades qui pouvaient se présenter, et souvent il était dangereux de la refuser. Voici un incident rapporté dans le journal secret des divertissemens de la cour de Louis XV, qui prouve la licence des masques pendant le carnaval. La scène se passe encore chez un président.

Sophie. — Il paraît que ces graves personnages n'étaient pas heureux dans leurs divertissemens, et l'on conçoit assez au reste qu'ils devaient être les premières victimes des espiégleries des jeunes seigneurs.

Moi. — Comme autrefois, quand Néron et les siens couraient les rues, masqués ; c'était surtout la gravité des sénateurs et l'honnêteté des dames romaines, des matrones, comme on les appelait, qu'il tournait en ridicule. Pour en revenir à Louis XIV. « Le roi (dit le journal), qui se plai- » sait quelquefois à courre le bal incognito, fit » à celui du président N. avec un cortége de trois » carrossées de dames et de seigneurs de la cour. » Il était une heure après minuit; les Suisses refu- sèrent de laisser entrer les arrivans. Le roi or- donne aussitôt qu'on mette le feu à la maison, et la livrée qui l'accompagnait en surtouts, se dis- posait à obéir, quand M. le président, effrayé de leur audace, commanda d'ouvrir toutes les portes. Le roi entre, M. de Louvois se découvre en par- ticulier au maître de la maison, qui, pour réparer sa sottise, fait apporter des bassins de fruits et de confitures sèches. Mlle de Montpensier, qui dan- sait en ce moment, eut l'impertinence de donner dans un des bassins un coup de pied qui le fit sauter en l'air. Jugez la consternation du pauvre président. Le lendemain, on parle de l'aventure au dîner du roi, qui bien entendu approuve les sottises dont, mieux que personne, il connaissait les auteurs, et déclare qu'il ne faut pas donner de bal masqué, ou si l'on en donne, se soumettre à en subir toutes les conséquences.

SOPHIE. — Je suppose cependant qu'une mascarade, pour être digne de ce titre, devait être soumise à certaines lois, et réglée d'après certains principes ; et que le premier venu n'aurait pu, sous prétexte d'un bal masqué, s'introduire, le visage couvert, chez un prince ou un chancelier.

MOI. — Non, sans doute ; la mascarade, pour être régulière, devait être composée de seize, douze, huit ou au moins de quatre personnes ; on convenait d'un ou plusieurs déguisemens connus et uniformes pour chaque quadrille. Ces masques s'arrangeaient ensuite deux à deux ou quatre à quatre, et entraient ainsi dans le bal. La richesse des habillemens et des équipages devait annoncer leur rang, et rassurer ceux qui les recevaient. Il y avait encore une espèce de mascarade qui se rapprochait un peu des formes d'un petit drame. Deux ou trois quadrilles chantaient des airs relatifs à leurs déguisemens ; on joignit à ces airs une espèce de récit, comme dans le grand ballet. Jodelle, Passerat, Baïf, Ronsard et Benserade furent les poètes les plus estimés en ce genre.

Au témoignage de Mézeray, des mascarades et

des bals donnés aux généraux et aux grands de la
cour, avaient été, même dès les premières races,
un des divertissemens favoris de nos rois. Plusieurs d'entr'eux doivent occuper une place dans
l'histoire. Louis XII, après la conquête de Milan,
donna un bal où assista toute la noblesse du pays :
les cardinaux de Narbonne et de Saint-Séverin y
dansèrent ; les dames, en longues robes, chargées
d'or, de diamans et de perles, y exécutèrent la
fastueuse pavane. Celui qui fut donné le 29 janvier 1393, est peut-être la première cause des
malheurs qui, pendant trente ans, affligèrent la
France. Charles VI s'était présenté avec toute sa
suite à un bal que donnait la duchesse de Berry
aux Gobelins. Le roi et les seigneurs étaient déguisés en sauvages ; leur habillement était fait de
poils cousus et collés ensemble. Le duc d'Orléans, cherchant à deviner un des masques, et
entraîné par une imprudente curiosité, s'en approcha un flambeau à la main, et mit le feu à son
habit. En un instant la salle est toute en flammes.
Les cris de *sauve le roi*, retentissent de toutes
parts. La duchesse de Berry, qui le reconnaît, ne
trouve d'autre moyen pour l'arracher à la mort
que de le cacher sous sa robe et de s'enfuir ainsi.
Le jeune Nantouillet se sauva en se jetant dans
une cuve pleine d'eau ; le comte de Jouy et le
bâtard de Foix furent misérablement brûlés. La

tête du roi fut si frappée de ce malheureux événement, que dès ce moment, dit-on, sa raison s'égara, et la France fut plongée dans cette longue suite de malheurs que la prudence et la fortune de Charles VII purent seuls apaiser.

SOPHIE. —Votre récit me rappelle un autre bal où s'alluma un incendie semblable, et qui eût pu avoir des suites encore plus terribles ; c'est celui que l'ambassadeur d'Autriche donna, en 1810, à Napoléon. J'y avais été admise pour faire partie d'une danse d'enfans qui devait égayer la fête; et je me souviens, quoique fort jeune alors, de l'impression que fit sur moi cet événement; de la consternation qu'il causa dans Paris ; de tous les bruits qui se répandirent le lendemain, et de l'intérêt général qu'inspira une jeune princesse [1], victime de l'amour maternel, qui fut dévorée par les flammes en voulant sauver son enfant.

MOI. —Toutes les circonstances de cet incendie sont venues, il y a quelques jours, se retracer à mon esprit, à la lecture de l'ouvrage d'un de nos plus honorables députés, qui est en même tems une des autorités les plus imposantes dans la théorie des arts. M. de Kératry a vu, dans cet événement, un sujet remarquable de tableau,

---

[1] La princesse de Schwartzenberg.

sous le rapport de l'expression, au moment où le prestige du respect imprimé par le pouvoir suprême et par un grand caractère, permit à l'empereur et à sa noble compagne de fuir en paix les flammes dévorantes, et remporta, comme il le dit lui-même, une victoire sur la seule des forces qui renverse les trônes, l'instinct du salut.

Sophie. — Vous savez que le lendemain, on accusa l'architecte chargé de décorer la salle, d'avoir trop prodigué les draperies, les fleurs et les bougies; mais il me semble qu'en pareil cas, on ne peut les multiplier trop. Il faut du moins chercher à satisfaire les yeux, puisque la cérémonieuse étiquette des bals de cour ordonne de laisser l'esprit oisif.

Moi. — Il est vrai qu'on a cherché bien rarement à s'affranchir des lois de cette étiquette, et à tromper l'ennui des assistans. L'histoire cependant cite quelques bals où les ordonnateurs ont varié le fond uniforme sur lequel on les dessine ordinairement. Je vous ai parlé de Catherine de Médicis et de son goût pour les fêtes; voici la description d'un bal fort galant qu'elle donna à son fils; il est tiré des Mémoires de la reine de Navarre; Cahusac en fait mention dans son Livre. Dans une petite île située dans la rivière de la Bidassoa, et qui était couverte d'un bois de haute futaie, la reine fit faire douze grands berceaux qui aboutissaient à un salon de forme ronde, qu'on avait pratiqué au milieu. Une quantité immense de lustres de fleurs furent suspendus aux arbres, et on plaça une table de douze couverts dans chacun des berceaux. La table du roi, des reines, des princes et princesses du sang était dressée dans le milieu du salon, en sorte que rien ne leur cachait la vue des douze berceaux où étaient les tables destinées au reste de la cour. Plusieurs symphonistes, distribués derrière les berceaux, et cachés par les arbres, se firent entendre dès que le roi parut. Les filles d'honneur des deux reines, vêtues élégamment, partie en nymphes, partie en naïades, servirent la table du roi. Des satyres qui sortaient du bois, leur apportaient tout ce qui était nécessaire pour le service. On avait à peine joui quelques momens de cet agréable coup-d'œil, qu'on vit successivement paraître, pendant la durée de ce festin, différentes troupes de danseurs représentant les habitans des provinces voisines, qui exécutèrent les uns après les autres les danses qui leur étaient propres, avec les instrumens et les habits de leur pays. Le festin fini, les tables disparurent; des amphithéâtres de verdure et un parquet de gazon furent mis en place comme par magie : le bal de cérémonie commença, et la cour se distingua par la noble gravité des danses sérieuses, qui étaient alors l'unique fond de ces pompeuses assemblées.

Parmi les bals publics de cette époque et des règnes suivans, il ne faut pas oublier ceux de l'Hôtel-de-Ville, qui sont d'une très-ancienne origine, et à la charge de la capitale. Ils font partie des réjouissances par lesquelles les Parisiens célèbrent les événemens heureux pour l'État, la naissance des princes, leurs fêtes, les victoires remportées sur l'ennemi, etc. Sous le règne de Napoléon, les bals de l'Hôtel-de-Ville furent magnifiques; lui-même y assistait assez régulièrement lorsqu'il se trouvait à Paris. La ville s'est toujours piquée d'un grand luxe dans ces occasions; quelquefois même, elle n'a pas assez considéré que toutes ces magnificences coûtent un peu cher au peuple, qui finit toujours par en supporter les frais. On cite à ce propos un joli mot d'Henri IV. Il s'agissait de donner un bal pour fêter les ambassadeurs suisses ; mais il fallait de l'argent pour payer les violons. Pour faire face aux dépenses, on demanda au roi la permission de mettre un impôt sur les fontaines. Henri IV, qui était grand ami des Suisses, mais qui l'était encore plus des Français, répond au prévôt des marchands et aux échevins : « Messieurs, point » d'impôts sur les fontaines; cherchez, pour ré- » galer mes alliés, quelqu'autre moyen qui ne

» soit pas à charge à mon peuple ; allez, Mes-
» sieurs ; il n'appartient qu'à Dieu de changer
» l'eau en vin. »

SOPHIE. — Je suis bien sûre d'ailleurs que
Henri IV ne devait pas se plaire beaucoup à l'Hôtel-
de-Ville, et que sans doute il aimait bien mieux
les mascarades ou les sauts joyeux des paysans
béarnais, que ces bals de cérémonie qui, de tous
les moyens de se désennuyer, sont sans contredit
le plus ennuyeux. J'imagine que dans ce tems-là
toutes les danses sérieuses, et surtout le solennel
menuet, devaient être fort à la mode.

Moi. — Vous ne vous trompez pas, chère
amie ; le menuet surtout était en tel honneur,
qu'un menuet bien dansé a suffi plus d'une fois
pour faire la réputation d'une princesse. Don
Juan d'Autriche, vice-roi des Pays-Bas, partit
exprès en poste de Bruxelles, et vint à Paris *incognito*, pour voir danser un menuet à Marguerite
de Bourgogne, qui passait pour la première danseuse de l'Europe. Il paraît d'ailleurs qu'elle méritait sa réputation, et nous pouvons, d'après les
monumens qui nous restent, ajouter son nom à
celui des héros de la danse. Elle était d'une famille
qui avait fait ses preuves. Philippe-le-Bon, duc
de Bourgogne, pour déterminer les grands de son
siècle à une croisade contre Mahomet, n'avait

rien trouvé de mieux à faire que de leur donner un ballet. Tandis que j'étais à Bruxelles, le bibliothécaire de cette ville voulut bien me communiquer un manuscrit précieux de la bibliothèque de Bourgogne, qui avait appartenu à Marie, et avant elle à Marguerite d'Autriche, duchesse douairière de Savoie, fille de Philippe-le-Bel, et tante de Charles-Quint. C'est un petit in-4° oblong, intitulé *le Livre des basses danses*. Plusieurs danses y sont notées avec soin en blanc sur des feuilles noires. Sous Louis XIV, le menuet fut plus en vogue que jamais, à en juger par les descriptions de bal que nous lisons dans Bonnet. Il raconte qu'au mariage du duc de Bourgogne, il y eut un bal composé de sept à huit cents personnes, d'une magnificence extraordinaire. Il paraît que dans ces occasions solennelles on dansait deux par deux, les uns après les autres, jusqu'à ce qu'il n'y eût plus de personnages de distinction, ce qui ne laissait pas de devoir être extrêmement long et fastidieux : les danses usitées étaient les courantes, les menuets, les sarabandes, les chaconnes et autres, toutes graves et sérieuses; il était d'usage de commencer le bal par un grand branle sur un air lent et mesuré; peu à peu cette gravité se dérida. La Folie, ses grelots en main, introduisit les contredanses ; la grâce et le goût les accompagnèrent.

Le passage cependant fut insensible et adroitement ménagé ; mais, quelques précautions que
l'on prît, le zèle des enthousiastes de la vieille
danse s'alluma, les adorateurs de l'antique Terpsichore crièrent au sacrilége. Il faut que je vous
cite les lamentations de ce bon M. Bonnet sur
cette dégradation de la danse ; c'est Fabricius qui
gourmande le luxe de Rome.

« Depuis le mariage de M. le duc de Bourgo-
» gne, on a vu que les danses nobles et sérieuses
» se sont abolies d'année en année, comme *la*
» *Boccane*, *les Canaries*, *le Passe-pied*, *la*
» *Duchesse* et tant d'autres, qui consistaient à
» faire voir la bonne grâce et le bon air de la
» danse grave, comme il se pratiquait du tems de
» la vieille cour. A peine a-t-on conservé le *branle*,
» la *courante* et le *menuet;* les jeunes gens de la
» cour ayant substitué à la place les contredanses,
» dans lesquelles on ne reconnaît plus la noblesse
» et la gravité des anciennes : telles sont *la Ja-*
» *lousie*, *le Cotillon*, *les Manches vertes*, *les*
» *Rats*, *la Cabaretière*, *la Testard*, *le Rémou-*
» *leur*, etc. ; de sorte que, par la suite des tems,
» on ne dansera plus dans les assemblées de céré-
» monie que les danses baladines. Cela va à la
» destruction des danses sérieuses, et confirme
» avec raison le reproche de l'humeur changeante
» des Français, qui, en cela comme en bien d'au-

» tres choses, sacrifient souvent le bon au plaisir
» de la nouveauté. » Mais, comme il entre trop
souvent dans l'amour du bien public une petite
dose d'intérêt personnel, je soupçonne M. Bonnet
d'avoir eu quelque raison particulière pour tenir
aux bals de cérémonie ; il y voyait, à ce qu'il
semble, beaucoup de choses que personne n'y
voit. Après avoir rapporté ce que dit Gafarel dans
ses *Curiosités inouïes*, qu'Alexandre III, roi d'É-
cosse, fut averti du jour de sa mort, dans un bal,
par un spectre ou fantôme qui y dansa au vu et
au grand étonnement de toute l'assemblée, il
ajoute : « Le lecteur en croira aussi ce qui lui
» plaira ; mais j'ose dire, par ce qui m'est arrivé
» en 1712, que cela n'est pas incroyable. »

SOPHIE. — Mais raconte-t-il enfin ce qui lui
était arrivé en 1712 ?

MOI. — Non : soit que le fait n'en valût pas la
peine, ou que lui-même rougît de sa crédulité, il
n'a pas jugé à propos de satisfaire la curiosité du
lecteur.

SOPHIE. — Quoi qu'il en soit, nous en sommes
sous ce rapport moins heureux que nos ancêtres.
Jamais aucun des bals où j'ai assisté n'a été honoré
de la visite de spectres qui aient prédit à personne
le jour de sa mort ; mais si l'ennui d'un bal était

un titre à cet honneur, j'en connais un qui n'aurait pas manqué de fantômes, c'est le bal de
l'Opéra ; j'avoue que je m'y ennuie excessivement ;
mais je dois dire aussi que c'est moins parce qu'on
y danse que parce qu'on n'y danse pas.

Moi. — Le bal de l'Opéra, ma chère amie, a
toujours été une cohue dès son origine. Aux anciennes mascarades, que nos rois aimaient tant,
avaient succédé les bals masqués, tant publics que
particuliers. La dernière mascarade où dansa
Louis XIV, eut lieu le 18 janvier 1668. Depuis,
la vieillesse du roi, sa dévotion et celle de Mme de
Maintenon, bannirent les mascarades de la cour,
et, un quart de siècle après, la licence du régent
créa les bals masqués dans le goût moderne. Le
régent au Palais-Royal, la duchesse du Maine à
Sceaux, en donnèrent de magnifiques. Bientôt le
goût de ces divertissemens devint général ; on
cite comme les plus beaux de ce tems ceux que
donnaient l'électeur de Bavière et le prince Em-
manuel de Portugal, à Surène et à l'hôtel de Bre-
tonvilliers. Enfin, le 31 décembre 1715, le duc
d'Orléans permit de donner trois fois la semaine
des bals publics à l'Opéra, pendant le cours du
carnaval. Les directeurs firent faire une machine
qui élevait le parterre et l'orchestre à la hauteur
de la scène ; on y mit des lustres, un cabinet de

glaces au bout et un buffet de rafraîchissemens ;
le public en fut satisfait ; la Comédie française
voulut établir aussi des bals masqués, mais elle
ne réussit point. Depuis, la rivalité de l'Odéon
ne fut pas couronnée d'un plus heureux succès. La
vogue est restée à l'Opéra.

SOPHIE. — J'avoue que je n'aime point les bals
où l'on ne danse pas. Un bal aujourd'hui est à peu
près comme ces thés où l'on trouve des pâtés de foie
gras, des dindes aux truffes et des vins de toute
espèce, et souvent point de thé. On trouve dans
un bal des tables de boston, de whist, d'écarté,
des journaux de toutes couleurs, et le cours des
effets, mais point de danse. Quelques-uns même
y viennent en bottes, et sachant fort bien qu'ils
ne danseront pas. Je crois que vous-même, cher
maître, vous n'avez pas été exempt de la contagion du siècle.

MOI. — Ma foi, je confesse humblement que je
ne vais plus au bal qu'en bottes, et pourtant je
reconnais que c'est un abus ; il n'en était pas ainsi
chez nos pères. Le sage Pibrac, dont personne
ne conteste l'autorité en fait de morale, dit posi-
tivement dans ses quatrains :

« N'aille au bal qui n'y voudra danser. »

Plus tard la danse, de société fut fort à la mode,

grâce aux leçons de Vestris le fils, à son immense réputation, et aussi à l'originalité de Marcel.

SOPHIE. — Vous m'avez déjà parlé de ce Marcel, et je l'ai entendu citer partout comme un homme d'un talent prodigieux ; mais son mérite était-il veritablement au niveau de sa renommée?

MOI. — Il semblerait qu'il fût même au-dessus, à en juger par ces vers de Dorat dans son poème *de la Déclamation :*

« C'est ainsi que Marcel, l'Albane de la danse,
Communiquait à tous la noblesse et l'aisance.
Des mouvemens du corps il fixa l'unisson,
Et dans un art frivole il admit la raison.
La beauté qu'il formait venait-elle à paraître,
Elle emportait le prix, et décelait son maître.
Telle brille une rose entre les autres fleurs;
Il dotait la jeunesse en lui gagnant les cœurs. »

Mais je crois que Marcel, comme certains médecins de cette époque, dut sa vogue, moins encore à ses talens qu'à son originalité, à sa brusquerie, à sa naïve et impertinente vanité; car tout est charmant dans un homme à la mode, et sa réputation s'augmente de ce qui détruirait celle des autres. Helvétius, qui fut son élève, en parle beaucoup dans son Livre *de l'Esprit :* et Helvétius n'était pas seulement un philosophe, mais un homme fort riche, fort aimable et excellent danseur. On cite de Marcel une foule d'anecdotes. On le vit un jour, la main appuyée sur le front, l'œil fixe, le corps immobile et dans l'attitude d'une méditation profonde, s'écrier tout à coup en voyant danser son écolière : « Que de » choses dans un menuet! » Il prétendait connaître le caractère d'un homme à sa démarche et à son extérieur. Il disait un jour à une personne qu'on lui présentait, et qui se donnait pour Anglais : « Vous, Anglais, Monsieur! à ces jambes » pliantes, à cette habitude de corps voûté, je ne » reconnais pas l'habitant d'un pays libre. » Un autre Anglais, danseur fort célèbre, arrive à Paris, descend chez Marcel : «Je viens, lui dit-il, » vous rendre un hommage que vous doivent tous » les gens de notre art. Souffrez que je danse » devant vous, et que je profite de vos conseils. » Volontiers, lui dit Marcel. L'Anglais fit des pas très-difficiles et mille entrechats. Marcel le regarde, et s'écrie tout à coup : « Monsieur, l'on » saute dans les autres pays, mais on ne danse » qu'à Paris. »

Sophie. — La vogue tient souvent à bien peu de choses. On m'a dit que celle de Marcel dépendait surtout de ce qu'il avait appris à se servir de ces longues robes de cour à queue traînante, dans lesquelles il était fort difficile de ne pas s'embarrasser.

Moi. — En effet, ce talent fit la moitié de sa réputation. Il préservait les dames d'une chute qui eût amusé l'impertinence des marquis, par un coup de talon ou par un écart de la jambe entière ; mais la difficulté consistait en ce que le buste ne se déplaçât pas, et que le corps restât tranquille, et ne cédât point aux mouvemens des pieds et de la jambe. Marcel était un homme d'une belle figure, bien fait, et qui chantait fort agréablement. Sa réputation commença en 1710, et alla toujours croissant ; c'était une vraie fureur. Marcel, assis dans un fauteuil, au milieu d'un salo tout en glaces, et magnifiquement éclairé, recevait tout ce qu'il y avait de plus grand dans les deux sexes, à la cour, à la ville et à l'étranger ; les moindres révérences se payaient six francs, et quant à celles de présentation à la cour, quant aux menuets dansés dans les grands bals parés, ils allaient jusqu'à 3oo francs. Mais une chose curieuse, c'était de voir ce même Marcel dix ans après. Ce papillon ne pouvait plus se remuer ; rongé de goutte, portant une perruque à la Louis XIV, une canne à pomme d'or, et ayant deux laquais qui lui servaient de béquilles, il offrait un nouvel exemple des vicissitudes humaines. Il mourut en 1759.

Sophie. — Il en est de même de Trénitz.

Moi. — Comment ! le fameux Trénitz, celui qui inventa la figure de son nom ? Est-ce qu'il vit encore et avec la goutte ?

Sophie. — C'est bien pis : il est devenu fou. On m'a dit qu'il était maintenant dans une maison de santé ou à Charenton.

Moi. — Eh bien ! si quelque chose lui a tourné la tête, c'est sans doute aussi la vanité. Il en avait une dose aussi forte au moins que les Vestris et les Marcel. C'était lui, comme vous le savez,

« Qui disait aux beautés sur ses traces pressées :
Mesdames, pour me voir étiez-vous bien placées ?
Avez-vous remarqué mon mollet sémillant,
Ma jambe libertine et mon pied agaçant ? »

Sophie. — Quoi qu'il en soit de leurs défauts ou de leurs ridicules, c'est aux Marcel et aux Trénitz que l'on doit la perfection où est parvenue la danse de société, là où elle existe. J'ai vu de tems en tems (car après tout il est encore quelques bals où l'on danse) des amateurs qui n'eussent pas été déplacés sur nos théâtres ; qui dansaient avec grâce, et l'on peut dire même dans toutes les règles de la science.

Moi. — Eh ! vraiment, croyez-vous que ce soit en faire l'éloge ? Heureusement que nous nous corrigeons de ce travers ; mais il n'y a guères plus d'une vingtaine d'années que les danses de sociétés, qui devraient être l'expression simple d'une joie naïve et familière, et rappeler toujours la grange rustique ou le coin du feu maternel, étaient une véritable étude, une carrière d'émulation. Danser dans une soirée, c'était, pour bien des jeunes personnes, lutter avec jalousie dans un exercice fatigant auquel on a dû se rompre long-tems d'avance. Les bals champêtres eux-mêmes se sont ressentis de ce prétendu perfectionnement, et j'ai vu à Tivoli et à Sceaux, des contredanses qui, par la complication des notes, des pas et des figures, présentaient à l'orchestre et aux danseurs presqu'autant de difficultés que les danses théâtrales. Non, non, ce n'est pas sous l'ombrage des hêtres ou sous le dôme des pavillons chinois, que je demande la perfection de la science ; c'est sur le théâtre, ou bien encore dans ces soirées où M. Coulon, l'un des patriarches de la chorégraphie, par exemple, rassemblait tout ce que son école avait produit de plus parfait. La plus brillante société de Paris s'y trouvait réunie. Une troupe de nymphes enchanteresses savait déployer entre les quatre murs d'un salon, autant de grâces qu'à l'Opéra : dépouillées du prestige de la scène, elles soumettaient dans tous leurs détails, au regard critique du connaisseur, ces pas séduisans dont la perfection défiait l'examen, et gagnait à la plus sévère analyse. C'est là, chère

Sophie, que j'eus le plaisir de vous voir pour la première fois : vous n'étiez inférieure à aucune de vos rivales, et vous aviez de plus ce charme du regard et du sourire, cette ravissante expression de physionomie que nulle d'entr'elles ne connut jamais aussi bien que vous. Mais, tout en causant, nous sommes arrivés aux soirées de M. Coulon, nous voici à nos plaisirs de la veille. Je puis crier, comme le matelot troyen : *Italiam ! Italiam !*

SOPHIE. — Du latin, mon ami! vous savez que je suis très-sensible à vos éloges et aux souvenirs des soirées de M. Coulon; mais, si vous voulez que je comprenne vos complimens, faites-les du moins en français. Que veulent dire ces mots-là?

MOI. — Ils veulent dire, chère amie, que, d'après vos ordres, j'entrepris, il y a plus d'un an, d'écrire l'histoire de votre art; que, tantôt en me consolant de votre absence par les lettres que je vous adressais, tantôt en mettant à profit votre présence par des conversations toujours agréables pour moi, puisque vous en étiez l'objet, j'ai parcouru, dans toutes ses parties, un pays qui m'était entièrement inconnu, et qu'enfin nous sommes parvenus tous deux, presque sans nous en apercevoir, au terme que nous nous étions proposé.

SOPHIE. — *Italiam* signifie tout cela ? L'admirable langue qui dit tant de choses en un seul mot ! Je veux, cher maître, que vous m'en donniez des leçons. Si vous avez su disserter aussi savamment sur un art que vous ne pratiquez point, quel succès ne dois-je point me promettre dans une science qui sans doute vous est familière ?

MOI. — Croyez-moi, aimable Sophie ; ne vous donnez pas un ridicule qui vous distrairait des seules études qui vous conviennent, sans ajouter beaucoup à vos plaisirs ; et, puisque vous admirez le laconisme des Latins, sachez encore qu'un de leurs adages a blâmé d'avance votre bizarre désir avec ces quatre mots : *Ne sutor ultrà crepidam.* Ce qu'on pourrait traduire ainsi : « Excellente dan-
» seuse, vous perdriez vos grâces et vos pas à
» vous essayer dans une carrière qui n'est pas faite
» pour votre sexe. »

SOPHIE. — Je n'insisterai pas, maître, tout en vous avouant que cette seconde citation redouble le désir que j'aurais de savoir exprimer tant de choses en si peu de mots.

MOI. — Adieu donc, ma belle amie ; si jamais

une science plus analogue à votre profession que celle d'une langue morte, faisait naître en vous l'envie de la posséder, vous me trouveriez toujours prêt à vous en donner des leçons ; et , si elle m'était étrangère , à en commencer l'étude avec vous.

FIN.

POST-SCRIPTUM.

POST-SCRIPTUM.

DEPUIS quelques semaines, mes conversations avec Sophie étaient suspendues ; je m'amusais à relire les notes dont je m'étais servi pour l'instruire dans l'histoire de son art, et je songeais aux moyens de rendre cette histoire digne des regards du public. J'avais tracé le tableau de la danse religieuse, de la danse antique et de la danse publique parmi les modernes : il ne me restait plus que les danses privées ; je voulais les renfermer toutes en deux chapitres que je jetais à la fin de mon livre, sous le titre *d'appendice.* Dans le premier, je parlais des danses populaires de France : la bourrée, la sarabande, la farandole, le menuet et toutes les espèces de branles. Je voyais des danses folles chez les graves Anglais ; des danses brûlantes sous le climat glacé de Moscou ; je décrivais la walse, l'allemande, la polonaise, la hongroise ; je décidais en Espagne le procès du fandango, et je retrouvais avec délices en Italie et en Grèce quelques souvenirs de la poétique antiquité. Dans mon second chapitre, je racontais les danses voluptueuses, languissantes, amoureuses des Indiens et des autres asiatiques ; les danses ardentes, bruyantes, quelquefois cruelles des Nègres ; les danses dénuées d'expression, mais franches et naïves, des sauvages de l'Amérique. Déjà je ramassais autour de moi Cook, Anson, La Harpe, les *Voyages autour de la Terre,* les *Promenades autour du Monde,* etc. ; avec cela, de la patience et des ciseaux, on va loin.....

J'en étais là de mes projets quand le hasard me fit rencontrer un volume de l'*Encyclopédie des Dames.* Comment, dis-je, en jetant les yeux sur le titre, un *Essai sur la Danse antique et moderne !* Et par qui ? Par Mme Elize Voïart. Et de quoi s'avise Mme Voïart, de publier un semblable ouvrage, lorsque précisément j'ai le même sujet sur le métier ! Voyons cependant : bien, très-bien ; de la science, de la grâce, de l'élégance, une convenance parfaite ; l'éloge de son sexe, cela est dans la nature ; modeste lorsqu'il s'agit d'elle-même ; quelques soupirs , mais du plus profond du cœur, pour la patrie ; allons, me voilà vaincu. Après tout, cependant , elle ne traite point le même sujet que moi. « Elle n'essaie point, dit-elle , de donner » l'esquisse de l'état et des progrès de l'antique pan- » tomime ; elle ne décrit pas les aimables prestiges » que nous offrent chaque jour les Bathylle moder- » nes, de peur d'être trop au-dessous de la vérité. » Je remercie Mme Voïart d'une modestie qui n'est avantageuse que pour ceux qui courent la même route qu'elle. Et moi aussi , je me crois bien loin d'a- voir atteint le but; mais je m'estime heureux de n'a- voir pas rencontré dans la carrière une aussi dange- reuse rivale ; en la voyant toucher la borne , on eût pu mesurer la distance qui m'en sépare. Aussi me garderai-je bien de vouloir rien traiter de ce qu'elle a traité : je renvoie mes lecteurs , si j'en ai , à son ouvrage pour toutes les danses privées et nationales des différens peuples de l'Europe et des autres con- tinens ; je ne pourrais dire là-dessus que ce qu'elle a dit , et je le dirais moins bien. En vain nous cher- chons à mettre dans nos écrits cette grâce , cette lé-

gèreté, cette finesse si nécessaires à de pareils sujets ;
tout cela n'appartient qu'aux femmes, et les Muses
ne sont-elles pas aussi des femmes ? laissons-les louer
par leur sexe.

> C'est à ton sexe, ô Terpsichore,
> A te célébrer dignement !
> Interprête du sentiment
> De tout vrai dévot qui t'implore,
> Seul, des dons parfumés de Flore,
> Il peut couronner galamment
> Les lieux sacrés où l'on t'adore.
> Pour moi, si j'osai follement
> Ajouter à la voix savante
> De la prêtresse qui te chante
> Un petit mot de compliment,
> Ah ! ne crois pas que je m'abuse,
> Ni que j'ignore, aimable Muse,
> Que sans doute on eût demandé,
> Pour louer ta grâce divine,
> Un coup d'archet moins décidé,
> Et que mon luth fût accordé
> Par une main plus féminine !
> Je n'étais pas fait pour ce son ;
> Il exigeait trop de mollesse,
> De naïve délicatesse,
> Surtout point de barbe au menton,
> A moins que ce n'eût été celle
> Du vieux mais tendre Anacréon,

Alors qu'aux genoux d'une belle,

Oubliant le fardeau des ans,

Sur ses lèvres à demi closes

Il dérobait encor des roses.

Ses chants divins, ses doux accens

L'auraient fait croire à son printems....

Mais d'un privilége si rare

Apollon fut toujours avare;

En vain j'implorai sa faveur.

Quand je présentai ma requête,

Je crus qu'il détournait la tête....

Qu'en pensez-vous, mon cher lecteur?

TABLE.

TABLE

DES MATIÈRES

CONTENUES DANS CE VOLUME.

FIN DE LA TABLE.